产业基础年度发展报告
（2021年）

国家产业基础专家委员会
中国工程院战略咨询中心　编　著

電子工業出版社
Publishing House of Electronics Industry
北京 · BEIJING

内 容 简 介

近年来，产业基础能力得到加强、地位显著提高、支撑能力不断提升、政策体系日趋完善，产业基础从“认知”走到了“共识”。本书系统总结了我国产业基础高级化的进展，为打好产业基础高级化和产业链现代化攻坚战提出了发展路径与建议。全书内容分为 4 篇，综合篇对我国产业基础发展概况进行总结并提出政策建议；国际篇对日本、德国两国产业基础的推进进行分析；重点领域篇围绕节能与新能源汽车、智联网汽车、先进轨道交通装备、电力装备、工业母机、机器人、海洋工程装备及高技术船舶、农业机械装备、集成电路及专用设备等重点领域，系统介绍“五基”产品和技术进展以及国际竞争趋势等；地方篇重点分析了宁波市产业基础发展概况和推进经验。

本书可供政府部门、制造业企业和研究机构为工业领域的政策制定、管理决策和咨询提供参考，也可供高等院校相关专业师生及其他对工业发展感兴趣的读者阅读。

图书在版编目（CIP）数据

产业基础年度发展报告. 2021 年 / 国家产业基础专家委员会，中国工程院战略咨询中心编著. —北京：电子工业出版社，2022.7

ISBN 978-7-121-43873-8

Ⅰ. ①产… Ⅱ. ①国… ②中… Ⅲ. ①制造工业—产业发展—研究报告—中国—2021 Ⅳ. ①F426.4

中国版本图书馆 CIP 数据核字（2022）第 118158 号

责任编辑：马文哲
印　　刷：北京捷迅佳彩印刷有限公司
装　　订：北京捷迅佳彩印刷有限公司
出版发行：电子工业出版社
　　　　　北京市海淀区万寿路 173 信箱　　邮编：100036
开　　本：720×1 000　1/16　印张：17　字数：272 千字
版　　次：2022 年 7 月第 1 版
印　　次：2022 年 10 月第 2 次印刷
定　　价：398.00 元

凡所购买电子工业出版社图书有缺损问题，请向购买书店调换。若书店售缺，请与本社发行部联系，联系及邮购电话：（010）88254888，88258888。

质量投诉请发邮件至 zlts@phei.com.cn，盗版侵权举报请发邮件至 dbqq@phei.com.cn。

本书咨询联系方式：（010）88254484，xucq@phei.com.cn。

前　言

自 2014 年以来，工业和信息化部提出了“工业基础”的概念，解决产业基础薄弱问题提上日程。2019 年，党中央、国务院提出要打好产业基础高级化和产业链现代化攻坚战，确立了产业基础这一国家战略的地位。经过八年来全社会的共同努力，产业基础能力得到加强、地位显著提高、支撑能力不断提升、政策体系日趋完善，产业基础从“认知”走到了“共识”。

2020 年，我国产业基础主营业务收入为 10.31 万亿元，占制造业总体规模的 9.71%。核心基础零部件（元器件）和关键基础材料等产品的质量可靠性和稳定性逐步得到提升，材料、零部件研发生产企业、工艺和技术研发机构等逐步形成有机结合，协同开展核心技术攻关，促进产业基础能力中高端产品科技创新成果的工程化、产业化，逐步解决了高端装备和重大工程发展瓶颈问题，对于国民经济健康发展做出了重要贡献。

从国际来看，产业竞争逐渐向产业基础领域聚焦，世界主要发达国家为抢占前沿技术的制高点、争取未来竞争的主动权，对基础领域不断加大投入，使得未来产业基础领域竞争更加激烈。日本一直将发展基础产业、夯实产业基础技术作为贯穿制造业发展政策的主线，2021 年 6 月，日本政府正式发布以扩大国内生产能力为目标的《半导体与数字产业战略》，将半导体视为未来的基础产业，同时将其提升至与确保粮食、水资源安全同等重要的“国家战略”层面。德国制造业长期保持在国际上的领先地位，在制造业发展过程中围绕产业基础展开产业布局，德国政府高度重视发展精密测量和仪器、培育“隐形冠军”，强调和推行工匠精神。

从国内来看，推进产业基础高级化，要统筹各类要素资源，集中全社会有效力量。一是强化政策协同改革，建立基于财政政策、税收政策、信贷政策、价格政策、采购政策等综合政策体系，培育良性产业基础竞争环境；二是围绕产业基础领域打造一批世界级冠军企业，支持中小企业开展创新活动；三是狠抓基础人才培养，大力培养产业基础领域的优秀企业家、工程师、研究员等专业人才。

2021 年，国家产业基础专家委员会组织编写了本书——《产业基础年度发展报告（2021 年）》，全书共 4 篇内容。

综合篇，对我国产业基础的内涵、统计范畴进行分析，总结我国产业基础发展概况、取得的进展，以及典型企业案例经验，针对产业基础发展的现状、问题进行系统分析并提出政策建议。

国际篇，分别对日本、德国推进产业基础的进展、政策，以及主要领域发展方向进行分析总结。

重点领域篇，分别围绕节能与新能源汽车、智联网汽车、先进轨道交通装备、电力装备、工业母机、机器人、海洋工程装备及高技术船舶、农业机械装备、集成电路及专用设备等重点领域，分析“五基”产品和技术进展、国际竞争趋势、年度热点事件、重点企业，并提出主要措施和建议。

地方篇，重点分析宁波市产业基础发展概况，以及在产业基础高级化推进过程中的典型经验。

本书希望能够为政府部门、产业界、学术界提供参考。鉴于产业基础涉及领域多、产品和技术覆盖面广，本书难免有欠妥和疏忽之处，欢迎广大读者批评指正。

国家产业基础专家委员会主任　陈学东

目　　录

第一篇

综合篇

一、我国产业基础从“认知”走到“共识”

“十一五”收尾阶段，我国工业主管部门开始组织编制制造业相关领域“十二五”规划，在前期研究的过程中，多个行业协会、学会，多位院士专家在梳理我国制造业发展现状和存在的问题时，发现机械基础件、基础制造工艺和基础材料等“三基”研发投入强度远低于主机行业，创新能力薄弱，且“三基”中低端产品产能过剩、高端产品研发能力不足的矛盾十分突出，产品性能、可靠性与主机用户需求存在一定差距，开始认识到“三基”的问题已经成为制造业高质量发展的薄弱环节，将会影响我国制造业的国际竞争力。为此，工业和信息化部在 2011 年 11 月 25 日正式印发《机械基础件、基础制造工艺和基础材料产业“十二五”发展规划》（简称“三基”规划），重点解决我国重大装备和高端装备发展的瓶颈问题。

在“三基”规划的执行过程中，机械基础件、基础制造工艺、基础材料等都存在着若干个共性技术，而我国在研究院所的改革过程中，具有共性技术能力的研究院所逐步市场化，已经不具备从事共性技术研发的能力，同时，标准、检测检验、试验验证等技术基础公共服务体系缺失，影响了行业内的整体水平提升。为了更加全面地推动工业基础能力的提升，工业和信息化部 2014 年 2 月 14 日发布了《关于加快推进工业强基的指导意见》，并启动了工业强基专项行动，提升工业关键基础材料、核心基础零部件（元器件）、先进基础工艺和产业技术基础（简称“四基”）发展水平，促进工业转型升级。

2016 年工业和信息化部联合国家发展改革委、科技部和财政部发布了《工业强基工程实施指南（2016—2020 年）》，作为制造领域“十三五”规划体系的重要组成部分之一，提出：“四基”直接决定着产品的性能和质量，是工业整体素质和核心竞争力的根本体现，是制造强国建设的重要基础和支撑条件。

2019 年 8 月 26 日，习近平总书记主持召开了中央财经委员会第五次会议，研究提升产业基础能力和产业链水平问题。会议指出：要充分发挥集中力量办大事的制度优势和超大规模的市场优势，以夯实产业基础能力为根本，以自主可控、安全高效为目标，以企业和企业家为主体，以政策协同为保障，坚持应用牵引、问题导向，坚持政府引导和市场机制相结合，坚持独立自主和开放合作相促进，打好产业基础高级化、产业链现代化的攻坚战。

产业基础的认识逐步清晰，从最初装备领域的“认知”，逐步走向了全社会的“共识”，其重要性也日益突出，尤其是 2019 年以后，党中央国务院高度重视产业基础能力提升，将产业基础高级化作为一项攻坚战进行推进。

自 2014 年启动工业强基专项以来，我国产业基础领域取得了显著进展，产业基础已经成为国家重大战略之一。若干关键基础零部件和元器件、先进基础材料、先进基础工艺和产业技术基础取得重大技术突破和创新性应用，对于重点领域和重大工程的保障支撑作用进一步增强，尤其是在轨道交通领域和光伏领域，基本上实现了从标准到材料、到零部件元器件、到工艺装备、到整机应用均实现了自主化研发制造，并且促进这两个领域进入全球领先地位；同时，一批专精特新“小巨人”企业涌现出来，成为我国产业发展和安全保障的“生力军”，围绕产业基础领域形成了若干具有国内领先水平的先进制造业产业集群。更为重要的是，通过七年来的不断探索与实践，总结形成了推进产业基础高级化和产业链现代化的“链式解决方案”。

二、产业基础的内涵与范畴

1. 产业基础的概念

1）基本内涵

2015 年国务院制定的制造强国战略中提出，我国制造业未来的战略任务和重点之一是“强化工业基础能力”，明确指出“核心基础零部件（元器件）、先进基础工艺、关键基础材料和产业技术基础（以下统称“四基”）等工业基础能力薄弱，是制约我国制造业创新发展和质量提升的症结所在”。而统筹推进“四基”发展、加强“四基”创新能力建设、推动“四基”与整机企业协同发展是主要目标。可见，提出“工业强基”的主要背景是我国对于制造业核心科技的掌握程度低，对工业发达国家高端基础产品的依赖度高，在某些领域受制于国外实行的技术封锁。为提高制造业的核心竞争力，提升产业创新水平，保障制造业产业链安全，提高工业基础能力迫在眉睫。当时的“工业基础”是以核心基础零部件（元器件）、先进基础工艺、关键基础材料和产业技术基础为主要内涵。随着近几年中美矛盾加剧，我国对工业短板的重视和发展要求不断提高，“工业基础”的内涵有所扩大，“工业基础软件”作为工业现代化的重要工具成为又一发展重点，加入工业基础软件后，“四基”扩展成为“五基”。此后，为了更明确地评价工业领域不同行业的基础能力，“产业基础”的概念应运而生，并成为我国工业制造业最重要的战略方向之一。

"产业"是具有某种同类属性的企业经济活动的集合，是介于宏观和微观之间的中观经济概念。而基础是指事物发展的根基，是位于最底层的支撑架构和生产资料等。因此，广义的"产业基础"是指为产业发展起支撑性作用的所有基本要素，包括基础产品和技术、基础教育、基础创新体系、基础政策措施等。

在现代经济社会的产业结构中，第三产业的发展离不开成熟的现代化工业体系作为支撑，第三产业的繁荣建立在第二产业的基础之上，同时第二产业可以为第一产业提供生产工具，扩大经济规模，提高资本的生产效率。如果说第一产业主要面向人们的基本生活保障，第三产业是现代化设备所必需的非物质生产部门，第二产业则为第一产业和第三产业的发展提供物质基础保障。第二产业以工业为主要构成，工业是国民经济的主导产业，对国家的经济增长具有重大影响，从农业化、工业化到信息化的社会进程中，无法跨越第二产业而实现，现代化的社会文明离不开各类工业基础设施，人们的生活也离不开各类工业制品。因此，相对于第一产业和第三产业，第二产业（即工业）对国民经济起到基础保障性作用。

2008 年世界金融危机以来，欧美经济发达国家持续推动"再工业化"战略，将海外的制造业产业链迁回国内，积极寻求制造业的振兴与升级，重新振兴发展实体经济。美国国防部《评估和加强美国制造业和国防工业基础及供应链的弹性》报告中认为，制造业和国防工业基础是由一套端到端的能力组成。工业基础拥有广泛、多层次的全球供应链，包括原材料的提取和精炼、零部件的制造以及国防平台和系统的集成和维持。日本《制造业基础技术促进基本法》中，将"制造基础技术"定义为在工业产品的设计、制造或修理相关技术中具有泛用性的支撑制造业发展的技术。而"制造基础产业"则主要指利用从事"制造基础技术"的行业，包括制造业或机械修理业、软件业、设计业、机械设计业以及其他工业产品的设计等。

我国是拥有全部工业门类的国家，制造业规模庞大。然而，在全球产业价值链中，我国工业产品基本处于低端，参与国际竞争的能力比较弱，并且随着国际争端的加剧也令我国在某些高端领域受到严重制约。近年，我国高度关注工业尤其是制造业的降本增效与创新，寻求制造业向高端转型升级，提高产业创新集成度。而制造业的成功升级，对于降低全社会的能源消耗、调整产业结构、实现经济转型都具有重要战略意义。

综上，从产业特点、我国国情及当今世界竞争格局等诸多方面考察，产业基础的矛盾在当下更多地反映在工业部门，尤其是在支撑工业发展的一系列底层结构要素，是“十二五”时期工业主管部门提出的“工业基础”概念在新的发展格局下的延伸。而本文主要关注的是狭义的“产业基础”，具体内涵是指对工业部门发展起支撑性作用的各种基础产品和技术。主要包括基础零部件与元器件、基础材料、基础工艺及制造装备、工业基础软件、产业技术基础（以下简称“五基”）。

基础零部件与元器件是指具备基本结构和一定功能的、不可拆分或在应用中不予拆分的机械、电气、电子基础件及面向不同行业的通用单元，如电子元件、集成电路、仪器仪表、轴承等。传统意义上的零部件与元器件包含螺丝、灯管这类细小部件，而产业基础所要求的基础零部件与元器件更倾向于在工业设备中占有重要地位的不可替代的关键核心组成部件，具有高质量性能、高技术门槛、高附加价值等特点。

基础材料是指生产工业制成品过程中不可或缺的关键和支撑材料。如结构材料、特种功能材料、半导体材料、焊接材料、合金材料、韧性材料、新材料等，按照行业分类有新能源材料、化工材料、建筑材料、金属材料、无机非金属材料、纤维材料等。这类材料从研发到市场化的周期长，且由于投入高、风险大，市场主体倾向于用购买代替生产，部分材料需求规模不大但作用关键，推广应用难。与普通的塑料、橡胶、纤维材料不同，基础材料对于提升产品性能而言具有重要意义，甚至直接决定产品的性能和更新换代，如隐形飞机表面涂层。作为一种交叉技术，材料对产业创新具有驱动性作用。随着信息技术在该领域的应用，新材料的生产和开发周期被缩短，材料产业已经迈入发展新格局。

基础工艺及制造装备是指将原材料或半成品生产加工成工业制成品过程中通用性强、适用面广、可靠性高的关键共性制造技术及相应的负载装备，如金属切削、铸（锻）造成型、激光焊接、精密加工、增材制造装备等，以数控机床和机器人等装备为载体。与基础零部件与元器件、基础材料不同，基础工艺不仅包含产品属性，同时具有服务属性，其服务属性一般附加于产品本身，为工业生产提供铸造、定形、焊接、改性加工（如热处理、表面涂覆）等流程化服务。先进制造工艺已成为世界制造业的竞争高地，改进制造工艺、增强流程灵活性、提高产品质量是各国的主要建设目标。

工业基础软件是指应用于工业领域的软件，覆盖研发设计、生产制造、流程检测、管理运营的产品全生命周期，或嵌入于硬件设备之内或作为通用型软件产品单独存在，如虚拟原型类、辅助生产类、数据采集类、企业管理类软件等。与普通的消费型软件不同，工业软件与行业相关度高、开发方式复杂、人才需求特殊；软件开发人员除需要掌握先进的软件开发技术外，还需要掌握行业领域的丰富知识。如今软件已成为工业生产中不可或缺的一部分，影响制造系统的全生命周期。从小型传感器到大型工业机械的很多产品都包含大量软件，并且数量快速增加。在工业领域全面信息化、数字化的大背景下，工业软件在工业界的普及已经是大势所趋。

产业技术基础是保障产业和技术发展的支撑服务体系，包括标准制修订、认可认证、计量测试、检验试验、产业信息、知识产权等。产业技术基础既是整个产业的支撑，也是对基础零部件与元器件、基础材料、基础工艺、工业基础软件的支撑，在产业基础内部处于最底层，具有典型的服务属性。产业技术基础以公共服务平台的形式服务于产业，主要分为试验检测、信息服务两种类型。试验检测类服务平台的主要功能是开展质量试验、标准验证、计量检测、认证认可等服务。信息服务类服务平台主要提供政策研究、产业分析、信息查询、产权评估等服务。

2）典型特征

（1）基础性

产业基础包含处于工业领域最底层、却至关重要的各种基础性支撑领域和环节，为主机和整机提供源源不断的基础产品供给，是工业大楼的地基和工业稳定发展的前提。制造业对产业链的稳定性要求高，任何一个环节受到冲击都会对所处产业造成冲击和波动，尤其在某一领域遭遇“卡脖子”危机时，解决困难的最佳方法便是自我突破封锁。因此，坚实的产业基础对于保障工业部门的健康发展、维护国民经济的安全稳定以及提高产业链对外界风险的抗冲击能力至关重要。

（2）交叉性

产业基础交叉嵌入于全产业链的各个环节，基础零部件与元器件和基础材料是产品生产必不可少的基本组成，工艺决定着产品制造水平以及产品层次的高低，工业软件为产品从研发生产到管理运营的整个生命周期保驾护航，产业技术基础为产品的质量安全、认可认证、检测检验提供服务。从基础零部件到工业最终成品、从研发设计到流程处理、从质量服务到领域信息，产业基础几乎涵盖了产品从 0 到 1 的每一个环节，覆盖产业链的整个上下游，并与产业链条深度交叉。

（3）决定性

产业基础是产业链供应链的关键环节，基础产品的技术水平高低是产业链供应链核心竞争力的决定性要素，基础产品的质量可靠性更是决定重大工程或重大产品安全的决定性因素。因此，产业基础决定着产业发展的健康有序和安全。

2. 产业基础的统计范畴

为深入了解我国产业基础现阶段发展水平及对外依存度，通过分析国家统计局公开发布的数据，从《国民经济行业分类》（GB/T 4754—2017）、战略性新兴产业分类（2018）及数字经济及其核心产业统计分类（2021）中筛选了与“五基”相关的产品，形成了“五基”统计目录。

1）基础零部件/元器件

基础零部件/元器件涉及范围广泛，本次研究采用《国民经济行业分类》（GB/T 4754—2017）的划分标准，同时结合基础零部件/元器件的定义，从中挑选出了常用的和亟待解决的重点方向，并参考专家意见，选择了“泵、阀门、压缩机及类似机械制造（344），轴承、齿轮和传动部件制造（345），通用零部件制造（348），微特电机及组件制造（3813），电力电子元器件制造（3824），光纤制造（3832），光缆制造（3833），电子器件制造（387）和电子元件及电子专用材料制造（398）”等 9 项，形成了基础零部件/元器件的统计口径。

2）基础材料

因基础材料涉及范围广，本次研究选择了具有优异性能的结构材料和有特殊功能的新材料领域进行深入研究，故采用了战略性新兴产业分类（2018）中对新材料产业的划分标准，主要包含“先进钢铁材料、先进有色金属材料、先进石化和化工新材料、先进无机非金属材料、高性能纤维及制品和复合材料、前沿新材料、新材料相关服务”等 7 类。该分类与基础材料定义基本符合，如建筑材料包含先进钢铁材料，金属材料包含先进有色金属材料，化工材料包含先进石化化工新材料，无机非金属材料包含先进无机非金属材料，纤维材料包含高性能纤维及制品和复合材料，前沿新材料部分材料与电子信息材料和新能源材料相符，并在此基础上增加了新材料相关服务，据此形成了基础材料的统计口径。

3）基础工艺及制造装备

鉴于工艺附着于装备上，其考查及衡量离不开相关装备，因此此次研究结合专家意见，聚焦于制造装备的分类标准，对照《国民经济行业分类》（GB/T 4754—2017）的分类，挑选出了具有一定规模且需要重点发展制造的装备，包括“金属工具制造（332），金属加工机械制造（342），工业机器人制造（3491），特殊工业机器人制造（3492），增材制造装备（3493），建筑材料生产专用机械制造（3515），冶金专用设备制造（3516），化工、木材、非金属加工专用设备制造（352），食品、饮料、烟草及饲料生产专用设备制造（353），印刷、制药、日化及日用品生产专用设备制造（354），纺织、服装和皮革加工专用设备制造（355）及电子和电工机械专用设备制造（356）”等 12 项，基本涵盖了常用基础制造装备，形成了基础工艺与装备的统计口径。

4）工业基础软件

本研究的工业基础软件，指专用于或主要用于工业领域，为提高工业企业研发、制造、生产管理水平和工业管理性能的软件。工业基础软件的划分标准采用工信部运行监测协调局的分类标准，分为“产品研发设计类软件、生产控制类软件及业务管理类软件”3 类。

5）产业技术基础

产业技术基础要包括共性技术基础与质量技术基础，质量技术基础指工业与技术协同发展所需的质量基础设施，以及标准规范、认证认可、计量仪器、检测检验仪器等。考虑到数据的可获得性，本次研究聚焦于仪器仪表，采用《国民经济行业分类》（GB/T 4754—2017）中“仪器仪表制造业”的划分标准，选取了“通用仪器仪表制造（401）、专用仪器仪表制造（402）及光学仪器制造（404）”3 项。

3. 产业基础高级化的主要表征

根据党中央、国务院关于打好产业基础高级化和产业链现代化攻坚战的任务部署，结合《中华人民共和国国民经济和社会发展第十四个五年规划和2035年远景目标纲要》中“加强产业基础能力建设”“提升产业链供应链现代化水平”的主要内容，产业基础高级化是一个动态变化的过程，其最终形态体现在两个方面：一是产业基础能够支撑现代产业体系的畅通运行；二是产业基础领域的创新基础产品和技术能够衍生具有战略性、控制性的新型产业。具体表征如下。

1）规模表征

产业基础形成一定的产业规模，其产值占制造业总产值的比重达到一定比例，在制造业规模发展中发挥着重要作用。规模效应是经济活动集聚的基础。产业基础产值占制造业总产值的占比高，则企业生产经营时进口的“五基”产品的比例小、成本低、受环境影响小，企业整体抗风险能力增强。

2）中小企业表征

拥有一批专注于细分领域、细分市场的专精特新“冠军”企业。产业基础领域的产品与技术具有典型的专业性、特色化、精细化特点，大多数产品和技术都通过中小企业研发和制造。为满足我国制造业的发展支撑需要，实现产业基础高级化，需要打造1500家左右的专精特新“冠军”企业，这类企业在细分市场占有率全球排名前三或国内第一，研发投入不低于同行业领先企业平均水平，核心专利（发明专利）、软件著作权数量不低于同行业领先企业平均水平。

3）产业集群表征

一批从事相似基础产品和技术研发生产或者在具有供应链上中下游关系的企业形成空间或地理上的集聚，聚集水平符合国家先进制造业集群要求。产业集聚对促进经济增长具有正面效应，依托已有产业基础优势，形成在成本、市场、创新、扩张方面具有竞争优势的细分产品或具有相互关联的产业集聚区。在同一区位空间中，新产品、新技术、管理方式、市场信息等组织知识外溢，被集群内部企业获取，并吸引新企业入驻。伴随着企业之间集聚的加深、研究活动的富集、新企业的涌入，产业链得到优化和完善，同时新的产业类型不断分化；在促进地方经济发展的同时，为区域乃至全国相关产业的发展提供新技术、新理念。

4）与产业链的协同程度表征

产业基础是产业链的重要组成部分，也是决定产业链安全可控的关键因素。产业链供应链具有网络化特点，单个节点或链路受到冲击很快会影响其他的节点和链路，进而对整个产业链供应链网络带来风险。在高级化阶段，牢牢把握处于产业链中上游的核心技术、基础技术，推进产业链上下游融通发展，才能掌握产业链的主动权。

5）基础产品谱系的技术水平表征

技术水平直观反映了产业基础当前实力和发展潜力，通过产业基础领域优质产品和技术成果的数量、是否实现进口替代、是否填补相关领域空白、是否突破“卡脖子”难题、是否属于国内先进或领先产品等关键要素衡量。实现产业基础高级化，应该具有一批在国内领先水平的基础产品谱系。

三、中国产业基础发展概况

1. 产业基础的总体概况

按所确定的产业基础统计口径，依据国家统计局的统计资料，如图 1-1 所示，2016—2020 年我国产业基础主营业务收入呈现逐年增长态势，由 8.64 万亿元增长为 10.31 万亿元，增长了 19.33%。2020 年我国制造业总体规模为 106.14 万亿元，产业基础占我国制造业总体规模的 9.71%。我国产业基础整体水平得到明显提升，工业强基工程的实施取得了切实效果，在一定程度上解决了重点产业发展、重大整机装备等研制所急需、国外限制垄断重、前瞻发展要求高的“卡脖子”问题，为制造强国建设打下了更加坚实的基础。

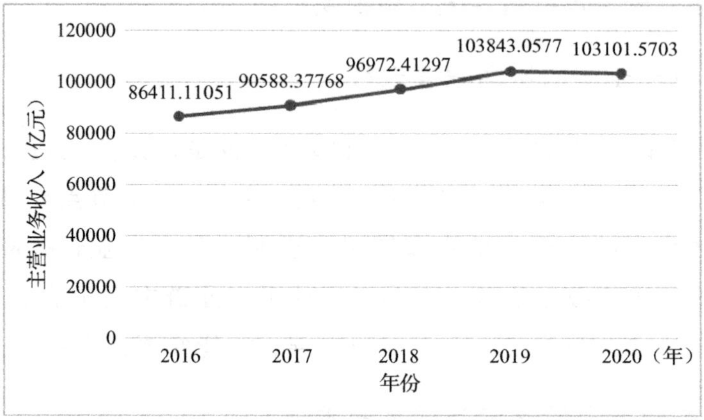

图 1-1　2016—2020 年我国产业基础规模

基础零部件/元器件作为制造业发展赖以生存和发展的关键基础，如图 1-2 所示，2016—2020 年基础零部件/元器件主营业务收入分别为 3.37 万亿元、3.46 万亿元、3.79 万亿元、4.09 万亿元、4.17 万亿元，呈持续上涨趋势，年平均增长率为 5.45%，2020 年基础零部件/元器件占产业基础的 36.54%。

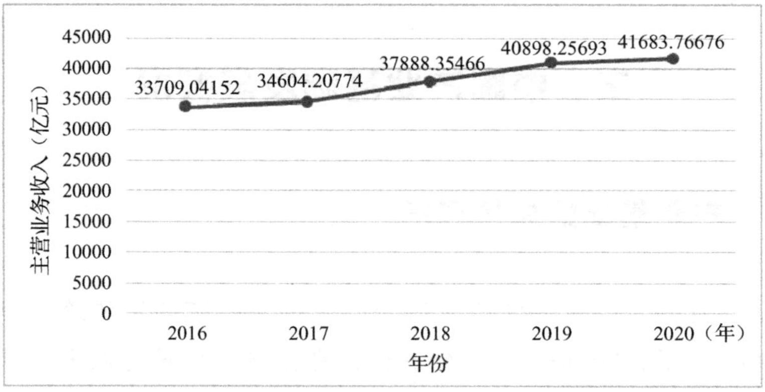

图 1-2　2016—2020 年我国基础零部件/元器件规模

基础材料产业的发展是实现制造强国的基础，如图 1-3 所示，基础材料 2016—2020 年主营业务收入分别为 2.09 万亿元、2.19 万亿元、2.33 万亿元、2.47 万亿元、2.52 万亿元，呈持续上涨趋势，年平均增长率为 4.64%，2020 年基础材料占产业基础的 22.06%。

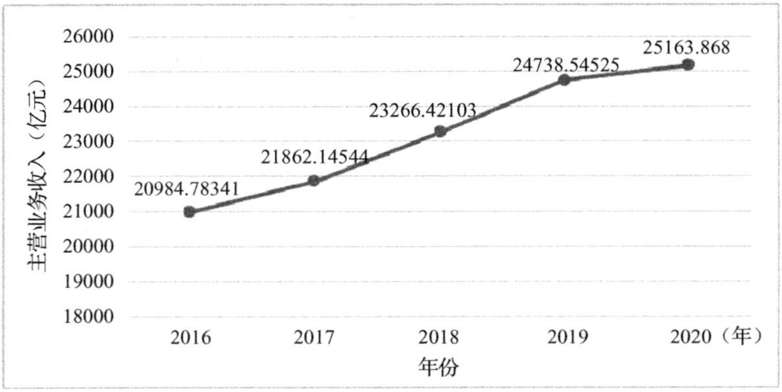

图 1-3 2016—2020 年我国基础材料规模

基础工艺及制造装备是高端装备的重要支撑，如图 1-4 所示，2016—2020 年基础工艺及制造装备主营业务收入分别为 2.78 万亿元、2.99 万亿元、3.11 万亿元、3.30 万亿元、3.47 万亿元，呈持续上涨趋势，年平均增长率为 5.74%。2020 年基础工艺及制造装备占产业基础的比例达到 30.43%。

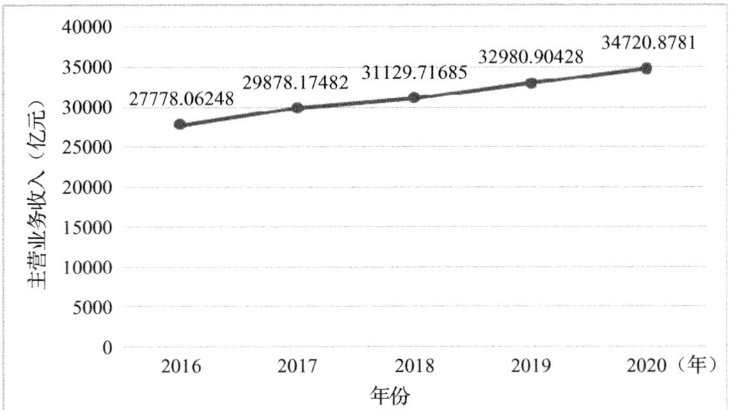

图 1-4 2016—2020 年我国基础工艺及制造装备规模

工业基础软件是我国产业基础中最为薄弱的一环。2016—2020年工业基础软件主营业务收入分别为0.11万亿元、0.13万亿元、0.15万亿元、0.17万亿元、0.20万亿元（数据来源于工信部运行监测协调局），整体呈上涨趋势，如图1-5所示，年平均增长率为16.44%，2020年工业基础软件占我国产业基础的1.91%。工业基础软件是推进我国工业化进程的重要手段，失去工业软件市场，将失去产业发展主导权，因此要加以警惕。

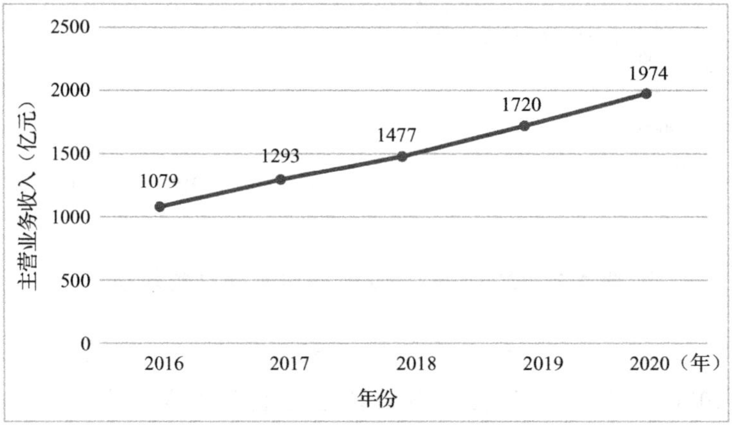

图1-5　2016—2020年我国工业基础软件规模

产业技术基础中仪器仪表，特别是各种计量、检测用仪器仪表，是保障制造业产品质量的关键设备。如图1-6所示，产业技术基础

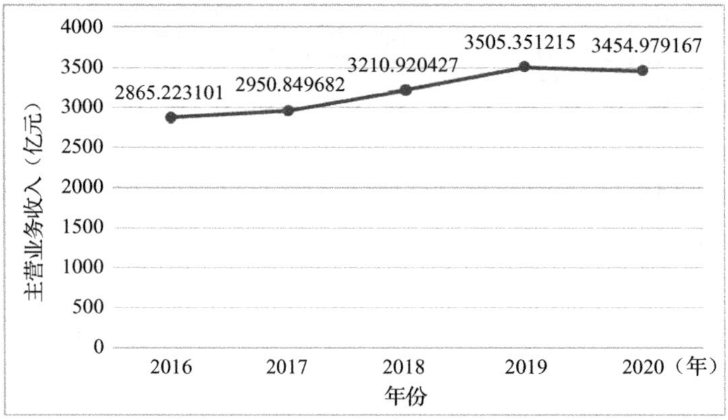

图1-6　2016—2020年我国产业技术基础规模

2016—2020 年主营业务收入分别为 0.28 万亿元、0.30 万亿元、0.32 万亿元、0.35 万亿元、0.35 万亿元，整体呈上涨趋势，年平均增长率为 4.79%。2020 年产业技术基础占我国产业基础的 3.03%。虽然受新冠肺炎疫情影响 2020 年规模有所下降，但我国仪器仪表制造业的市场需求旺盛，特别是科学仪器市场较为平稳、需求良性增长，因此要抓住这一发展机会，推动仪器仪表行业的高端化发展。

2. 我国产业基础高级化取得的进展

1）产业基础的地位显著提高，发展环境趋于改善

近年来，产业基础得到了党中央国务院的高度重视，习近平总书记 2019 年 8 月 26 日主持召开中央财经委员会第五次会议，研究提升产业基础能力和产业链水平问题，要充分发挥集中力量办大事的制度优势和超大规模的市场优势，打好产业基础高级化、产业链现代化的攻坚战。《中华人民共和国国民经济和社会发展十四五规划和 2035 年远景目标纲要》提出，坚持自主可控、安全高效，推进产业基础高级化、产业链现代化，保持制造业比重基本稳定，增强制造业竞争优势，推动制造业高质量发展。2021 年中央经济工作会议要求，要提升制造业核心竞争力，启动一批产业基础再造工程项目，激发涌现一大批“专精特新”企业。

工业和信息化部、国家发改委、财政部等主管部门也制定了一系列政策支持产业基础高级化，上海、安徽、深圳、宁波等省、市也纷纷根据本地产业发展特色，积极主动推动地方产业基础高级化。

同时，中央企业也在“五基”领域开展了一系列重大项目投资。山东德州市政府与有研科技集团有限公司、株式会社 RS Technologies、德州汇达半导体股权投资基金合伙企业共同签约 12 英寸集成电路用大硅片产业化项目，建设目标为年产 360 万片 12 英寸硅片，预计投资额 62 亿元人民币。一大批中小企业也纷纷投身基础产品的研发与生产，涌现出了一批长期在细分市场耕耘发展的专精特新“冠军”企业。

2021 年 4 月，由国家制造强国建设战略咨询委员会提出，工业和信息化部、中国工程院支持和同意设立国家产业基础专家委员会，作为推动产业基础高级化，实施产业基础再造工程的专业化、战略性决策参谋机构，为党中央国务院及相关政府主管部门的决策提供准确、前瞻、及时的咨询建议。该专委会按“五基”设立了五个领域专项组，以及一个政策组，开展了“五基”关键技术短板的摸排和梳理等若干工作。

随着产业基础地位的提高，各类要素资源进一步向产业基础领域开始倾斜，产业基础的生态发展环境趋于改善，产业基础高级化的前景看好。

2）产业基础对重点领域和重大工程的保障能力显著增强

“十三五”以来，围绕新一代信息技术、高档数控机床和机器人、节能与新能源汽车等的迫切需求，开展了工业强基工程，零部件（元器件）和关键基础材料等产品的质量可靠性和稳定性逐步得到提升，材料、零部件研发生产企业、工艺和技术研发机构等逐步形成有机结合，协同开展核心技术攻关，促进产业基础能力中高端产品科技创新成果的工程化、产业化，逐步解决了高端装备和重大工程发展瓶颈，对国民经济健康发展做出了重要贡献。106 项重点产品实现了技术突破，与国外差距逐渐缩小，并具备国产化替代能力，部分产品可以实现规模化生产，占比约 70%。

高档型数控系统已累计销售超过 2000 台（套），标准型数控系统已累计销售超过 10 万台（套）。高性能主轴单元、精密摆头、精密回转工作台、光栅等测量反馈元件、自动换刀机构、精密滚动导轨、精密丝杠单元、高精度轴承、液气润滑装置等主要功能部件和关键零部件方面的技术水平有较大提升。

机器人三大关键部件基本具备国产化生产制造能力，产品技术水平与发达国家接近。摆线针轮减速器国内市场占有率约 15%，谐波减速器国内市场占有率约 30%，部分产品的技术指标已达到国际先进水平；减速器用轴承国内配套初步可以满足需求，RV 减速器已经实现国产化应用；国产控制器的设计与生产已相对成熟，可满足大部分的功能要求；伺服电机已实现批量生产，在功能和性能方面都已接近欧美及日本的高端伺服产品，基本能够满足机器人使用要求。

在节能与新能源汽车领域，我国新能源汽车技术进步显著，在核心“三电”技术方面，成绩突出。电池方面，成组效率及能量密度普遍高于同期国际其他产品。驱动电机方面，国产驱动电机在国内市场占用率达到 80%以上，并实现了对欧美批量出口。电机控制器在电力电子功率集成、高密度封装与冷却、高品质控制方面实现了突破，在国内新能源汽车市场占有率达到 80%以上；在基于碳化硅器件的电机控制器方面，功率密度达到 37～40kW/L 的国际先进水平，并实现了新能源汽车量产应用与出口配套。智能网联汽车技术进展与国际同步，部分专用芯片已经实现技术突破并量产。

我国农业装备产业基础技术及产品进一步完善了农业装备产业体系，能够基本满足现阶段农业装备产业发展需求。国产转向驱动桥、电液悬挂系统等支撑了 260 马力级拖拉机、丘陵山地拖拉机、园艺拖拉机等高效智能拖拉机的自主化发展，市场占有率达到 80%以上；动植物和环境、工况及作业质量等农业机械专用传感器取得突破，达到国际先进，其中，耕深监测传感器实现规模化生产和全面自主化，籽粒破碎率、产量、播种监测传感器实现推广应用，畜禽运动、采食等监测传感器实现应用，促进了农业装备的高效化、智能化发展。基于北斗系统的农机导航终端实现了产业化，年销量超过 2 万台，基本替代了国外导航产品，促进了农业装备网联化发展。在入土切割作业部件材料、湿式离合器摩擦材料、特种橡胶密封材料等高性能农机专用材料研发和应用方面也取得了重要进展。

3）“链式推进”有效地解决了中高端基础产品和技术的推广应用

工业和信息化部自 2017 年以来陆续组织实施重点产品、工艺“一条龙”应用计划，该计划以推广应用产业基础领域的中高端产品为主要目的，整合包括关键技术研发、产品设计、专用材料开发、先进工艺开发应用、公共试验平台建设、批量生产、示范推广在内的产业链上中下游企业和研究院所，形成了上中下游互融共生、分工合作、利益共享的“链式推进”措施，在产品应用过程中，不断开发和完善产品和技术，不断提高基础产品质量、培育品牌，满足市场更高要求。

在轻量化工艺的产业链中，以复合材料、超高强钢、高性能轻合金为代表，将重点产品和技术企业联合组成精密成型产业链协同推进；复合材料精密成型产业链中包括了复合材料生产制造企业、成型工艺研发机构、装备制造企业、生产线制造企业、典型产品研发生产企业、标准检验检测认证认可企业和应用企业。通过产业链上中下游的协同推进，实现了在轻量化材料、精密成型工艺、批量化制造装备以及相关标准、检测、认证服务体系等环节的突破，实现了轻量化材料在部分核心关键部件的应用与试验验证，碳纤维汽车零件制造时间压缩至 5 分钟以内，可满足汽车工业大批量、短周期、低成本的生产需求，新一代碳纤维地铁车辆的司机室、车体、设备舱已初步形成轨道交通领域“一站式”轻量化解决方案，分别减重 30%以上，转向架构架减重 40%，高速密封、伺服控制、模糊 PID 算法等关键技术实现突破，在典型汽车复合材料车身件开发与装车中得到验证。“链式推进”有效地推动了轻量化材料和技术在节能和新能源汽车及先进轨道交通等高端装备领域的创新应用和发展，逐渐形成了一个良性循环的“从产品工艺开发到重点领域应用”链条（见表 1-1）。

表 1-1　轻量化工艺精密成型产业链

序号	产业链环节	复合材料精密成型产业链	超高强钢精密成型产业链	轻合金精密成型产业链
1	材料	威海光威复合材料股份有限公司	日照钢铁控股集团有限公司	广西南南铝加工有限公司
2	成型工艺	机械科学研究总院	北京机电研究所	哈尔滨焊接研究所

续表

序号	产业链环节	复合材料精密成型产业链	超高强钢精密成型产业链	轻合金精密成型产业链
3	装备	福建海源新材料科技有限公司	天津市天锻压力机有限公司	河北欧耐机械模具股份有限公司
4	生产线	中车青岛四方机车车辆股份有限公司	北京机电研究所	北京航星机器制造有限公司
5	典型产品	中航复合材料有限责任公司（北京）	凌云工业股份有限公司	机械科学研究总院（将乐）半固态技术研究所有限公司
6	标检认	中车青岛四方车辆研究所有限公司	凌云工业股份有限公司	郑州机械研究所
7	应用	中车唐山机车车辆有限公司	海马汽车有限公司	中车唐山机车车辆有限公司

超大型构件先进成型、焊接及加工制造工艺针对核电等能源装备及海洋工程和船舶装备等对超大型构件先进制造工艺的需求，中国一重研制出的 AP1000 常规岛汽轮机整锻低压转子锻件已达到或超过国外同类产品的最高水平。上海电气完成了百万核电汽轮机低压焊接转子生产制造所需的焊接工艺开发、热处理工艺开发、无损检测工艺验证等工作，同时形成了百万核电汽轮机低压焊接转子性能评价体系、生产制造标准体系、试验检测技术与评估方法等标准程序等。已经完成了 7 根百万核电汽轮机低压焊接转子焊接、热处理及检验工作。

立足智能电网用 IGBT 器件、轨道交通用高压大容量 IGBT、新能源汽车用 IGBT 的共性和特性需求，组织了上游材料企业、IGBT 设计、芯片制造、模块生产及 IDM 企业、生产设备制造企业、下游应用配套企业联合研发应用，攻克了 AMB 活性焊接技术、大面积印制技术、活性焊料制备等技术，制备出的 AMB 基板样品合格，主要性能指标达到或超过国外进口产品；6 英寸 SiC 单晶材料正样研制工作，已经展开产品送样验证工作，4 英寸 SiC 外延片实现全套技术突破并实现量产，1200VIGBT 芯片版图设计及仿真、模块封装设计和工艺设计实现突破，4500V/3600A 压接型 IGBT 器件通过成果鉴定，且已通过柔性直流输电工程应用考核与验证，取得批量订单。

4）专精特新“小巨人”企业成为产业基础高级化的有力支撑载体

企业是推进产业基础高级化的重要载体。据统计，约九成以上的专精特新“小巨人”企业主要集中在基础零部件与元器件、基础材料、基础工艺及制造装备、基础工业软件、产业技术基础等产业基础领域。截至目前，全国已经累计有4762家专精特新“小巨人”企业涌现，在产业基础高级化的过程中发挥了巨大作用。以宁波市国家级专精特新“小巨人”企业为例，生产关键零部件的企业占比接近50%，共有52家。生产关键基础材料和终端装备的企业有21家和19家，占比18.4%和16.7%，排名第2和第3。有8家企业生产核心电子元器件及基础工艺产品。

专精特新“小巨人”企业科技创新能力普遍领先于其他企业，专利申请总量48.18万件，平均每家企业专利申请98件；有效发明专利量6.57万件，平均每家企业有效发明专利量约13件；软件著作权共5.56万件，平均每家企业拥有软件著作权约11件。其中，属于高端装备制造业的企业有1000家、新一代信息技术产业的企业有829家、新材料产业的企业有802家。如，江苏省苏南地区升级专精特新企业研发投入占比接近5%，平均每家企业拥有18项发明专利，部分企业获得五年以上全球独占许可权利。

专精特新“小巨人”企业的产品质量拥有独特核心竞争力。企业普遍专注于高质量的产品和服务，在产品质量上拥有独特的核心竞争力，为下游企业提供优质的产品是成为小巨人企业的核心品质。如，江苏恒立25年如一日，深耕于液压领域，通过在工程机械油缸领域的高质量口碑，逐渐向小型挖掘机的多路阀进军。江苏恒立高度重视试验检测，花费巨资设计性能试验，以保障液压产品的质量和可靠性，成功打破日本的产品垄断。

5）若干产业基础领域的先进制造业产业集群逐渐形成

2021年，工业和信息化部开展了先进制造业集群决赛，在已经公布的25家集群优胜者中，由7个产业集群隶属于产业基础领域，包括广东省深圳市先进电池材料集群、上海市集成电路集群、江苏省南京市软件和信息服务集群、江苏省苏州市纳米新材料集群、浙江省宁波市磁性材料集群、江苏省常州市新型碳材料集群、四川省成都市软件和信息服务集群。

6）轨道交通、光伏等若干领域基本具备了全产业链基础产品和技术的自主化配套能力

（1）轨道交通领域

“十三五”期间，我国具有完全自主知识产权的时速350公里中国标准动车实现自主化制造与应用，动车组基础通用标准、车轮、轮轴、制动设备及系统、转向架等关键零部件、列车牵引系统、列车网络控制系统等软件系统、焊接、组装等基础工艺、头型材料、车身材料、玻璃等关键材料均具有自主知识产权，国产化率达到90%以上，在涉及的254项重要标准中，中国标准占84%。

① 基础零部件和元器件

国产齿轮传动系统在结构设计、仿真分析、可靠性验证、生产制造等方面均实现技术突破，包括箱体、齿轮、联轴节等10大部件，460多个小零件通过试验验证，在高铁、地铁、有轨电车等产品得到广泛应用，市场占有率约 20%。国产齿轮传动系统可完全替代进口产品，相关成果获得2017年度国家科技进步二等奖。大功率、大电流条件下的芯片技术与封装技术实现突破，形成了集大功率半导体开发、生产、应用于一体的 IDM（集成设计制造）研产用一体化体系，自主IGBT批量应用于城轨、机车和大功率输变电等领域，并完成了高速动车组的装车运营考核，整体达到国内领先、国际一流的技术水平。抗侧滚扭杆主要零部件均已实现国产化替代，形成较为完善的产品技术标准体系。当前所有城轨、动车新造车辆的抗侧滚扭杆均为国内生产，速度等级覆盖60～400km/h；部分型号产品已成功打入海外市场，在西门子、庞巴迪、阿尔斯通等公司的车辆上实现装车应用，突破了轴承结构设计、微观结构优化、密封、润滑等

关键技术，形成了自主知识产权的轴承设计、制造及试验平台。研制的国产 250km/h 标准动车组轴箱轴承试验性能达到了国际先进水平，具备试装条件；开发的国产大轴重货运机车和车辆轴承，已在货车上批量装车试用。

② 基础材料

高强度大尺寸铝合金中空型材广泛应用于各型地铁、高速列车上，整体技术已达到世界领先地位。满足大功率机车和高速动车组运用需求的粉末冶金闸片实现技术突破和国产化批量替代。摩擦系数波动小，磨耗量低，整体强度高，能适应各种复杂工况和天气的高速列车制动闸片，已经完成开发。碳纤维复合材料在轨道车辆主承载结构、次承载结构和非承载结构方面都完成了样机试制。

③ 基础工艺

攻克了铝合金低压铸造数字模拟、PLC 自动控制系统等关键技术，金属型压力铸造工艺在“复兴号”动车组、地铁车辆的端盖、传动齿轮箱、摇枕等零部件生产制造上得到了广泛应用。

④ 产业技术基础

突破车地无线通信、行车路径规划、移动授权、车载移动闭塞等关键技术，完成信号系统、车辆系统、监控系统等关键装备开发；实现了列车自主交互行车信息及全自动运行，相关技术在京张冬奥会动车组产品上已经开展应用。

（2）光伏领域

我国光伏产业在全球处于绝对领先位置，产业链各环节已经完全国产化，改写了产业发展初期原料、市场和装备“三头在外”，以代工为主的局面。我国光伏专利申请量累计占全球 29%，主导国际标准 6 项，已经掌握了全部核心技术。硅料领域的通威股份，硅片领域的保利协鑫、隆基股份、中环光伏，电池片领域的通威太阳能、天合光能和晶澳太阳能处于行业领先；在光伏组件领域，晶科能源、晶澳太阳能、天合光能、隆基股份，以及逆变器领域的华为和阳光电源，均拥有全球一流的竞争力和技术水平。

① 基础零部件与元器件

2020 年，我国生产光伏电池片 134.8GW，占全球产量 78.7%；全球前十名企业中，我国企业占九成，在转换效率上，国产主流产品已经达到 23%，其中隆基股份的单晶 PERC 电池转换效率最高水平达到 24.06%，打破了 PERC 电池 24%的效率瓶颈。在生产成本上，从 2006 年 8.7 元/W，降低到当前的 0.3 元/W 以下，全球最低。

我国生产光伏组件 124.6GW，占全球的 71.3%；主流单晶 PERC（钝化发射极和背面电池）组件生产成本和价格全球最低、竞争力最强。逐步主导全球先进电池组件产品的技术路线，已经开发出半片组件、多主栅组件、叠瓦技术、210mm 大尺寸大功率组件等。

② 基础材料

2020 年，我国生产多晶硅 39.2 万吨，占全球比重超过 70%，在全球产量前十家企业中，8 家是中国企业，江苏中能、四川永祥以 7.7 万吨、6.5 万吨产量稳居前 2 名。我国每千吨多晶硅生产设备投资额约为 10 亿元，生产成本高达 200 元/kg，综合生产能耗达到 130 度/kg。2019 年这三项数据分别为 1 亿元、50 元/kg 和 38 度/kg，降幅达到 90%、75%和 69%，处于全球领先水平。

在晶体生产方面，我国掌握了最先进的多晶硅铸锭技术，同时，改进并创造了最先进的多次投料复拉法（RCZ），使单炉投料量由 2003 年的 100kg，提升到 1600kg 以上。

③ 基础工艺及制造装备

我国光伏生产设备产业规模超过 200 亿元，光伏设备的国产化率已经接近 100%，国产设备成为光伏企业扩产的主流选择，SiHCl3 还原炉、尾气回收设备、多晶铸锭炉、线锯切片设备、大型控制器和逆变器等完全实现了国产化替代，产品技术性能、自动化水平、制造成本等在全球都具有较强的竞争力。

在硅片切割工艺方面，开创了大范围使用最先进金刚线技术工艺，硅片切割厚度可以降低到 150μm。

3．我国产业基础高级化进程中的典型案例及其启示

1）华为芯片案例——坚定战略定位和高额研发投入

2004 年，华为在原集成电路设计中心的基础上组建成立海思半导体公司。这主要是基于两个目的：第一，吸取当时高通、思科等欧美企业在通信专利和芯片供给上遏制华为的教训，华为集团领导者任正非提出“防止被断粮”和“双供货商”战略；第二，加大研发投入，为当时刚刚兴起的 3G 网络和通信产品提供自主专用 ASIC 芯片解决方案，提高产品的差异化竞争力。

强力扶持研发海思初级芯片。2005 年，海思研制出 3G 基带芯片；2006 年，海思组建智能手机移动处理器设计部门。经过 2 年的研发，海思在 2008 年推出了第一款名为 K3V1 的独立应用处理器，但仅能用于几款山寨手机，不被主流市场接受。为了扶持海思 K3 芯片，任正非决定放弃最初“对外销售”的发展思路，转而选择“自产自销”，这被认为是海思移动处理器芯片发展史上的第一次转折。2012 年，在沉默 4 年后，海思再次发布了 K3 系列的第二款应用处理器 K3V2。任正非不顾智能手机终端部门的质疑，在海思手机芯片坚持每年 4 亿美元和 2 万人研发的投入进行“强攻”，并且从 2012 年到 2014 年坚持要求在华为 D1、P2、D2 和荣耀 3 等中高端机型上使用 K3V2 芯片。

成功研发主流的系统级芯片（SoC）。2013 年，在尚未完全解决功耗问题的前提下，海思决定在 K3V2 平台基础上研发主流的系统级芯片（SoC）。之前的 K3 系列还只是独立的应用处理器芯片（尚未集成基带处理器），而只有掌握集成应用处理器和基带处理器等不同模块的 SoC 设计能力，才能够真正成为高端芯片生产厂商。2014 年，海思首款 SoC 处理器产品麒麟（Kirin）910 诞生，首次集成了海思自主研发的 4G LTE 基带处理器芯片巴龙 710。这款支持 LTE Cat.4 的基带芯片比竞争对手高通领先一年发布，而联发科等还尚未掌握基带技术。麒麟（Kirin）910 的诞生意味着海思度过了自 2008

年以来最为艰难的阶段，麒麟处理器芯片终于达到了“稳定够用”的水平。这被认为是海思移动处理器发展史上的第二次转折。

大规模市场迭代促进海思芯片快速升级。从 2014 年到 2016 年，随着华为手机迅猛发展（市场份额从 2014 年的 6.2%上升到 2016 年的 9.6%，居于全球第 3 位和中国第 1 位），麒麟芯片进行了快速的产品迭代和大规模的市场应用，相继推出多达 12 款处理器产品。直到麒麟（Kirin）970（2017 年 9 月）和 980（2018 年 9 月）相继发布，海思开始影响甚至是引领世界移动 SoC 芯片技术轨道和主导设计的变化方向。直到 2019—2020 年海思在业内首次推出集成神经网络处理引擎的人工智能移动计算结构、发布全球首款集成 5G 基带的最强 5G SoC 芯片，AI 图像处理能力超越同期其他芯片，标志着华为在移动 SoC 芯片设计领域正式确立领先地位。目前，高通和三星等曾经的领先者也都开始仿效海思的技术路线，而海思麒麟芯片出货量也在 2020 年初首次在国内市场超过高通骁龙系列芯片。这被认为是海思移动 SoC 芯片发展史上的第三次转折，也代表了历经 12 年发展的海思最终完成从落后跟随到并行甚至领先的历史性转变。海思移动 SoC 从一无所有到与群雄逐鹿，从落后跟随到并行赶超，最终实现全球创新引领，进入基带芯片厂商第一梯队，展示了在寡头垄断和竞争全球化的半导体工业中，后发企业打破“后进者困境”的过程。

基础产品和技术越往中高端发展，其需要的研发投入、产线投入也越大，只有高投入才能获取产品和技术的竞争力，尤其是在新产品方向，必须保持坚定的战略定力，持续不断地研发投入。正如华为海思通过在芯片领域的持续投入，使得 SOC 芯片从“0”到“1”，逐步进入无人区。

2）宁波长阳反射膜制备案例——在全球细分市场中专注特定产品

宁波长阳科技股份有限公司围绕反射膜制备技术的不断完善、新产品的不断衍生、应用领域的不断拓展，专注于主攻高性能光学功能膜的开发。公司已累计获得107项发明专利授权，其中3项为国际专利，是国家知识产权优势企业。公司起草参与国家、行业标准制定6项，开发新产品60余项。

公司坚持“十年十膜”与“十年只做膜”，全心贯注，集中精力做好一个冠军产品，再逐步做好十个冠军产品，做到十个世界第一，占领行业制高点，可以成为真正的有核心竞争力的高壁垒科技型增长公司。

该公司将继续坚持“十年十膜”的战略规划，未来十年，再按照反射膜的发展路径，专注且快速的研发出10张填补国内空白的膜。从反射膜单个产品的单项冠军发展成为功能膜全领域的单项冠军，进一步整合已积累的各种技术平台，坚持自主研发，提升创新能力，以满足国内战略新兴产业快速发展对新型薄膜材料的需求。

大部分基础产品和技术属于产业“细分”领域，往往隐藏在主机整机中不易发现，但是对整机和主机会产生重大影响，甚至会决定重大工程的成败。这就要求企业必须在该细分领域持续研发，专注于该细分领域产品的产品迭代、质量提升，才能确保产品的高可靠性、稳定性，以满足下游主机整机厂商的需求。长阳科技坚持在光学膜方向深耕，已经成为该方向的单项冠军，具备较高的国际竞争能力。

3）江丰电子和京东方的案例——建立上下游良性互动机制

受限于历史条件，大多数产业链供应链体系已经建成，形成较强的垄断地位，自主开发的创新产品很难将新产品应用到下游产品中，同时，缺少必要的应用场景使得产品验证困难，无法迭代创新，形成恶性循环。因此，基础领域企业在开展创新技术的工程化产业化过程中，需要掌握下游客户的需求，具有及时响应的能力。

江丰电子与京东方在超高纯靶材方面进行了广泛的技术交流和信息沟通，共同寻求制备性能最优的产品。江丰电子将试制的超高纯铝靶材样品提供给京东方进行试用，经其生产厂评估，产品的COA值、溅射薄膜颗粒、溅射薄膜厚度及均匀化、溅射方块电阻及均匀化等性能指标方面均符合其生产需求。在产品前期便与合肥京东方、深圳华星光电、南京中电熊猫电子、上海中航光电子等国内显示器领域的大厂商开展技术沟通，在试生产阶段向其提供靶材及其部件测试样品，反馈结果良好，实现批量销售。

通过与下游应用厂商的良好长期合作，创新性的挤出产品和技术才能寻找到应用环境和试验验证场景。了解下游客户的需求，形成快速响应能力，对于打破国外企业的供应链垄断，打入国际市场具有重要意义。正如江丰电子和京东方的合作机制结束了我国溅射靶材依赖进口的历史，该材料成功地用于我国芯片制造最尖端的 28 纳米技术并实现量产。

4）隆基股份案例——整机和主机企业应用牵引产业链创新发展

在我国光伏产业的创新发展过程中，龙头企业非常重视与配套企业之间密切协作，在生产工艺与材料、装备的联合研制开发形成了一批具有极高价值的成果。他们不仅相互成就了对方的优异业绩和竞争优势，也为其他行业的融通发展树立了典型标杆，开创了高价值的可借鉴模式。整机企业隆基股份在解决自身发展所需的技术和装备过程中，与各类配套企业协同研发，努力攻克行业发展的痛点。

为引入能够高效、低成本、低污染切割硅片的金刚线技术，隆基股份早在 2011 年就投入重金，研发金刚线切割工艺，这项技术当时被日本企业掌握，引进价格高昂，无法及时开展工艺升级改造。因此，隆基股份与杨凌美畅、大连连城两家有一定相关基础的企业联合开展研制。杨凌美畅是初创公司，在金刚线研发上，技术与日本先进水平还有很大差距。隆基股份在与其合作过程中，不仅提出了详细的技术要求，而且向杨凌美畅开放了全部相关工艺和研发平台，使其有了更明确的研制方向和目标，也有了很好的产品“练兵”的机会。有了龙头企业的技术、场景和市场的支持，杨凌美畅坚定了研发投入信心，很快就拿出能够与日本企业媲美的金刚线产品，并快速实现技术迭代，成功超越日本的竞争对手。

同样，隆基股份与大连连城合作，成功研制了高水平的金刚线切割设备，彻底解决了金刚线切割问题。通过这样的合作，隆基股份的硅片切割业务一跃成为全球龙头，并成功使单晶硅技术具备与多晶硅同样的竞争力。以现有规模计算，金刚线切割技术每年可为我国光伏产业节省成本达 300 亿元。这两家企业也因为与隆基股份的合作，分别于 2020 年成功上市，成为行业的“小巨人”“独角兽”。据不完全统计，与隆基股份合作后的配套企业，已经有 17 家上市，涉及拉晶、切片、电池、组件环节的各种材料、配件和装备。调研发现，除隆基股份外，中环、协鑫、通威等多数光伏龙头企业，也有相似的合作模式。

龙头企业拉动是基础产品和技术迭代升级的重要途径，龙头整机企业与中小配套企业协作，可以缩短创新性基础产品和技术的产品研发周期，并能够形成稳定的上下游供应关系，通过产业链供应链的合作具有全产业链国际竞争优势。

5）西安铂力特增材制造案例——产学研紧密合作推动高技术成果产业化

西安铂力特源自西北工业大学，是中国领先的金属增材制造技术全套解决方案提供商。铂力特业务范围涵盖金属 3D 打印服务、设备、原材料、工艺设计开发、软件定制化产品等，构建了较为完整的金属 3D 打印产业生态链。公司深耕航空航天领域多年，以增材制造服务国家重大工程，支持国家 60 余项重点产品的研制，公司生产的定制化金属增材制造产品广泛应用于航空航天领域。公司现自主研发并生产十余个型号的增材制造装备。

西安铂力特依托两个技术研究中心：西北工业大学凝固技术国家重点实验室和金属增材制造国家地方联合工程研究中心。作为我国最早研发 3D 打印技术的单位之一，西北工业大学凝固技术国家重点实验室在金属高性能增材制造技术方面有着雄厚的科研底蕴与实力，为西安铂力特的发展奠定了坚实的技术基础。长期以来，西安铂力特的研发投入保持在营收的 10%左右，在核心业务及产品的关键技术性能方面达到了国际先进水平。

西安铂力特运用多年金属增材制造技术的专业经验，通过持续创新为航空航天、能源动力、轨道交通、电子、汽车、医疗齿科及模具等行业客户提供服务。目前公司已与中国航发、中国商飞、航天科工、航天科技、中船集团、中国兵器、国家能源集团、中国石油集团、空军军医大学、华为、格力、空客、奥迪汽车及西门子等多家国内外知名企业建立了长期合作关系，有利于研发成果完成转化过程。2018 年，空客与西安铂力特科研合作签约，这标志着西安铂力特深化国际产能合作，融入全球航空产业链的进程又向前迈进了一步。

我国高等院校、科研院所拥有大量的专利、软件著作权等知识产权，这些处于实验室的技术水平往往处于领先地位，通过与企业合作，加快这些科技成果的转化落地，可以快速实现基础产品和技术的生产应用，解决我国产业基础领域技术短缺的问题。

4. 我国产业基础发展的机遇与瓶颈

1）我国产业基础发展的新形势

（1）国内外产业竞争逐渐向产业基础领域聚焦

制造业是实体经济的主体，是立国之本、兴国之器、强国之基。中国共产党十九届五中全会审议通过的《中共中央关于制定国民经济和社会发展第十四个五年规划和二〇三五年远景目标的建议》明确提出：要坚持把发展经济着力点放在实体经济上，坚定不移建设制造强国、质量强国、网络强国、数字中国，推进产业基础高级化、产业链现代化，进一步提高经济质量效益和核心竞争力；实施产业基础再造工程，加快补齐基础零部件及元器件、基础软件、基础材料、基础工艺和产业技术基础等瓶颈短板；依托行业龙头企业，加大重要产品和关键核心技术攻关力度，加快工程化产业化突破；实施重大技术装备攻关工程，完善激励和风险补偿机制，推动首台（套）装备、首批次材料、首版次软件示范应用；健全产业基础支撑体系，在重点领域布局一批国家制造业创新中心，完善国家质量基础设施，建设生产应用示范平台和标准计量、认证认可、检验检测、试验验证等产业技术基础公共服务平台，完善技术、工艺等工业基础数据库。

当前，多数国家已推出振兴制造业的战略计划。在这个大背景下，我们必须坚定发展高端制造业的信心和决心不动摇，坚持走做大做强制造业的道路，吸取一些国家因放松制造业发展而陷入“中等收入陷阱”的教训。此外，在新发展格局下推动制造业高质量发展，应坚持工业化与信息化深度融合发展，推动运用互联网、大数据、人工智能加快制造业数字化转型，利用新一代信息技术对产业链、供应链、价值链进行全方位改造，提升我国制造业竞争优势，实现由大到强的跨越。

然而，产业基础的发展并非一朝一夕就能够完成，重大基础产品研发投入高、周期长、难度大，一旦形成技术和市场优势，易于构筑壁垒、固守优势。当前世界主要发达国家为抢占前沿技术的制高点、争取未来竞争的主动权，对基础科学和前沿领域不断加大投入，使得未来全球科技和产业竞争将更加激烈。在日后全球化的竞争中，若没有雄厚的科技基础，就难以在高科技竞争中塑造发展新优势。当前，发达国家的重大关键技术装备、零部件和材料市场多呈现寡头垄断格局，存在大量专业精深、积淀深厚的标杆领军企业和隐形冠军企业。随着我国在基础领域投入不断加大、能力持续提升，发达国家和跨国企业对我国基础产品的市场打压和技术遏制也更加猛烈。一是技术封锁，如美国政府对我国企业严格审查技术并购、限制技术转让、实施技术出口管制、阻挠科研交流合作等，试图打断我国基础领域的上升通道；二是市场打压，我国企业一旦在重大基础领域取得突破，国外企业迅速通过大幅降价或威胁合作伙伴的方式予以打压，致使我国企业的相关技术难以产业化和商业化。

综合国内外发展大趋势，目前产业基础领域是我国产业升级的主攻方向，也是发达国家固守竞争优势的核心阵地，发展重合度的增加导致基础产品中的国际竞争更趋激烈。

（2）新一轮科技和产业革命为产业基础高级化提供新的机遇

历次科技革命都是通过科技成果的产业化、市场化，催生出新的行业、改造传统的产业、重新塑造产业格局，推动产业革命爆发。孕育中的新科技革命和产业变革也不例外。新一轮科技革命和产业革命将在新一代信息技术、生物技术、新能源技术、新材料技术、智能制造技术等领域取得突破，在产业基础能力提升方面也将实现重大进步。此外，孕育发展中的新产业革命将有可能从根本上改变技术路径、产品形态、产业模式，推动产业生态和经济格局重大深刻调整。进入高质量发展阶段后，随着传统要素的增长驱动力减弱，科技进步对转方式、调结构、增动力的基础性贡献更加凸显。推进产业基础高级化、产业链现代化，建设制造强国、质量强国、网络强国、数字中国等，都离不开科技的支撑。科技基础不仅决定技术学习和消化吸收再创新的能力，更决定向科技前沿迈进的能力。由于科技具有累积效应和渐进特征，关键技术和前沿技术的突破必须以扎实的基础科学和基础技术作支撑。

在从以技术追赶为主转向技术追赶和前沿创新并举的阶段，实现科技自立自强，是抓住新一轮科技革命和产业变革机遇、塑造发展新优势、推动经济高质量发展的客观要求。新一轮科技革命和产业变革对我国既是机遇也是挑战。牢牢抓住新科技革命和产业变革的“机会窗口”，以推进新一代信息技术、生物技术、新能源技术、新材料技术、智能制造技术等领域科技创新及其产业化为重点，将其融入传统制造业的产品研发、设计、制造过程，推动我国传统制造业由大批量标准化生产转变为以互联网为支撑的智能化个性化定制生产；加快破除阻碍颠覆性技术的体制障碍，着力增加创新要素、提高人力资本存量、前瞻布局信息基础设施等，将其全面嵌入到制造业和服务业领域，将打破我国传统封闭式的制造流程和服务业业态，促进制造业和服务业在产业链上融合，提高生产要素的配置效率，促进生产要素积累和全要素生产率提升。在更高水平的开放合作中增强基础研究能力和原始创新能力，在涉及国家安全的关键核心技术领域解决“卡脖子”问题，在科技和产业发展中下好先手棋、赢得主动权，实现科技自立自强，强化国家发展的战略支撑。

（3）国际贸易保护主义抬头，区域产业合作发生巨大变化

国际贸易发展的主要特征是全球分工由垂直一体化分工向全球价值链分工，中间品贸易规模持续扩大，跨国公司主导的生产和服务体系形成，传统的国家贸易与投资逐渐成为全球价值链和供应链的整合。目前，贸易保护主义抬头和“去全球化”思潮泛起的根本原因就在于全球经济增长的放缓，而金融危机的出现更是引起了人们对全球化和自由贸易的反思。当然，全球贸易增长低迷，除疫情影响、世界经济不振外，很大程度上还与贸易保护主义抬头有关。长久以来，关税过高、地缘政治、贸易保护等因素一直制约企业出口贸易。

当前全球价值链正面临国际贸易保护主义的冲击，部分国家实施的贸易歧视性措施主要有政府补贴、贸易救济、关税壁垒、政府采购本土化、投资保护、出口鼓励、非关税措施等，这对于全球价值链和供应链的整合造成了消极的影响，对全球价值链形成了较大的人为扰动，造成了全球产业分工效率降低，并导致区域合作发生了巨大变化。如2017年6月上旬，欧盟委员会裁定对进口中国的热轧卷板征收35.9%的惩罚性关税，理由是“中国一些企业通过从国有银行的优惠贷款、抵税、使用工业用地等方式获得不公平补贴”。贸易保护主义对双方的经济发展都造成了极为不利的影响。尽管当前全球贸易增长形势在保护主义的冲击下略显颓势，但是全球产业链的融合过程是不可逆的，只有顺应全球化的发展潮流，依托以世界贸易组织框架等多边机制为基础的国际贸易规则体系，提升贸易自由化水平，全面深化全球产业合作，拓宽和深化全球价值链，使得全球产业基础得以共同进步。

（4）人才与技术引进存在较大不确定性

我国经济发展已处于转型升级的关键阶段，合理的人才结构是促进产品和产业升级最主要的推动力。但相对于经济和社会发展的实际需要，我国人才资源不足，特别是高层次人才与发达国家的差距更大，一些专业领域由于缺乏高素质、高水平的“统领”人物和

技术“帅才”，而影响了这些领域的创新和快速发展；“将才”“帅才”短缺已成为制约我国经济和社会发展的瓶颈。内部培养不力、外部引入不足，再加上内部人才流失严重，使我国在全球的人才竞争和抢夺战中明显处于劣势，加剧了我国高层次人才的短缺局面。同时，在人才引进过程中，部分地方政府对人才引进准备工作重视不足，对高层次人才需求把握不准，不利于人才资源的有效配置。

对技术引进层面而言，我国当前对于硬件引进所占的比重过大，“重硬件，轻软件”的技术引进思想使一些行业沦为最终产品的装配线，无法形成完善独立的生产体系，最终导致产业基础差距进一步扩大。技术引进的过程中无法获取尖端技术，只能引进部分国外沦为夕阳产业的技术。再进一步而言，由于我国企业技术吸收能力弱，过高的技术转让代价在很大程度上限制了我国从跨国公司技术转移中获取更多的利益，导致技术引进吸收转化率较低。

2）我国产业基础发展的瓶颈

（1）高端技术产品不足，中低端产品严重过剩

当前，我国已经形成了较为完整的工业体系，具备了工业品和消费品的先进制造能力，但我国工业“大而不强”的情况依旧存在，制造业在全球价值链中以中低端为主，中高端基础零部件和元器件较多依赖进口，核心技术和产品标准的控制力不佳。从产业看，一方面，钢铁、石化、建材等行业的低水平产能过剩问题突出，存在大量的“僵尸企业”；另一方面，高端产业发展不够和产业价值链高端环节占有不足，产业的智能化、绿色化、服务化水平不高，关键装备、核心零部件和基础软件等严重依赖进口，高品质、个性化、高复杂性、高附加值的产品供给不足。

除此之外，虽然国家对高端产业的扶持力度较大，但是当下仍然存在多种问题，诸如人才需求矛盾、技术壁垒矛盾、资金链等问题，如何制定满足高端产业发展和解决传统产能过剩的政策显得尤为重要。因此，在去除过剩低端产能的同时，还要提高高端、颠覆性技术的水平，增加高端、中端、低端产品的技术含量与附加值。

更要时刻铭记“技术是强国之本”的硬道理。在淘汰落后产能的同时，要调整产业基础结构，大力研发核心技术，才能帮助中国企业在利润占比中获得大头，提升高端产品的供给力度和去除中低端产品的库存，中国才能由制造大国跻身制造强国之列。

（2）产业链上游“卡脖子”问题突出

目前，我国制造业大部分行业仍然处在全球产业链供应链的中低端，嵌入全球产业链供应链的绝大多数企业还是靠拼价格的方式参与全球竞争，高端装备、核心零部件还是短板，供应链上游核心技术受制于人、“卡脖子”问题比较突出，部分产业链供应链的可替代性较强，自主可控力较弱。虽然当前我国在产业基础领域中的部分产品已经取得了较好的创新突破，可以实现部分零部件的国产化替代，但在产业链上游的多数关键零部件、元器件、关键材料等仍然过度依赖进口，受制于西方国家，以宁波市的企业为例，当前舜宇集团的车载镜头、手机摄像头全球市场占有率分别位居第一、第二位，但是生产线上游的光电芯片、镜头玻璃、高端树脂等仍然需要从日韩进口，提升了该公司的生产成本；激智科技的光学反射膜、扩散膜等经过自身技术的提升已经能够实现国产化替代，但是产业链上游的混胶材料、胶水、助剂依赖韩国、德国进口，技术受制于人，无法进一步扩大市场经营规模；金瑞泓生产半导体硅片所需要的多晶硅、硅片专用包装盒、化学试剂等极度依赖德国、日本进口；中大力德生产减速器需要的修正滚轮依赖日本、德国进口。“卡脖子”问题即我国当前发展所面临的众多短板，这些短板关系着中国产业链的安全和稳定，影响着中国企业的竞争力，造成这种现象的主要原因是我国科技创新的能力还不够强，特别是在关键核心技术领域还缺少重大突破，原创能力，特别是从“0”到“1”的技术，颠覆性创新技术掌握得远远不够。

（3）产业整合能力不强

产业链协同性不强，缺少整合产业链上下游资源、引领产业协调发展的龙头企业。产业链系统性不强，意味着产业链中各个环节的企业之间协同能力较弱，没有形成 1+1+1>3 的效果，彼此之间更多是单打独斗。这样一来，不仅市场拓展效率低下，而且容易出现劣币驱除良币的情况。虽然当前宁波市已有多项工业强基项目列入国家发展计划，拥有380多家隐形冠军培育企业，100多个产品市场占有率排名全国前三甚至全球前三，但是产业链“链主型”企业领军能力不够强，缺乏叫得响、拥有行业话语权和产品定价权的领军型企业，产品大多数为外地企业配套，从零部件到组件再到整机装备的产业整合能力薄弱。例如机器人领域，生产减速器的中大力德公司与生产机器人轴承的慈兴集团公司同处于慈溪高新区，本来应该以政府为主导、市场为导向形成完善的产业上下链合作关系，但是却因为各种原因难以形成上下游配套关系。同时，宁波高新区和其他园区也面临一些问题，高新区虽然实现了企业的集聚，但是还没有建立集群创新的机制，园区大多数是依靠土地和优惠政策吸引孵化创新创业企业进入园区，导致高新区内企业种类多，但产业关联度低、整合能力弱。

工业软件作为智能制造的重要基础和核心支撑，与先进的工业产品、国家大力推动的装备制造业走向高端的政策密切融合到一起，对于推动我国制造业转型升级，实现制造强国战略具有重要意义。然而，目前我国却面临着“软件”与“硬件”整合发展效果差、融合发展不足、基础软件和关键应用软件明显发展不足等问题。设计软件、仿真软件、操作系统等工业软件以国外进口为主，自主研发较晚，替换过程艰难，难以打破行业垄断，同时工业软件价值链存在失衡现象，中高端与相对低端的管理软件自主化程度天差地别。我国当前对于国产工业基础软件的应用比较难，缺乏相应的产业生态体系，国外产业链上中下游企业完整，用户习惯早已形成，国内厂商生态建设处于初步阶段；我国基础软件与工业软件的集成化程度不够、创新力度不强，企业缺乏相应的创新资金，金融手段针对企业的研发资金极度匮乏，相关行业的人才培养也存在断档现象，产业相关人才缺口日益扩大。

（4）企业创新能力薄弱

当前，中国经济总量已跃居世界第二位，依然大而不强，经济增速很快，依然快而不优。而且人口、资源、环境压力越来越大，物质资源越用越少，再像过去那样以这些要素投入为主来发展，既没有当初那样的条件，也是环境资源难以承受的。2015 中国大企业发展趋势报告显示：94 家上榜世界 500 强的中国企业中，有 74 家申报了研发投入，研发强度为 1.24%，与世界 500 强企业的平均研发强度 3%至 5%相比，还有较大差距；大企业创新研发投入不足，中小企业在创新上的投入、能力更为薄弱。同时，国内“重产品，轻工艺；重引进，轻吸收”的现象较为突出，制约了我国产业基础领域工程化、产业化发展进程。以宁波为例，由于历史原因，宁波市企业以民营中小企业为主，国有大企业、大项目布局较少，民营企业积累慢，民营企业家缺乏对企业长远发展的战略规划，思维方式跟不上新形势发展的要求；对前沿领域研发和投入不足，原创性研究和颠覆性产品开发少，缺乏科技专业技术背景，对企业的创新发展的重要性认识不足，只愿意做些修修补补的小改造，不愿意在技术创新和产品研发上做大的投入，没有意识到与高校、科研单位的合作进而开发具有自主知识产权的技术成果；规避风险意识过强，很难同时从事多种途径的替代研究以便相互补充。

产品开发多集中于应用开发环节。同时，由于周边杭州、上海等城市的虹吸效应，导致宁波对高端资源要素吸引聚集有限。集成电路、光学电子、生物医药等重点领域人才储备不足。区域科技资源分离、分割、分散的矛盾还未能解决。自成体系、自我封闭制约了知识和科技要素的扩散和流动，使有限的科技资源得不到充分利用，各单位科技力量难以形成合力，限制了人的创造性和积极性的发挥。共性基础技术投入大、时间长，短期效益不明显，企业对此投入的热情较小，影响行业发展。检测检验资源优化配置不足，缺少自主知识产权的核心检测检验技术，难以形成对外服务品牌，基础产业领域综合性检测检验技术机构不足，相应的标准制定也未实现完全统一。

四、产业基础领域的几个新取向

1. 以产业链供应链“链主”牵头带动产业基础领域产品和技术的国产化

在制造业的产业链供应链中，技术研发、原材料供应、生产制造、销售流通、客户服务整条产业链中的“龙头”就是“链主”，链主最好是终端或者上游研发企业。但在制造业链条中，中国大部分企业链主处于中间利益较小的环节。目前我国虽然拥有较为完整的工业体系，但尚未建立适应新环境的、完整的科学体系，未能够充分发挥产业链供应链链主带动基础产品和技术的引领性作用，因而实现基础领域产品和技术的国产化能力较弱。与此同时，我国当前从事基础前沿研究和技术应用研究的单位、团队是相对分离的，基础前沿研究对关键核心技术突破的支撑力度不足，未能够充分发挥供应链产业链链主的导向功能，未能将基础前沿研究和关键技术攻关结合起来，不能够实现以产业链供应链链主驱动下实现全产业链全要素融合的发展模式。今后应聚焦汽车制造、电子信息、新能源、新材料、生物医药、现代农业等支柱产业，实施一批省级科技创新项目，推动产业链链主牵头带动关键产品国产化替代。

2. 产业基础领域产品质量成为供应链新进入者的攻克重点

随着我国成为世界第二大经济体，服务业超过工业成为第一大产业，物流的服务需求结构发生变化，对服务对象、服务半径及活动方式都提出了新的要求，实现供应链创新与提升产品质量成为整个宏观经济发展的必然需求，对提高宏观经济运行效率和运行质量，具有显著作用。作为后发国家，我国在实施产业赶超的同时，仍在一定程度上保留了“重显轻潜”“重主机轻部件”“重规模轻质量”“重组装轻自主”的传统发展思维，使得主机、整机的快速发展未能带动零部件、材料、工艺的匹配发展，也未能全面形成自主安全可控的产业链体系。同时，计量测试、标准化服务、检验检测、认证服务等第三方质量服务供给不足，服务机构“小散弱”问题一直存在。具有较强技术水平、品牌价值和公信力的知名机构不多，远不能满足企业对质量服务的共性要求。而想要获取产业基础的快速发展，基础领域的产品质量是供应链新进入者的攻克重点。

随着经济全球化的深入发展，世界范围内围绕质量的竞争日趋激烈。各国更加突出质量在国家战略中的地位，实施围绕质量的国家战略，以赢得更大的国际竞争优势；愈发重视国家质量基础（NQI）的建设，将其视为制造业强大的显著标志和根本保障，其中标志已经成为国际经济、贸易和科技竞争的制高点，认证认可和检测检验已经作为最重要的国际贸易技术措施被广泛接受；同时，世界各国更多地将质量要素应用到技术贸易措施中，进而提升以质量为核心的制造竞争能力；重视质量专业人才的培养，完善质量专业教育体系，提高根据本国国情建立适应本国制造业发展的质量教育制度。除此之外，制造技术未来的发展逐步带来生产方式的变革，为产品质量管理和产业质量技术基础研究提出了新的课题，涉及机理研究和实践研究，涉及标准、计量、检测检验和认证认可等各个方面，需要从产品族和产品全生命周期视角全面认识产品质量，需要用信息化的手段去控制产品质量，需要全面进一步推进产业质量技术基础建设。

3. 重点产品的数字化转型将赋予基础产品新的竞争力

我国数字经济产业基础不断完善，5G手机终端用户连接数达2.8亿，占全球比例超过80%；5G标准必要专利声明数量占比超过38%，位列全球首位。当前数字化发展的热潮之下，国内外一些企业争先恐后地大规模导入数字化工具，诸如各种无线或有线传感器、仪器仪表、摄像头、云存储与云计算、人工智能、芯片、边缘计算等，以为这样就可以确保企业的数字化转型工作走在时代的前列。必须认识到，数字化转型不是企业堆砌大量数字化工具就可以顺利完成的，数字化转型的实质是业务重塑和生产力转型，数字化转型的首要任务是把所有业务系统中的数据打通，利用软件工具和软件技术，赋能业务以获得创新能力；人是创造者，是关键，需要认识到数字化转型是方法手段，成功的数字化转型并非始于技术，而是以客户为中心来彻底改革组织，从而实现生产力的转型，实现业务重塑。因此，我们应加强关键数字技术的创新应用，加快推进数字产业化和产业数字化，完善数字治理体系，提升数字服务水平，加快 5G 网络规模化部署，前瞻性地布局 6G 网络技术储备，全面推动 IPv6（互联网协议第 6 版）应用的规模部署。数字化生产力的变革势必影响生产关系的变革，企业的组织架构和企业文化需要适应数字化转型的需要，同时也是企业组织架构和企业文化的转型。

五、推进产业基础高级化的政策建议

1. 推进路径

提升产业基础能力应从发挥市场在资源配置中的决定性作用和发挥政府的引导作用入手，按照三个层次进行布局、分类施策（见图 1-7）。

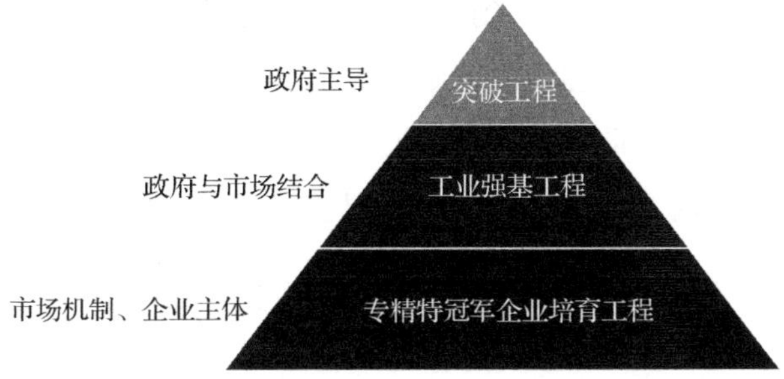

图 1-7　提升产业基础能力分层布局

第一类，发挥政府的制度化优势，采用集中力量办大事的方式，集中突破一批“卡脖子”项目，解决5%～10%的产业基础问题。

第二类，强化政府和市场相结合的优势，加大力度持续推进工业强基工程，形成长效政策机制，解决15%～20%的产业基础问题。

第三类，坚持发挥市场化机制的优势，以培养一大批“专精特冠军”企业为抓手，解决70%～80%的产业基础问题。

1）实施新型举国体制解决集成电路、工业软件、航空发动机“卡脖子”问题

“新型举国体制”是中国特色社会主义市场经济体制的产物，是“世界形势”“内部环境”“国家制度”“科技自身规律”相互作用的结果。在新的战略机遇期下，新型举国体制是以提高国家核心竞争力、保卫国家安全为核心目标，以充分发挥市场在资源配置中的决定性作用为前提条件，以突破国家重大瓶颈短板、推进重大工程项目为主要任务，以促进科技创新—经济价值链良性循环为基本路径，以我国集中力量办大事的制度优势为根本保障，目标明确、任务具体、路径清晰、市场有序、保障得力的新型体制。

“关键核心技术是要不来、买不来、讨不来的”，必须依靠自主创新。然而，芯片、基础软件、重大短板装备等“卡脖子”技术突破需要较大投入，对国防和社会经济安全有着重大影响，禁运会直接导致产业或行业发生致命性休克，但是，由于技术攻关、工程化、产业化的投资规模大、资金需求量大，技术风险很大，普通企业难以承受，必须依托新型举国体制，动员广泛的企业、科研院所、人才、资金等资源，集中投入到解决“卡脖子”问题的战役中。

围绕集成电路与工业软件领域，遴选具有全局性带动性的核心关键技术，凝练形成明确具体的重大产品（工程），或关键共性技术的突破及集成应用示范，选择适于以重大项目和重大工程的方式组织实施的重大战略任务。明确关键、可量化的指标，形成易于分工的指标体系。结合当前数字化、网络化演进趋势，集聚更大范围内的创新资源，进行网络化协同设计、研发、制造。对突破关键技术所具备的基础条件、已完成的相关研究及成果水平等进行系统总结，凝练提出需突破的关键技术、技术难点，明确产业化的解决途径。分解制定配套的任务目标分解图，明确任务间的关联度和在创新链上的分布。

加强创新型企业建设，培育一批有国际影响力的创新型领军企业。吸引更多企业参与研究制定国家科技创新规划、计划、政策和标准，支持企业牵头联合高等学校、科研机构承担国家科技计划项目。充分发挥政策的激励引导作用，开展龙头企业转型试点，鼓励企业加大研发投入，推动设备更新和新技术广泛应用。引导国有大型企业加强对“卡脖子”技术和产品的研发力度，鼓励大型央企建设共性技术研发机构，通过项目形式联合民企、科研院所进行技术攻关。

要高度重视市场培育，从供给端和应用端共同促进技术和产品突破。参考借鉴美国大规模政府采购、军方采购的形式，优先支持战略必争的或首次投放市场的产品，以及尚未具备市场竞争力，但潜在的经济效益、社会效益大的产品。

以集成电路为例，对集成电路工艺和装备、EDA 软件、材料等重点“卡脖子”环节和典型应用行业的发展需求，依托现有国家重大专项，攻克关键环节技术、零部件、工艺和装备、材料和设计软件，加快建设和完善自主可控的 28nm 成熟工艺生产线，为 14nm 打下坚实基础。建立以市场机制为导向的多创新体联合攻关组织模式，解决部分芯片、研发、生产的难题，推动芯片与装备、材料协同发展。瞄准后摩尔时代碎片化市场工艺需求，开展成套新产品工艺技术突破和新结构产品芯片研发，并实现工程化、产业化。支持成套工艺验证，加强 28nm 集成电路芯片的试验验证环境建设。加强在“硅·冯”芯片、类硅芯片、类脑芯片等方面前瞻布局。

到 2025 年，力争实现 28nm 集成电路自主知识产权占比达到 90% 以上。

2）构建“链式解决方案”形成研发、产品、应用、产业互融的生态环境

（1）畅通产业链与创新链

围绕产业基础领域的重点产品打造完整的产业链条，围绕产业链部署创新链，从基础研究、共性技术研究、工程化产业化技术研究三个角度，打通产业基础从理论到产业化的创新链条。围绕创新链布局产业链，通过核心技术的研发与突破，形成新的基础产品，并加强信息技术与基础产品的融合，拓展产品价值和形态，形成新的价值链。

围绕产业基础领域产品自主创新能力和重大共性关键技术和产品，加强基础研究与应用研究的衔接，按照“基础研究—关键技术—产品示范”部署重点技术研发，加强跨部门、跨行业、跨区域研发布局和协同创新，打通基础产品和技术的“研发—生产—应用”创新链。按照基础领域制造业企业的实际技术需求，依托高等院校、科研院所，加强双方技术合作，持续不断进行技术迭代开发，形成基础领域和技术发展相适应的创新机制。

（2）打通产品应用链

打通产业链供应链的“最后一公里”应用难题，实现产业链供应链多元化。发挥市场在资源配置中的决定性作用，围绕“五基”加强产业链供应链上中下游协同应用，提高要素配置效率，积极运用数字化手段，形成产品设计企业、材料开发企业、工艺开发企业、装备研制企业和公共服务平台机构的示范应用链条，构建基础产品和技术从研制到应用的良性循环体系。围绕基础产品和技术的应用创新，提升产品全生命周期创新能力，以解决产品应用存在的问题为导向，鼓励基础产品和技术的研制企业联合高校、科研院所、应用单位、试验验证单位，开展应用技术协同创新，实现基础产品和技术的持续迭代。加强人工智能、物联网等技术与基础零部件、基础材料深度融合，推动形成从数据到概念模型、物理模型，到最终产品的新模式。

以重点产品为龙头进行“产业链上中下游协同研发建设”，集中产品上中下游关联企业，包括产品设计企业、材料开发企业、工艺开发企业、装备制造企业、应用示范推广企业等，进行创新要素的集中投入，开展协同创新，解决“下游不信任上游，上游找不到应用场合”的矛盾和国产化应用难题。

以产业需求和技术变革为牵引进行“产品全生命周期能力建设”，以生产制造为主体，整合高等院校和科研院所、试验验证单位、应用（消费）单位，加快融入人工智能技术，实现关键工艺和技术的创新突破，加快产品迭代研发，解决产品技术能力滞后、竞争力薄弱的问题，应对颠覆性技术涌现。加强基础产品的小试、中试等工程化技术的研发与突破，推动企业研发设计和生产制造的高效协同，围绕工装结构、辅助工装制造工艺、测试和验证技术、评估和分析技术等开展技术攻关研究，强化应用验证环境建设。围绕产业基础领域产品的产业化，支持匹配性制造装备、工艺的研发突破，鼓励生产线技术改造和能力提升，提高产业基础领域产品质量的稳定性、可靠性、一致性。

通过“链式方案”带动围绕重点产品建立上中下游互融共生、分工合作、利益共享的一体化组织新模式，推进产业链协作，促进整机（系统）和基础技术互动发展。推动构建整机和系统开发互相参与下一代产品研发的新格局，基础领域企业要紧密围绕整机和系统需求，不断开发和完善产品和技术，培育基础企业建立产品自我迭代能力。在提高基础产品质量的同时，培育中国品牌，提高整机和系统的产品议价权。

3）开展产业基础企业建设

（1）培育一批专精特新“冠军”企业

围绕产业基础领域打造一批世界级冠军企业，在细分市场居于领导地位、市场占有率居世界前 3 名或国内第 1 名、全球市场占有率不低于 15%，产品技术水平达到国际先进，拥有自主知识产权，代表细分行业的发展水平；具有较强的自主创新能力和可持续发展潜力，专利数量和研发经费投入强度均达到行业先进水平。

提升专精特新“小巨人”企业、单项冠军企业的核心竞争能力，鼓励企业专注于产业基础领域，围绕“五基”产品和技术提高主营业务收入占比。国家培育认定一批专精特新“冠军”企业。引导广大中小企业走专业化、精细化、特色化、新颖化道路，加大研发投入，提高生产、服务、协作配套能力，打造行业知名的主导产品，努力成为基础零部件与元器件、基础材料、基础工艺、基础软件等细分行业的“配套专家”。围绕产业基础重点领域，培育一批国家中小企业公共服务示范平台和国家小型微型企业创业创新示范基地，提升公共服务水平。引导各地区根据自身产业基础条件，加大专精特新“冠军”企业的培育力度，形成具有区域产业特色的品牌企业。

（2）龙头骨干企业与中小企业融通共促

建立龙头骨干企业带动的大中小企业专业化配套体系，推进中小企业以专业化分工、服务外包、订单生产等方式与龙头骨干企业建立稳定的合作关系，在创新创意、设计研发、生产制造、物资采购、市场营销、资金融通等方面开展相互合作，发挥龙头企业在协作引领、产品辐射、技术示范、知识输出、市场应用等方面的带动作用，激发龙头骨干企业培育国内应用市场的活力，推动创新产品在国有企业的推广应用，立足国内大循环形成大中小企业采购循环体系。鼓励龙头骨干企业搭建交流平台，促进产业链供应链上中下游企业信息共享、资源共享、设计共享、生产共享，鼓励龙头骨干企业与中小企业联合开展新产品的研发与试点应用。

（3）鼓励中小企业自发聚集形成产业集群

围绕产业基础重点领域，培育一批国家中小企业公共服务示范平台和国家小型微型企业创业创新示范基地，提升公共服务水平。引导各地区根据自身产业基础条件，加大专精特新“冠军”企业的培育力度，形成具有区域产业特色的品牌企业，产生集群优势。

2. 政策建议

1）加快基础领域体制机制改革

强化政策协同改革，处理好政府和市场关系，遵循市场经济发展规律。尤其是产业基础具有公共产品和私人产品的双重属性，要建立基于财政政策、税收政策、信贷政策、价格政策、采购政策等综合政策体系，重视行政许可、行政执法、行政监督等手段对于培育良性产业基础竞争环境的作用，营造公平竞争的市场环境。

深化科技体制机制改革，创新资金投入方式，按照产业基础领域创新链产业链进行协同投入有效资源，形成前沿技术研发、应用基础理论研究、工程化技术突破、产业化技术推广的协同合作新格局。

深化教育和人才培养机制改革，强化产业基础领域本科专业的人才培养，支持企业和高校联合围绕制造业实际需求开展定制化本科、研究生人才培养方案。继续深化高校和科研院所科技成果转化机制，加大知识产权转化在考核中的比重，支持掌握核心技术的专业人才在制造业企业中兼职。重视工匠精神，培育一批国家级、省级大国工匠。

同时，要依托国内大循环构建，实施基础产品和技术应用示范工程，鼓励国内主机整机企业向国内产业基础领域企业开放市场、开放订单，逐步建立双供应商配套机制。

2）鼓励中小企业开展创新活动

落实已有减税降费、研发支出加计扣除所得税等普惠性政策，提高中小企业的创新投入能力。同时，出台有针对性的鼓励措施，促进企业增加基础研究投入。

一是适当提高中小企业基础研究支出的加计扣除比例。切实落实企业委托大学和科研机构开展基础研究的费用加计扣除所得税政策。

二是全面向中小企业开放国家实验室和大型仪器设备，促进中小企业与大学和研究机构间的人员、知识交流，节约企业研发成本。

三是对中小企业购买大型科研和试验设备实行进项税加计抵扣增值税，减免科研仪器设备进口环节税等。

四是鼓励中小企业参与各类国家科技计划，支持企业参与集研究开发和示范一体化的国家重大科技专项、重点研发计划等，共建产学研共性技术创新平台。

3）加强共性技术研发机构建设

瞄准前沿性、战略性、引领性共性技术需求，支持优势科研院所牵头，布局建设一批重点行业的制造业创新中心、国家重点实验室、工程实验室等创新平台。针对机械制造、材料制备、电子信息等基础性、战略性工业重点产业领域基础能力薄弱和产业链空白环节，组建国家工业基础研究院，扎实推动基础、共性、关键及前沿技术攻关，统筹布局建设标准与检测、认证与评价、成果转化等公共服务平台，提升共性技术供给能力。对于国家级创新平台及工业基础研究院，按照公益类企业考核或按照事业单位管理。明确中央财政资金支持渠道和稳定科研预算，用于科研基础设施建设、重大科研仪器设备购置等。在日常运行与研发项目投入方面，借鉴德国弗朗霍夫协会模式，1/3 由政府经费拨款支持。

在具备较强科研能力的转制院所，在已有专业机构基础上，支持新设一批从事基础共性技术服务专业化研发及服务机构。采取一院两制，充分利用国家鼓励科技创新的政策，突出公益类考核特点，实施独立的考核管理及薪酬激励机制。对于专业化研发机构每年给予一定量的运行经费及研发基金，支持其根据产业发展需求开展立项前沿、共性技术研究。依托行业优势单位，围绕产业链补链强链培育发展新动能。联合上下游龙头企业、科研院所，组成创新联合体，基于行业当前面临的紧迫需求以及今后发展可能的需求并结合下游市场需求，汇聚国内外优势资源，组织开展“产学研用”协同创新，开展“一条龙”协同攻关，促进行业基础共性技术的推广应用，促进科技与经济的紧密结合，满足重大技术装备与国家重点工程的发展需求。

4）创新金融政策支持体系

推动各类私募股权投资基金、风险投资基金和天使投资基金的引进和组建，引导天使投资、风险投资、商业银行等资本进行全方位衔接，支持专精特新“冠军”企业畅通各类融资渠道。支持专精特新“冠军”企业参与资本市场直接融资，引导券商、会计师事务所、律师事务所等中介服务机构辅导专精特新“冠军”企业创业板、中小板上市。加强中小企业贷款服务力度，建立互联网金融服务平台，动态实时对接融资贷款需求。推动信贷资源优先配置，支持专精特新“冠军”企业实施技术创新、新产品研发、市场开拓、品牌创建和质量提升。鼓励商业银行开发免抵押、免担保、低成本的专精特新“冠军”企业专属金融产品，根据企业市场占有率和营业额进行资本授信。推广重大装备首（台）套保险、重点新材料首批次保险等新险种应用，促进保险业与制造业融合发展，促进制造业首（台）套、首批次产品的推广应用。

发挥信用评级机构作用，建立基础领域信用评级体系，主要包括产品质量水平、行业技术水平、企业借贷情况、产品销售情况、利润率等要素，加强信息披露，提高行业透明度。通过与大型企业组建联合体的方式为专精特新中小企业提供信用增级，提高企业贷款偿还能力，降低企业贷款风险。鼓励金融机构对现有授信企业或大型企业进行上下游拓宽，以大型企业或授信企业为标准，为基础材料、基础零部件与元器件、工业软件等配套生产的中小企业拓宽信贷业务。

5）加强基础领域质量体系建设

推动实现重点领域国际标准“零”的突破，提升优势标准向国际标准转化率，主导制定国际标准。构建重要产业链和供应链标准体系，突破关键原材料、关键零部件与元器件、关键制造工艺的标准瓶颈。鼓励产业链上中下游企业联合制定实施团体标准，加快形成覆盖全产业链、全生命周期的标准集群，增强标准助力产业基础发展效能。建设首台（套）、首批次、首版本的零部件、元器件、材料、工业软件试验验证平台。支持重点领域建设检测检验数据共享平台，促进零部件、元器件、基础材料、整机装备等试验数据、检测认证结果的互检互认。开展质量管理数字化赋能，运用先进质量管理工具和质量工程技术，提高可靠性设计、精益生产、过程控制、质量追溯等能力。鼓励产业基础企业争创全行业质量标杆企业，加快质量品牌提升。实施质量可靠性技术攻关，支持研发生产企业、技术机构等协同开展产品质量可靠性提升。制定零部件、元器件、原材料等质量可靠性多元评价准则与分级标准，实施质量分级评价。

6）狠抓基础人才培养

改革高等院校和职业院校人才培养模式。扩大基础产业领域本科和研究生专业招生规模，逐步深化基础学科招生试点改革。在高等院校持续开展“教育部产学合作协同”计划。完善职业教育体系，规范高等职业教育以及中等技术教育的培养方案，打通技能型人才职称晋级通道，给予工程师晋级职业发展规划同等待遇。注重高校、科研院所的科研成果转化。以突破领域重大难题为导向进行学术研究，以实际应用价值为目标进行发明创造，以科学研究为根基为国家培养掌握核心科技自主知识产权的高级人才。

自主培养多方位高层次人才，大力培养产业基础领域的优秀企业家、工程师、研究员等高层次人才。鼓励地方政府和企业共同出资设立行业型研究机构，培养高技能人才。重点培育在先进基础零部件、高端电子元器件、重要基础材料、先进基础工艺等领域的应用人才。按需引进国外高技术人才，营造创新型人才成长环境。完善人才评价体系，构建新型科技人才评价标准，健全技术工人评价选拔制度。

执笔人：朱明皓、杨文静、薛塬、臧冀原、杨晓迎、陈警、吕鹏、吴学桥

审稿人：屈贤明、蔡惟慈、董景辰

编写单位：北京交通大学、中国工程院战略咨询中心

第二篇

国际篇

从全球主要制造强国来看，日本和德国两个国家在制造业发展进程中均高度重视产业基础发展，其中，日本多次出台专项法律法规、产业政策，确保了日本在机械零部件、电子元器件、基础材料等方向的国际竞争力，德国更是将产品高质量作为产业基础能力提升的核心要务，使德国制造成为高质量的代名词。

一、日本

二战后几十年来，日本政府一直将发展基础产业、夯实产业基础技术作为贯穿制造业发展政策的主线。日本政府的这一做法从未间断，只是在不同的历史发展环境下以及产业发展的不同阶段，采取了不同的手段和方式，政策目标和内容也有所不同。但其共同点就是在产业内外环境和经济形势发生剧烈变化，且仅靠市场机制难以解决产业基础面临的重大问题时，政府都会通过出台法律法规、政策措施以及相关计划，促进产业基础调整和升级。

1. 二战以来坚持用产业政策夯实产业基础

日本经济发展大体经历了如下 5 个阶段。

1）复兴期（20 世纪 40—70 年代）：培育出口产业，并确立机械工业为战略产业

第二次世界大战结束后，日本的国民经济基本上陷入瘫痪状态，当时政府的首要任务是稳定经济、恢复生产，通过大力扶持基础工业部门，为其他产业部门的发展提供物资设备和能源支持，带动其他行业恢复生产。1949 年 9 月，日本政府在《经济复兴五年计划》中确定了“贸易立国”的经济发展战略，并根据这一战略，在 20 世纪 50—60 年代，制定了以培育特定的出口产业为主要特点的产业政策。确定以制造业为生命线、以机械工业和电子工业为战略产业，推动产业结构转换和升级优化，增强了国际竞争力。

在这个阶段，日本政府以立法形式制定了 4 个振兴法，以推动产业基础和产业基础技术的发展。1956 年和 1957 年制定《机械工业振兴临时措施法》（机振法）和《电子工业振兴临时措施法》（电振法）；1971 年制定《特定电子工业及特定机械工业振兴临时措施法》（机电法）；1978 年又制定《机械情报产业振兴法》（机情法）。通过 30 年实施 4 个振兴法，持续对产业基础和产业基础技术发展的支持，使日本机械、电子产业竞争力得到不断提高。

“机振法”以振兴机械基础件和基础设备为主，实施了 15 年，共安排了 7 批振兴对象、394 种产品（见表 2-1）。第一次“机振法”以基础机械和通用零部件为主；第二次“机振法”仍以基础机械和零部件为主，范围有所扩大；第三次“机振法”除继续抓基础外，增加了一些其他部门需求的专用设备，并开始研发数控机床等高性能产品。

“电振法”以振兴电子元器件和基础设备为主，实施了 14 年，共振兴 113 类产品。经过这两个振兴法的实施，日本基础零部件和

机械产品、电子产品具备了一定的国际竞争力。

表 2-1 日本《机械工业振兴临时措施法》的目标行业

基础机械	机床、锻压机械、磨削工具（包括砂轮）、金属加工工具、电动工具、电焊机、试验机、工业用长度计、气体切割机
通用零部件	齿轮、螺丝、轴承、阀门等机械零部件、压铸件、粉末冶金等零部件成型领域
特定零部件	汽车零部件、缝纫机零部件、手表零部件、铁路车辆零部件等

来源：幻の産業政策機振法，日本经济新闻社，2013 年

“机电法”该法以振兴机电一体化产品为主。20 世纪 70 年代，全球电子技术迅速发展，机电一体化产品成为机械产品新的发展方向。“机电法”强调电子技术同机械设备的相互融合，使电子技术在各个领域得到广泛应用。“机电法”实施了 7 年，振兴对象中的电子产品共计 39 类。

“机情法”主要振兴新兴行业，尤其是电子技术和计算机软件。到 1978 年，日本的机械工业水平得到大幅提升，汽车和家电产品都具备较强的国际竞争力。日本政府认为，需要振兴新兴行业，如通信设备、激光设备、大规模集成电路、高性能电子计算机、电子设备专用材料和软件等电子产品。于是出台“机情法”，实施了 7 年，共振兴电子产品 32 类。

上述 4 个振兴法的实施取得了较为明显的效果，使日本机械与电子工业得以迅速发展，产业竞争力显著提高。机械工业成为日本最重要的出口产业，机电产品出口在国际市场的占有率不断提升，全面推动了日本经济整体的快速发展。特别是国家对机械、电子工业产业政策的系统性、持续稳定性和协调性起到关键的作用。在振兴法实施的 30 年中，尽管日本内阁更迭了 10 次，但振兴法的基本结构、运行机制、扶植政策均未有大的改变。只是振兴对象、振兴目标和实施计划，会不断根据新的形势和新的需求做出调整。

2）高速增长及外部压力转换期（20 世纪 70—90 年代）：确立三大有限发展基础技术，出台与基础技术有关的立法

20 世纪 70 年代末，全球石油危机爆发，促使日本经济发展进入新的产业结构转换时期。资本密集型的传统工业部门迅速让位于技术密集型的新兴产业部门，经济发展从主要依赖出口转向出口和内需并重。当时，日本的产业发展已达到相当高的水平，资本积累也已能够与欧美比肩，日美贸易摩擦逐渐深化，继续实施培育特定出口产业的产业政策遇到明显阻力。

20 世纪 80 年代，日本政府一改此前的产业政策，转向以“科学技术立国”和“科技创新立国”的战略。产业政策的转向仍以产业基础技术为重点。将新材料、生物技术、功能零部件这三大产业基础技术作为优先和重点发展目标，出台了多项与基础技术有关的立法和政策，体现了日本政府就基础技术对就业、经济增长和增强国家竞争力重要作用的深刻认识。

（1）狠抓基础技术和共性技术的研究开发，初步确立了新材料、生物技术和功能零部件三大基础技术领域。1981 年，日本政府推出“下一代产业基础技术研究开发制度”，在新材料、生物技术和功能零部件 3 个领域中选定“下一代产业的革新性基础技术”12 项，着手产业技术实用化的研究开发。1985 年 2 月 15 日，日本通商产业省（日本经济产业省的前身）和邮政省共同制定《顺利推进基础技术研究法》，并于同年 6 月 15 日开始正式施行。根据该法，日本设立了基础技术研究促进中心，负责推进民间有关基础技术的试验研究，主要业务包括：为民营企业进行的基础研究或应用研究课题提供投资和贷款，协调国立研究机构与民间研究机构的共同研究，受理委托研究，聘请国外研究人员，进行调查研究并提供研究论证资料等。1993 年，日本政府开始实施“产业科学技术研究开发制度”，进一步充实、扩大对下一代基础技术研发项目的支持。

（2）从立法的目的和理念，突出基础技术对就业、经济增长和增强国家竞争力的重要作用。1999 年 3 月，日本政府公布《制造业基础技术振兴基本法》，同年6月18日正式实施。该基本法对制造业基础技术的价值作了高度评价。在提到制定该法的“目的”时，第1条就表述，“鉴于制造业基础技术在国民经济中的重要作用，规定了促进制造业基础技术发展的基本事项，以应对近年来经济的多样化和结构性变化。全面、系统地推进制造业基础技术提升措施，以保持和提高日本制造业基础技术水平，并为国民经济的健康发展做出贡献”。突出了制造业基础技术在国民经济中的地位，为支持、鼓励其发展在宏观政策层面等均奠定了坚实的基础。

在提到该法的“理念”时，第3条称，基础技术是产品质量及服务的保证；高素质工人是基础制造技术的支撑；中小企业构成了基础技术的发展生态。突出了基础技术的社会功能，而非竞争策略。

在“措施制定”方面，第4条明确规定了国家、地方公共团体、制造企业在振兴制造业基础技术过程中各自的职责和义务。国家负有制定和实施有关制造基础技术振兴综合政策的责任，政府有关行政机构必须在法制、财政、金融方面制定振兴制造基础技术的基本政策和计划。有关政府制定促进制造业基础技术振兴的“基本政策”，要在如下方面支持发展：“制造业基础技术的研发”“推动制造业企业与大学的合作”“确保制造业的劳动力”“充分发挥制造业熟练工人的作用”“推动建立产业集群”“培育中小企业”“加强与制造业基础技术相关的教育及知识普及”“国际合作”以及“意见反馈”。突出了发展基础产业和基础技术需要社会各方的协同、投入等。

（3）从法律层面对“制造业基础技术”和“制造基础产业”进行定义和分类。明确定义“制造业基础技术”是与工业产品的设计、制造或维修相关的具有通用性、支撑制造业发展的技术。实际上，就是制造业中的共性基础技术。在《制造业基础技术振兴基本法实施条例》中规定了支持制造业发展的技术，共计26类。根据该条例的规定，“制造基础产业”是指以利用制造业基础技术为主的行业，包括与制造业或机械维修业、软件业、设计业、工业制品机械设计业，以及与其他工业产品的设计、制造或维修密切相关的9类行业。

（4）日本政府先后发布“制造业基础技术基本计划”以及《制

造业白皮书》,从而令政策实施更加系统化、具体化。日本政府于 2000 年 9 月公布了“制造业基础技术基本计划”，并根据该法第 8 条的要求，自 2002 年起，每年以报告书的形式向国会报告振兴制造业的相关对策措施，名为《制造业基础技术振兴政策》(也称《制造业白皮书》)。基本计划的实施和《制造业白皮书》的发布，将法律规定的相关政策的实施更加系统化、体系化、具体化，更具可行性和可操作性。

《制造业白皮书》的撰写任务由经济产业省、厚生劳动省和文部科学省承担。2002—2021 年，日本共发布 21 份白皮书。历年的白皮书一般分为两大部分，第一部分描述日本制造业的现状和主要课题，实际内容是日本制造业基础技术发展现状；第二部分描述日本政府在过去一年推动制造业发展的主要措施，实际内容是日本鼓励制造业基础技术的政策措施。例如 2011 年及之前的白皮书都有专门章节对日本汽车、半导体、航空和钢铁等产业发展专题进行论述。通过一年一度的制造业白皮书的发布，令日本产业界及学界能够及时、全面地了解全球和日本制造业的现状，便于明确日本制造业基础技术的研发以及制造业未来发展的方向。根据白皮书公布的数据，日本制造业占国内生产总值（GDP）的比重从 1989 年的 26.5%出现震荡下滑，到 2009 年大幅降至 19.1%，但之后呈现缓慢回升态势。2019 年，日本制造业占 GDP 的比重已回复至 20.3%的水平，依然是支撑日本经济增长的关键领域。

3）“失去的 20 年”（20 世纪 90 年代—2008 年）：建设国家创新体系，以科技创新促进基础产业发展，大力支持中小企业发展

进入 20 世纪 90 年代后，日本经济陷入了长期低迷。在宏观层面，具有竞争力的加工组装型产业加快向海外转移，日本国内产业空心化问题日趋严重；在微观层面，因企业经营状况持续恶化，日本僵尸企业数量不断增多，导致金融机构的不良债权数量不断攀升。同时，日元升值和贸易摩擦倒逼日本企业加快转型升级和技术创新，“日本制造”加速从一般加工制造向高科技、高附加值制造业转型。

在这一时期，日本的产业政策更倾向于创新政策。1995 年，日本政府出台《科学技术基本法》，正式确立了夯实基础研究的路线。并以该法为指引确立了科技创新政策体系，打通科技政策与产业政策，确立了科技创新促进基础产业发展、夯实基础技术根基的政策导向。根据该法制订 5 年一期的“科学技术基本计划”，进一步夯实了产业基础技术，并逐步构建了领先全球的创新能力。1999 年，日本政府颁布《制造业基础技术振兴基本法》，实施了一系列夯实制造业基础技术、促进基础产业发展以及提升优势领域产业竞争力的政策措施。

（1）聚焦基础研究实效，建立国家科技创新体系。20 世纪 90 年代之前，日本创新政策和产业政策均以“追赶”欧美先进国家为目标。到 20 世纪 90 年代，日本逐渐意识到，只依靠引进技术或是模仿技术将无法促使日本在日新月异、发展迅速的新科技领域拥有更强的竞争力，而应该夯实基础性、竞争性的科研能力。1995 年，日本政府公布《科学技术基本法》，正式确立日本夯实基础研究的路线。同时在 1996 年启动政府机构改革，重新设计了日本科技行政组织与创新政策决策体制，进行了组织调整。

首先，扩大了“科学技术会议”（后更名为“综合科学技术创新会议”）的职能和权责，包括提出总体性科技创新政策并推动执行，以及协调各部门所辖科技研发机构的工作。其次，强化各部门间的横向整合及协调，避免资源重复投资，以实现基础技术发展的科技创新政策目标。在具体执行过程中，形成了政府主导型的产学合作模式和体系，使日本的官产学合作创新组织之间的信任与依赖程度大幅提升。政府主要承担制定政策、创造环境、承担研发风险、配置研发资源、引导官产学有效合作以及评价成果等重任；企业与产业界将原来高风险的技术开发业务逐步转向与大学、科研机构的密切合作，持续开发出具有新市场的技术和产品。从而逐渐形成并完善了由政府负责资金和审核、高校和科研机构负责科技研发、由企业负责成果转化的运行机制。

（2）确立了长期、系统且一以贯之的科技创新政策体系。日本科技创新政策的推动是以《科学技术基本法》为根本，其中第九条明确规定，“为综合性、有计划地推动振兴科学技术的相关政策措施，政府应制订科学技术基本计划”。“基本法”要求以未来10年为阶段目标，制订5年1期的基本计划。从1996年开始，制订了第1期5年“科学技术基本计划”。截至目前，日本的“科学技术基本计划”已实施至第六期。

1996年制订的第一期科学技术基本计划（1996—2000），重点是建立新的研究开发体系并推进制度变革，促进共同研究，进一步活跃官产学交流，实施严格的评价制度等。

2001年制订的第二期科学技术基本计划（2001—2005），提出四大重点推动领域。①生命科学领域：致力于疾病的防治、医疗及食品问题的解决。②信息通讯领域：构筑高度的信息通信社会、扩大高技术产业。③环境领域：确保人类健康及生活环境、维持人类生存的基础设施所不可或缺的领域。④纳米工程•材料领域。此外，还确定了能源、制造技术、社会基础、前沿技术四大推动领域，统称为八大领域。

2006年制订的第三期科学技术基本计划（2006—2010），在八大领域中筛选出273个重点研发项目，其中62项作为“战略重点科技项目”。其中，“制造技术”领域的战略重点科技项目有2个：先进的测量分析技术/设备开发、可伸缩电子元件创新制造技术。此外，计划设立30个世界领先的研究中心，形成有产业界参与的先进科技融合领域的研究中心。

2011年制订的第四期科学技术基本计划（2011—2015），以环境・能源为对象的“绿色创新”和以医疗・护理・健康为对象的“生命创新”作为日本经济的两大增长支柱。

2016年制订的第五期科学技术基本计划（2016—2020），政策重点是以四大支柱为核心，即①致力于未来产业的创造和社会变革，使日本的科学技术能够处于世界前沿；②优先解决面对经济、社会的问题；③强化基础研究能力，并提升科学技术创新的实力；④构建人才、知识、资金等良性循环的体系。其发展重点是以实现社会5.0（Society 5.0）为目标，提出优先推进11个系统的建设。

2021年3月，日本内阁会议审议通过了第六期《科学技术创新基本计划（2021—2025）》。其核心内容是“如何通过科技创新政策实现社会5.0”。计划提出了未来5年日本科技研发的重点领域，包括人工智能（AI）技术、生物技术、量子技术、材料科学、医疗健康、航天、海洋、环境能源、食品/农林水产等。其中，又以材料科学、生物科技与量子技术为关键领域。

3）明确中小企业在促进基础产业以及产业基础技术发展中的战略地位

20世纪90年代，日本的国际竞争力持续下滑，日本产业面临技术优势不足、生产率上升缓慢、生产成本过高等一系列问题，急需调整产业结构、创造新的产业。在这一背景下，1999年8月，日本政府颁布《产业活力再生特别措施法》。该措施明确了中小企业在促进基础产业以及产业基础技术发展中的战略地位，提出一系列扶持中小企业发展的政策措施。

支持中小企业的技术创新和事业创新。该法规定，国家及地方公共团体、中小企业事业团、商工会以及商工会议所等机构为了恢复经济活力以及中小企业的事业再创，要制定相关政策，为企业提供必要的指导。同时，在信息交流、技术指导、经营指导以及人才培养方面提供帮助。为了鼓励投资，扩大《中小企业投资育成股份公司法》的适用范围；作为资金方面的补助措施，明确了《中小企业现代化资金助成法》的适用特例。

加速基础技术开发及其成果的转化。该法将研究成果的开发和转化作为一项特别措施，说明了技术创新和成果转化对产业再造的重要性。主要措施包括：为尽快促进基础技术开发及其成果转化，对于受国家委托的研究成果在满足相关条件的情况下，国家可以不收回成果的专利权；为了推动投资者创办和开拓新的事业，主管部门在考虑大学特点的同时，采取积极措施，推动大学和研究机构的技术成果向民间转化；对于大学向民间机构转让和实施的研究成果，可以对《专利法》的第 107 条实施例外措施，酌减或免除其第一至第三年的专利年费；对于经认定的事业创业者，在实施特定成果转移时，专利厅可以减免其专利申请手续费等。

高度重视并推进中小企业的合理化、高度化和现代化。战后几十年来，中小企业对日本经济和产业发展做出了重要贡献。长期以来，日本政府高度重视中小企业的发展，制定了一整套有关中小企业的法律、政策，将中小企业的合理性、高度化和现代化作为产业结构调整的重要议题和政策目标，并明确中小企业在推动基础产业以及产业基础技术发展中的战略地位。

完整的法律体系保障中小企业相关政策的实施。早在 1948 年，日本政府在商工省（通商产业省的前身）内就设立了中小企业厅，负责制定中小企业的方针政策，指导中小企业的经营管理。经过几十年的实践，日本已形成了较为完整的中小企业法律体系，并建立了较为完善的法律、金融、税收等政策实施和服务体系，对于充分发挥中小企业促进日本基础产业以及产业基础技术的发展起到了重要作用。其中，较为重要的法律法规包括：1963 年颁布的《中小企业基本法》，通过对指定行业（主要是制造业）制订中小企业现代化计划，推进中小企业的结构完善，以促进中小企业现代化、产业结构高度化和增强产业竞争力；1999 年修改《中小企业基本法》，更为积极地评价中小企业的作用，将发展多元化、有活力的中小企业作为新的理念，明确中小企业作为创造新兴产业的创新主体和区域产业集群的核心力量，以及日本经济活力的源泉；2014 年颁布《小企业振兴基本法》，包括支持小企业国内外市场的开拓（IT 使用支持），提升小企业管理资源的有效利用，明确各支援机构的作用，简化针对小企业的相关支持程序等。

《制造业基础技术振兴基本法》设立了“培育中小企业”等专门章节，以发挥其在推动基础技术发展中的重要作用。日本政府 1999 年 3 月公布的《制造业基础技术振兴基本法》中，在提到该法的“理念”时，明确提出“中小企业构成了基础技术的发展生态”。而在该法的“措施制定”方面，“培育中小企业”成为一个单独的章节。从2007年版《制造业白皮书》开始，报告单列了有关“支持中小企业发展的相关举措”的章节。从白皮书发布以来，在有关中小企业的支持举措方面，总体变化不大，项目或政策具有延续性和连贯性。

通过SBIR援助中小企业进行可行性研究、开发研究和事业化研究。1998年，日本政府出台以援助中小企业进行创新研究为目的的制度，即中小企业创新研究（SBIR）制度。该制度作为日本产业政策的一部分，具体内容是动用国家科学研究经费，以补助金形式援助中小企业进行可行性研究、开发研究和产业化研究。SBIR制度与以往中小企业政策的一个显著区别是它不再单纯地将中小企业视为应该保护的对象，而注重发挥其技术创新功能。基本内容是，国家制订面向中小企业发放的研究补助金及委托费的种类，并每年制订补助金及委托费的目标额度，将这些资金提供给有技术开发能力的中小企业，促进中小企业尽快将新技术转化为商品。

鼓励中小企业与大企业形成战略联盟和转包关系，以及参与国家重大项目。早在20世纪70年代，日本政府就颁布了《承包中小企业振兴法》，旨在通过承包企业振兴会推动承包交易，促进承包关系现代化。该法明确制订了承包企业与母企业的振兴标准，包括提高承包企业生产力及改善产品质量、性能，承包企业的设备现代化、提高技术水平及事业合作，母企业的订货范围及改善订货方式，关于促进承包企业的组织发展等。同时，该法明确制造业中的金属加工机械、发电和输变电或产业用工机械、家用电器和电子机械、汽车及其零部件、船舶及船用内燃机制造业，属于法律规定的指定行业。该法及后续相关政策的实施，对制造业大企业（集团）与承包中小企业建立稳定的交易关系，促进专业化分工体制的形成与完善起到了重要作用。

通过一系列针对中小企业的融资制度安排，形成较为完善的中小企业政策金融体系。日本的中小企业金融公库、国民金融公库、商工组合中央金融公库、环境卫生金融公库等，以及民间大量的信用金库、信用组合等都是针对中小企业的金融机构，不论是国家还是都道府县，都有一系列的针对中小企业的融资制度安排，形成了一套较为完善的中小企业政策金融体系。主要有以下几类：一是中小企业高度化资金，由日本中小企业事业团和都道府县相互配合，对实施中小企业相关的事业协同组合、商业街振兴组合等进行长期、低息贷款，贷款补助率在 65%～100%，年利率 1%～4.3%，贷款期限为 5～20 年。二是设备现代化资金贷款，各都道府县对引进先进设备的中小企业直接给予设备价款 50%以内的无息贷款，每年企业贷款限额为 50 万～4000 万日元，贷款期限 5 年。三是中小企业体制强化资金补助，以中小企业为制度融资对象，信用保证协会给予信用保证，国家和县级政府拿出相当于融资额一定比例（1/4～1/6）的资金，经由信用保证协会存入金融机构，以扩大对中小企业的长期低息贷款额。

完备的政策执行和服务体系，使中小企业的支援机构能够“因企制宜”地为中小企业提供服务。日本的商工会、商工会议所等按照地区设立的商会组织被中小企业称为“最了解中小企业”的团体，是身边的“家庭咨询医生”。日本的政策执行机构体系由 25000 多个“认定经营革新支援机构”实体联合组成，体系相当完备。其中，中小机构万事支援总部及其在各都道府县的支援中心、都道府县政府的中小企业支援中心、各市支援中心都属于政府支援平台，一般会配备 10～15 名咨询专家，可接受窗口服务并派遣专家服务。大中城市的商工会议所、市町村的商工会属于伞状团体地区支援平台。目前，日本商工会的会员企业超过 80 万个，商工会议所会员企业有超过 120 万个，占中小企业总数的比重近 60%。而且，每个商工会和商工会议所都设有“中小企业支援中心”，配备专职的“经营指导员”。各地的商会组织既提供窗口服务，也对当地中小企业巡回指导，还与当地其他认定支援机构建立合作关系，“因企制宜”地发挥服务枢纽作用。

4）后金融危机时期（2009—2020 年）：在促进产业基础技术发展的同时，推出引领世界的重要技术创新行动计划

全球金融危机爆发后，日本经济的长期结构性问题进一步显现，即低利率、低增长、低通胀。日本通过扩大政府支出弥补了民间投资的缺口，但整体投资仍然受限。2012 年底，日本前首相安倍晋三在就职后实施了一系列的经济和产业刺激政策，更倾向于“问题导向型”政策。作为政府的系列政策之一，2013 年 6 月出台以“日本再兴战略”为名的经济增长战略和中长期经济财政运营指引。在该战略中，为实现经济增长提出了“日本产业再兴计划”“战略市场创造计划”和“国际拓展战略”，希望以此强化产业基础。此外，基于这一时期发布的几期“科学技术基本计划”，在促进产业基础技术发展的同时，为推动应用技术的发展以及新产业，还推出了一些引领世界的重要技术创新行动计划，较有代表性的如“战略性创新推进计划”（SIP）、“革命性研发推进计划”（ImPACT）和“登月型”研发制度（Moonshot）。

2013 年，日本政府启动了名为“战略性创新推进计划”（Strategic Innovation Promotion Program，SIP）的项目，每年投入约 500 亿日元。2014 年，日本“综合科学技术创新会议”（CSTI）公布了 SIP 的第一期项目计划，共计 11 个项目，主要集中在能源、新一代基础技术、地区资源和健康医疗 4 个领域；2018 年，CSTI 公布了 SIP 第二期项目计划，共计 12 个项目，主要集中在网络空间、材料开发、光量子技术等领域。

2013 年，日本政府还启动了一项名为“革命性研发推进计划”（Impulsing Paradigm Change through Disruptive Technologies Program，ImPACT）。ImPACT 的主要目的是促进高风险性（High-Risk）、高影响力（High-Impact）、具有挑战性的研究和开发，实现能在产业和社会方面带来巨大变革的创新型科技。ImPACT 的五大研究方向，分别是：实现“新世纪日本价值的创造”；实现生活方式的创新节能和生态社会的“与地球共存”；实现超越信息网络社会的高度功能化社会；在少子老龄化社会中提供世界上最舒适的生活环境；控制自然灾害的影响，并最大限度地减少灾害造成的损失。

2018 年 6 月 14 日日本国立研究院“物质与材料研究开发机构”（NIMS）的理事长桥本和仁提出“登月型”研发制度的具体方案。目前已确定了 7 项目标，计划在 2050 年前全部实现，分别是：①开发由机器人和多人远程操作相结合的虚拟替身，以及开发执行大型复杂任务的技术，满足人类多样化生活方式的需要；②实现疾病的超早期预测和预防；③推动人工智能（AI）与机器人技术的结合，具体表现为开发可以自主学习、行动并与人类共生的机器人，以及开发与人类相似且能够实现“共同成长”的AI机器人；④为改善地球环境，实现可持续的资源循环利用；⑤充分利用尚未开发的生物功能，推动粮食供应的可持续性；⑥开发能够带动经济和产业飞跃发展的通用量子计算机和容错量子计算机；⑦实现可持续的医疗和长期护理体系。

5）疫情后的大变革期（2021 年以来）：以“全政府”之力促进半导体等未来基础产业的发展，探讨产业政策的“新”方向

当前，新冠肺炎疫情导致的经济不确定性增加，发达经济体经济增长面临长期停滞，以数字技术为中心的创新技术正在推动制造和国家经济增长方式的转变；地缘政治/地缘经济风险使全球经济发展正在经历前所未有的重大变化和挑战。在此背景下，各国尤其是西方大国不断强化产业政策工具的使用，瞄准前沿新兴技术发力，国家对市场的干预趋于增强。

日本政府也因此开始深入探讨产业政策的“新”方向。为了积极推动国家整体的数字化转型，加上疫情、中美贸易与科技竞争等事件的推波助澜，2021 年 6 月，日本政府正式发布以扩大国内生产能力为目标的《半导体与数字产业战略》，将半导体视为未来的基础产业，同时将其提升至与确保粮食、水资源安全同等重要的“国家战略”层面，产业政策的“大政府”色彩趋于强化。

2．重点产业的支持政策

1）机械零部件加工产业

日本政府一直认为，基础零部件加工产业（日文称“素形材”，包括铸件、锻件、冲压件、粉末冶金件，类似机械加工件的毛坯，

经过加工成型的坯料，用于精加工或直接用于组装成品等）是制造业发展的重要基础之一。2000 年 3 月，通商产业省发布基础零部件加工技术战略，其最终目标是确立掌握世界制造业生命线和重要技术的日本基础零部件加工行业。具体战略包括以下方面。

（1）奠定基础零部件加工产业技术发展的基础

① 从根本上构筑新的技术体系。目标是集中各种工程学上的基础研究能力，构筑综合的基础零部件加工技术体系；吸收信息技术使基础零部件加工产业转向新的技术体系。实现的手段包括推进对技能的科学阐明和解释，研究如何构筑包括材料、加工、组装等广泛的新技术体系；开发作为新技术体系基础手段的建模技术和仿真技术；产业界则积极推进新技术体系的建立。

② 促进基础零部件加工行业向项目引领型产业转变。实现的手段包括提高企业的市场敏感度以及整体实力，确保核心竞争力；重视人才这一最重要的经营资源；积极扩大最终产品市场；完善企业创新引领项目发展的事业环境。

③ 构筑促进基础零部件加工技术革新的基石。目标是使日本的基础零部件加工技术在将来也能够继续处于世界领先地位。建设能够收集、发布有关基础零部件加工产业相关情报的官产学网络；为人才发展、人才培训创造环境，吸引高技术人才；夯实各种技术革新的基础，从根本上提升整个产业的技术竞争力。

（2）加强技术开发，掌握世界制造业视为生命线的重要技术。

目标是在重要的技术领域立于世界的前列，包括可以预测和控制基础零部件加工时材料变化的技术，实现日本独有的超微细、超精密加工技术，完成能够瞬间适应多样化用户需求的生产系统，实现基础零部件加工的设计和制造工艺对原材料以及所投入能源的完全利用等。为实现上述目标，日本政府编制了基础零部件加工技术发展路线图，以及推进战略性革新技术开发。

（3）通过技术战略确保日本零部件加工产业在世界市场的稳固优势

目标是以高技术水平作为支撑，确保日本的基础零部件加工企业或企业群实现高市场占有率并掌握重要部件的关键产能，增强世界制造业对日本零部件加工产业的“依赖度”。实现的手段包括建立世界市场战略，实现各种信息软件的国际标准化；完善专利制度，使中小企业也可以取得国内外专利，促进在大企业、大学、国立研究所等闲置专利的流通和产业化。2008年11月，日本经济产业省还发布基础零部件加工产业战略。通过优先技术开发项目审查，日本经济产业省根据技术竞争力优势、市场影响力、节能减排等8项指标，对所有要素技术的重要性以及节能性进行评价，最终选取了6个领域的141项关键技术。

2）半导体产业

2021年6月，日本政府发布“半导体与数字产业战略”。一是将半导体产业的发展视为与确保粮食、水资源安全同等重要的“国家战略”，举国推动并加以实施；二是与美国和欧洲合作，并使日本的技术能力和生产能力发挥“核心”作用；三是同步实现数字化与绿色化，为实现“碳中和”做出贡献。

（1）当前政策

从四大方面提出了在现有竞争产品线中推动先进设备产能扩张，以及在必要领域大胆投资以夯实产业基础的战略举措。

① 推动先进半导体制造技术的研发。大力发展“后5G”基金项目；针对小型化工艺技术开发项目以及3D工艺技术开发项目，推动本国制造设备和材料企业与海外先进代工厂合作；支持先进半导体制造设备和材料的领先研发；建立以产业技术综合研究所（AIST）、TIA为核心的技术开发协作平台，与美国、欧洲、中国台湾等海外研发机构合作，推进开放式创新。

② 加大数字投资，加强先进逻辑半导体的研发。推动半导体技术和光电子技术融合发展的系统开发；在推动通用基础技术研发的同时，打造敏捷的设计平台，开发三维芯片贴装技术，构建利用RISC-V架构技术和EDA设计工具的开发平台。

③ 推动绿色创新。提高传统Si功率半导体性能及使用创新材料

的下一代功率半导体的技术开发；促进将数据处理最优分布到云数据中心和边缘服务器的软件技术开发；通过实施碳中和投资，改革税收制度，强化碳化硅、氮化镓等半导体材料的生产基地建设。

④ 加强国内半导体产业供应链韧性。通过供应链补贴等方式，确保半导体制造设备、材料和组件等重要产品的生产；增加微型计算机、存储器、传感器、电源和模拟半导体的国内产能；营造支持半导体研究的环境以及完善人才培养机制；寻求与美国和欧洲建立国际战略联盟，增强半导体供应能力；加强包括出口管制在内的技术管理和投资审查，建立和完善防止技术外流的相关体制。

（2）发展方向

2021 年 11 月 15 日，日本经济产业省召开第四次“半导体与数字产业战略研讨会”，提出了强化日本半导体产业基础的实施方案，强调要“开发可以改变游戏规则的、领先于世界其他地区的新技术，并推动开放式创新”。并指出“在 21 世纪 30 年代之后有可能改变半导体领域游戏规则，并可能主导研发趋势的光电融合技术领域日本已处于领先地位。”目前，日本通信巨头 NTT 和富士通正在新一代通信标准“6G”所需要的光通信技术 IOWN 方面展开研发业务合作。NTT 于 2019 年提出了 IOWN 的构想，作为 21 世纪 30 年代的通信技术标准。该构想的目标是将耗电量降至目前的 1/100，将传输容量扩大到 125 倍。IOWN 主要由三大要素构成，一是能够对从网络到终端处理的全过程进行光学化的“全光网络”；二是可在网络空间上的人或物之间实现高度而且实时相互影响的“数字双胞胎计算”；三是可对包括上述这些技术在内的各种 ICT 资源进行高效配备的“认知基础架构”。而 IOWN 的核心技术就是将光信号和电信号融合在一起的“光电融合技术”。NTT 的光电融合技术路线图具体为：第一步，实现硅光子、光纤、模拟 IC 等搭载的芯片结构，提高与芯片外部的连接速度；第二步，实现芯片之间通过超短距离光布线的直接连接；第三步，通过光布线连接芯片内的内核，实现超低功耗。

3）新材料产业

“二战”后，特别是伴随着二十世纪六七十年代的经济腾飞，日本的无机非金属材料产业迅速发展。其科学研究和技术研发在官产学的合力推动下，达到世界领先地位。在政策层面，日本的科技规划历来重视材料科学，特别重视基础材料科学研究的“育种”。80年代，拟订的“创造科学技术推进事业”（于2000年结束）中，有关新材料的基础研究多达5个。90年代以来制订的6期“科学技术基本计划”，每期都有关于大力推动材料科学基础研究的相关内容。这样的认知高度和巨大的投入，形成了日本目前在材料科学领域占据的领先优势。日本政府专门牵头成立了在材料科学领域享誉全球的“物质与材料研究机构”（NIMS）。

（1）NIMS的研究方针与功能

NIMS的官网明确指出，其研究方针是为了解决环境、能源和资源问题等世界范围内的重大问题，以促进可持续增长。NIMS拥有的先进共性技术和超越无机和有机界限表现的纳米材料技术，促进可再生能源、节能材料和低环境影响新材料、稀有元素减重、替代和循环新材料的利用。

NIMS开展的研究工作包括：①材料科学、技术的开发及基础研究；②促进研究成果的普及和应用；③NIMS的设施和设备的共享；④研究学者与技术人员的培养及提升专业能力。NIMS的研究内容包括高优先开发型研究（又称为研发焦点）和探索型研究，研发焦点的主要内容是永续性的材料科学纳米科技导向概念。建立了2个研发焦点：①纳米科技导向的先进材料研究；②社会需求的先进材料研究。探索型研究则将研究者的原创概念和纯科学列为第一优先，其重点是探索研发焦点领域主题的“技术种子”和高风险的先导研究。

（2）NIMS在材料领域基础技术的研发和技术优势

2001年4月，NIMS公布了第一期中期计划；此后的2006、2011和2016年，NIMS相继公布了其第二期、第三期中期计划，以及第四期中长期计划。通过上述计划，NIMS不断强化其研究使命和功能，包括基础研究和通用/基础设施技术的研究与开发、传播研究成果并推广其应用、NIMS设施和设备的共享，以及培训研究人员和工程师。而通过进一步加强优势领域的研究，NIMS同时推动了世界材料科学前沿研究的发展，开辟了将有机材料、生物材料、陶瓷和金属结合在一起的新领域，以及涵盖纳米级化合物的材料科学领域，例如晶体管、超晶格和隧道磁阻等。

（3）半导体材料之光刻胶

根据日本经济产业省2020年公布的数据，目前日本有70种材料在全球占有率达到60%以上，有19种材料在全球占有率达到100%。而在日本经济产业省时隔7年再次发布的“2020年版利基市场顶尖100家企业”（实际有113家企业入选）中，材料与化工企业有24家，这些企业在全球的平均占有率达到50.6%，高于其他领域企业。

从半导体材料领域来看，日本凭借其超前的研发优势和卓越的研发成果产业化能力，在半导体材料领域占据了世界绝对的领先地位，也是最大的半导体原料出口国，拥有全球非常少见的全产业链能力。材料相关产业在日本出口总额中所占比重达到约20%，是与汽车并列的日本制造业的核心。据国际半导体协会（SEMI）统计，在生产半导体芯片需要的19种必备材料中，日本企业在全球半导体材料市场所占份额达到约52%。尤其在硅晶圆、光刻胶、光罩、塑料板、封装材料等14种重要材料方面长期保持着绝对优势，所占份额均超过50%。以2019年日本对韩国限制出口的三种半导体材料为例，据日本研究机构公布的数据显示，以JSR和东京应用化工为代表的日本企业在EUV用光刻胶这一领域拥有90%的市场份额，在高纯度氟化氢领域拥有80%～90%的市场份额，在氟聚酰亚胺领域日本的产能占全球份额的90%。

以光刻胶为例，这是一种对光敏感的混合液体，通过曝光源的照射或辐射，经光刻工艺将设计所需要的微细图形从掩膜版上转移到待加工基片上，主要应用于集成电路芯片、发光二极管（LED）、晶圆级先进封装等制程上。光刻胶是半导体生产制造的核心材料，光刻工艺的成本约占整个芯片制造工艺的 35%，耗费时间约占整个芯片工艺的 40%～60%。半导体材料市场研究公司 TECHCET 公布的数据显示，2021 年全球用于半导体制造的光刻胶市场规模预计将比上年增长 11%，达到逾 20 亿美元，而且到 2025 年的复合年均增长率将达到 7%。

光刻胶行业门槛较高，新兴企业较难进入。同时，作为半导体芯片产业的上游产品，光刻胶直接影响着下游芯片产品的质量。目前，KrF 和 ArF 光刻胶被日本、美国企业垄断，尤其是日本在这一领域拥有绝对的竞争力。这其中最具代表性的企业便是日本 JSR 株式会社。JSR 株式会社成立于 1957 年 12 月 10 日，该公司于 1979 年进入光刻胶领域，其产品主要应用于半导体和显示领域。JSR 的半导体光刻胶产品覆盖从 g 线到 EUV 多种品类，目前占全球半导体光刻胶市场的份额近 30%，位居首位。目前，JSR 正在研发和销售适用于 5nm 及以下制程的 EUV 光刻胶，以维持和扩大其在先进光刻材料的市场份额。

（4）碳纤维

碳纤维是一种含碳量在 90%以上的高强度、高模量的新型纤维材料，被誉为新材料之王，具有强度高、模量高、密度低等优异性能。碳纤维广泛运用于航空航天、汽车轻量化、工业智能化、核能利用、海洋工程、军事工业、医疗器材等方面，市场前景广阔。日本是全球最大的碳纤维生产国，尤其在全球高性能纤维领域，无论是产品的种类、系列化开发、性能指标还是生产成本，日本企业均具有非常强的竞争力。

一方面，日本政府的一系列政策有力推动了日本碳纤维产业的发展。2007 年，日本经济产业省以及新能源产业技术开发机构（NEDO）首次将“纤维领域”纳入《技术战略地图》，并为碳纤维的发展制定了技术地图；2008—2012 年，在日本政府的推动下，NEDO 以及 NIMS 均制定了可持续超级复合材料技术开发项目，对提升碳纤维复合材料的易加工性与强度的基础技术进行研发。2013 年以来，在“战略性创新推进计划”（SIP）以及“革命性研发推进计划”（ImPACT）中，有多个涉及新材料的研发项目，包括以轻量、耐热、耐环境性等为特征的划时代的材料开发以及加速在飞机领域的产业化应用，维持和强化日本的材料产业竞争力；开发材料集成问题基础技术以及最先进的结构材料，如多功能（阻燃）高分子复合材料、下一代超高强度钢和超硬铝，以及耐热合金三维层压技术、超耐热复合材料的成型和评估等最先进的工艺，其中就包括碳纤维及增强复合材料（CFRP）的相关研究。另一方面，在碳纤维行业，日本较早形成了产业联盟，联盟成员覆盖了整个碳纤维产业链。其中最具代表性的就是新构造材料技术研究联盟（ISMA），在其 39 个成员中，包括 37 家企业、1 家国立研究所（产业技术综合研究所）以及 1 所国立大学（名古屋大学）。

日本碳纤维生产“三巨头”分别是东丽、三菱和东邦，这三家企业兼具生产规模和技术优势。以全球最大的碳纤维生产企业日本东丽为例，东丽创立于 1926 年，业务范围广，包括纤维和纺织品、高性能化学品、碳纤维复合材料、环境工程、生命科学等多类业务，在碳纤维领域有着广泛的控制力，覆盖了从 PAN 基碳纤维到复合材料等产业链上各阶段产品。东丽从 1971 年开始生产 PAN 基碳纤维，目前已在全球 26 个国家和地区拥有运营网络，在日本、美国、欧洲和韩国建有碳纤维生产基地，海外营收占比达到 54%。在日本政府的大力推动和支持下，基于长期经营战略“AP-Growth TORAY 20”，在东丽分别于 2011 年 4 月、2014 年 4 月以及 2017 年 4 月制定的中期经营课题“AP-G-2013”“AP-G-2016”和“AP-G-2019”有关“基本策略—企业的研发投入对象”中，第一项均涉及“针对汽车、飞机、风电扇叶、压力容器等轻量化的 CFRP”。数据显示，东丽每年的研发投入保持在 600 亿日元左右，以维持其技术优势地位，其中超过 10%的研发投入用于碳纤维。

执笔人：王珊珊、崔红曼、于洋
审稿人：董景辰、朱明皓
编写单位：机械工业信息研究院

二、德国

百余年前，“德国制造”曾是“劣质”的代名词，英国议会甚至修改《商标法》，规定所有由德国出口到英国的物品都必须标明“德国制造”，以此将“德国制造”的产品区别开来。而如今，“德国制造”已经蜕变为高精尖和高质量的金字招牌，引领全球制造业发展的新方向。

德国制造业保持在国际上的领先地位，关键因素可归为三点：一是高度重视发展精密测量和仪器；二是高度重视培育“隐形冠军”；三是强调和推行工匠精神。

1. 高度重视精密测量和仪器

1）发展历程

从德国决定发展精密测量和高端仪器开始，到今天，经历了精密—超精密—完整精度三个阶段。

第一次工业革命期间，德国还停留在对英法等国家产品和技术的“山寨”阶段，英国议会甚至出台极具侮辱性质的《商标法》，给“德国制造”打上劣质的标签，震动德国朝野，以西门子为代表的企业认为“没有精密测量技术，就没有高质量的产品”，呼吁发展精密测量技术，组织专门研究。由于当时德国在高校建立的系列研究所主要从事纯科学研究，无法满足工业的技术需求，西门子提议由国家财政建立一个装备精良的力学研究所，以帮助发展精密力学、天文学、大地测量学、物理学、化学以及其他学科，并且建议该研究所要有为国家服务的全新的义务：即支持工业技术研究，最终为德国工业、经济目标服务。

遗憾的是这项很有价值的建议却一直未得到德国政府的重视和采纳，此后的几年里，随着电力科学和工业的发展，对精密技术的需求又有了新的变化，例如，由于工业界和院校物理研究所自身发展的需求，寻求建立一系列具有可靠依据的电学单位和标准已成为当务之急，特别是1881年，法国国际电气会议后，法国将成为国际计量学霸主，德国政府这才意识到，如果要满足他们自己在科学、工业计量方面的需求，阻止法国成为国际计量学领域的霸主，他们就必须在德国立即对确立电学单位和标准这样的研究工作予以支持，使德国成为电气计量学方面的超级权威。1887年，由德国政府投资70多万马克，西门子捐赠2万平方米土地建设了德国帝国技术物理研究所PTR（现改名为德国物理技术研究院PTB），西门子捐赠约12.5万美元建立研究基金，专门进行计量学基础研究和应用技术开发。

帝国物理技术研究所（PTR）在保证德国工业产品的质量方面其作用尤为关键。当今德国产品的质量在世界上享有盛名，与PTR打下的牢固基础密不可分。PTR为基于科学的工业制定了相应的标准，对科学仪器、测量装置和材料进行检测和证明。PTR还进行过系列重要的实验，如著名的黑体辐射实验，其为量子物理学的诞生奠定了基础；PTR站在了19世纪末至20世纪初科学技术体制创新的最前沿。

第二次工业革命期间，德国已经具备了整体精密工程能力，全面实施质量战略，使得德国制造业迅速崛起。这期间德国生产出了以精密坐标测量机为代表的一批精密测量仪器与制造装备，建立起完整的精密测量体系，对高端装备制造形成强有力的支撑。

第三次工业革命时期，德国率先进入了超精密工程阶段，并率先形成整体超精密工程能力，不断升级和完善质量战略，使质量意识深入人心，国家测量体系成熟高效，使德国成为名副其实的质量强国，形成了一大批自己的品牌。

超精密工程支撑了以光刻机为代表的高端超精密装备的快速发展。如荷兰 ASML 公司超越了日本的尼康和佳能，成为超精密光刻机制造的佼佼者。但荷兰 ASML 公司并不生产核心零部件，它主要从事设计、研发、组装、整机调试和售后服务等，绝大部分的核心零部件如光学镜头等都生产于德国等高端制造业发达国家。换言之，荷兰 ASML 公司的光刻机，是建立在德国等国家的超精密制造与测量能力上的。

第四次工业革命期间，德国率先提出了工业 4.0 的概念。从德国的发展历程可以知道，德国是从第二次工业革命以后稳扎稳打，循序渐进，扎扎实实地解决了产品质量问题，然后再稳步进入智能制造阶段。

2）主要做法

（1）从国家层面建立法制测量体系

德国将测量法制建设作为国家治理体系中的基础性制度，通过立法建立了科学性、先进性和完整性的计量测试体系，如《单位与时间法》《测量和检定法》等。《单位与时间法》主要规定了德国的法定时间、计量单位以及德国国家计量机构的机构属性和基本职责。《测量和检定法》主要规定了涉及公平贸易、医疗保障、环境保护等公共利益测量器具的监督管理，并规定由德国各州地方政府机构通过检定方式对计量器具实施监管。除上述法律法规外，还有相对较低阶的基本章程，如单位法、检定法、检定条例等。

（2）建立三级测量管理机制

中央层面成立了德国联邦物理技术研究院（PTB），集政府计量行政部门与计量技术机构职能于一身，年预算约为 1.85 亿欧元。其主要职能有四点:一是负责研究建立国家计量基（标）准，承担各州计量检定机构计量标准的溯源；二是为国家工业计量能力提供保证，负责校准实验室的认可工作；三是负责国家法律规定的计量工作和商贸、医药、环境等方面计量器具的型式批准工作；四是负责与欧洲及国际法制计量组织的交流与合作。

PTB 内设 11 个部门，包括 10 个科技部门和 1 个行政部门。各部门下设多个科室，约有 77 个科室和 200 个工作组，每个工作组负责一个领域的计量。

各州政府设定州计量局，再按行政区域划分设定市检定局。其中州计量局以管理为主，负责检定/检验机构的授权和授权后的监督；市检定局以检定为主，只检定为保证贸易公平、环境保护、安全领域并列入欧盟指令的十种计量器具或德国政府规定的计量器具，而不对企业内部使用的计量器具开展检定或校准。

（3）建立完整的量值传递体系和溯源体系

德国以 PTB 为统领，逐渐构建起了国家测量体系（见图 2-1），即国家计量基准/标准的建立、管理与量值传递。

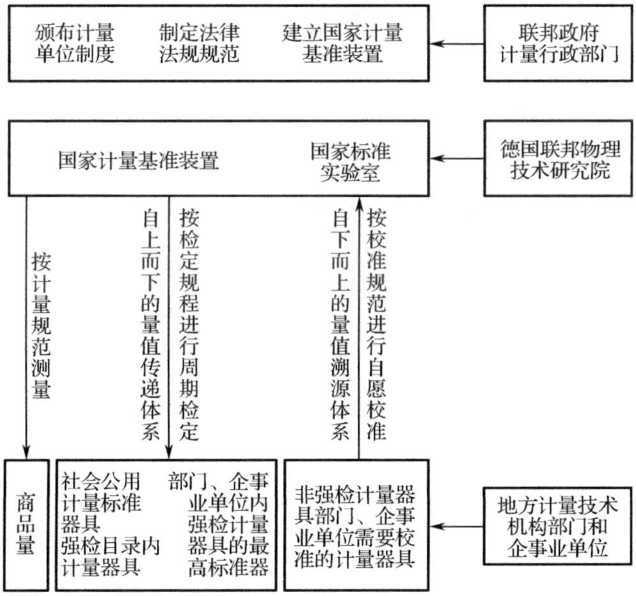

图 2-1　德国测量体系

自上而下完整的量值传递体系，由德国物理技术研究院（PTB）建立计量基准/标准后，其计量量值须逐级向下传递，首先传递到州一级，再传递到市一级，最后传递给工作计量器具，一直贯穿到制造过程的每一道工序的工程测量。以几何量计量为例，德国建有 123

种国家计量标准（装置）。

自下而上的量值溯源体系。德国以计量校准工作为手段，通过将测量结果与国家计量基准/标准进行比较来确保测量结果的准确性，从而校准测量设备和方法，使其符合产业界要求。德国强制检定部分业务的社会化，规定 PTB 作为政府财政拨款机构，不得参与计量校准的市场化竞争，计量校准主要由社会上的各类技术机构进行，德国设有校准长度计量校准实验室服务局（DKD），负责校准实验室的认可，目前共有 280 多个校准实验室通过了 DKD 认可。此规定确保了计量校准市场的公平竞争。

这种国家测量体系，确保了测量数据的准确可靠，进而保证零部件制造精度和产品集成后的精度与质量。由于有了以 PTB 为统领和以健全而强大的现代工业测量体系为根基的国家测量体系作为支撑，德国的产品质量得以迅速提升。

（4）资助高校研制和应用大型仪器

仪器是测量的载体，是实现科学发现与基础研究突破的手段。自 20 世纪 80 年代开始，德国联邦教育研究部（BMBF）为自然科学基础研究的重大科学设备的研发投入了大量资金。

1992 年以来，教研部资助德国高校每年用于自然科学基础研究的重大科学设备的研发费用约为 5 亿欧元，2010 年达到 8.6 亿欧元，约占当年总研发经费的 12%。教研部通过对隶属于亥姆霍兹联合会的国家研究中心，如德国电子同步加速器研究中心、亥姆霍兹重离子研究中心、卡尔斯鲁厄理工学院、于里希研究中心、亥姆霍兹柏林材料与能源研究中心等机构资助的方式，建立起一批国家级高精尖仪器研发基地，同时，通过高校，不断对大型仪器进行开发。

另外，德国基本法第 91b 条规定，德国联邦和各联邦州共同资助德国高校的科研建筑，包括大型科学设备。德意志科学基金会（DFG）在这一框架下，设立了“重大研究仪器计划”和“重大仪器创新计划”，与高校所在的各联邦州共同资助高校的大型科学设备（包括配件和必要的辅助设备）。

2007—2013 年，联邦政府和所在州政府（50%：50%），每年各提供 2.98 亿欧元用于高校科研建筑（包括大型仪器），其中 2.13 欧元用于资助科研建筑，8500 万欧元用于大型仪器。截至目前，联邦和联邦州政府共资助了 91 项计划，总额约 25 亿欧元。在各学科领域资助的大型仪器项目共 1631 项，仪器项目的学科领域主要集中在化学（304 项）、生物学（291 项）、物理（232 项）、医学（229 项）和材料学（119 项）。

仪器委员会和信息技术基础设施委员会是 DFG 中负责科学设备的部门，负责在仪器的批准过程中提供咨询，并在“联邦州的大型仪器”专项中完成最终的评审建议。DFG 的中央采购办公室负责采购、管理在单项资助和合作资助项目中 1 万欧元以上的仪器。仪器归 DFG 所有，出租给科研人员使用。

（5）培育体系完整、结构合理的高精尖仪器企业

政府资助的研究项目导致对实验室仪器的需求普遍增加。直接的联邦机构采购也有助于国内仪器制造商。关注零件和服务的公共部门组织倾向于购买德国产品，即使外国供应商提供高效或更便宜的仪器。仪器制造商也受益于联邦对私营公司研发支出的税收减免，培育了一批顶尖超精密制造与仪器企业。如全球三大测量仪器供应商之一马尔，全球光学与光电行业领袖卡尔 · 蔡司，高科技分析仪器跨国企业布鲁克，全球领先的生命科学公司德国 Eppendorf 等。其中，卡尔 ·蔡司 2020 年在中国市场的销售额占公司整体业绩超过 30%。

同时，通过浏览全球 B2B 采购平台 Europages 上精密测量仪器行业，德国拥有 17907 家潜在供应商[①]（见表 2-2）。

表 2-2 德国精密测量仪器行业潜在供应商数量

企 业 类 别	数量/家
医疗和外科器械-仪器和设备	5595
测量和调节设备和仪器-压力	1472

① 网址：https://www-europages-co-uk

续表

企业类别	数量/家
测量和调节设备和仪器-输出和流量	763
车辆-远程信息处理	1850
光学仪器	782
科学设备和仪器	583
测量和调节设备和仪器-电力和其他能源	205
检测设备	301
测量设备和仪器-位置和距离	99
信号-系统和装置	153
监控设备	301
电子和电子元件-制造机器	131
精密测量仪器	12
测量-设备和仪器	34

德国经验表明，高端装备雄踞制造业技术链和价值链的顶端，其最本质的特征是高质量，包括高性能、高稳定性和高可靠性，核心是建立超精密测量能力。只有建立起面向先进制造的完整的计量测试体系和仪器体系，才能从根本上解决困扰我国几十年的“五基问题”（即基础零部件与元器件、基础材料、基础工艺及装备、工业基础软件、产业技术基础），才能从根本上形成高端装备制造能力。

2. 高度重视培育隐形冠军

德国著名管理学家赫尔曼·西蒙（Hermann Simon）在研究德国出口经济的成功经验时，于1990年首次提出“隐形冠军”（Hidden Champions）的概念，指在某一细分领域处于绝对领先地位、年营业额不超过50亿美元且不为大众所熟知的中小型企业[①]。之所以隐形，主要是因为这些企业大部分位于产业链中上游，不

① 最初为10亿美元，后来随着发展逐渐调整提升了标准

与终端消费者产生直接联系，公众知名度很低，故名“隐形”。其实在行业内，这些企业大名鼎鼎且拥有很高的话语权。

西蒙总结隐形冠军拥有以下八大特质：

- 追求成为全球市场领袖；
- 高度专注，仅关注 1 到 2 个行业，并做到极致；
- 国际化，积极拓展全球市场；
- 持续创新，与时俱进地改进产品；
- 客户至上，积极满足客户需求；
- 具有非常鲜明的竞争优势，避免低端价格战；
- 注重员工培训，提高员工素质，离职率低；
- 具有非常强劲的领导力，实现公司愿景。

1）隐形冠军的竞争战略

从企业层面看，隐形冠军企业高度重视创新，包括产品创新、流程创新、科技创新，与高校、科研院所保持开放合作，拥有高绩效的组织管理、高素质人力资源等。

（1）注重产品或流程创新

根据曼海姆创新小组（MIP）和欧洲经济研究中心（ZEW）的调查研究，在过去三年中，80%以上的隐形冠军企业引入了产品或流程创新，比同行业类似规模的公司多出 10%。

隐形冠军企业的成功很大程度上得益于其卓越的创新管理，将市场方面和技术完美结合，约有 60%的企业引入了营销或组织创新，是公司本身产生了创新的关键激励因素。

隐形冠军企业更加重视持续研究，更频繁地委托第三方进行研究和开发项目，约 60%的隐形冠军与大学合作开展创新项目[①]。

（2）对科技创新的高强度投入

产品的高性能、高质量离不开对科技创新的高强度投入。一般

① 1500 Hidden Champions in Germany - ZEW

而言，普通企业研发投入强度约为3%，全球500强研发强度可达到3.6%，隐形冠军企业则有6%。

在专利数量上，大公司每1000名员工拥有6项专利，而隐形冠军企业拥有31项专利，大公司的每项专利成本为371.7万美元，而隐形冠军仅为72.5万美元。

如德国辛恩钟表公司主要生产供飞行员、极限运动员、特种部队、消防员、潜水员等使用的特种手表。为制造出适应各种特殊条件的可靠手表，该公司研发出多项技术专利，并灵活运用其他行业的现有技术，在高达近20%的研发人员基础上，为更广泛的开展技术创新，辛恩公司在研发过程中广泛听取各方意见，包括没上过大学的雇员的意见，并据此改变公司决策。

（3）高绩效的组织管理

一是稳健的资本结构。大多隐形冠军企业是低资产负债率，对上市持保留态度。

二是动态精简的组织机构。隐形冠军企业会尽可能避免矩阵型组织机构，往往会将新业务分拆到新成立的公司中，确保企业充分聚焦竞争优势。

三是高度忠诚和高绩效的企业文化。隐形冠军的企业文化有很强的自主精神，员工队伍保持了高绩效和高稳定性特征，流动率低至每年平均只有2.7%，企业的领导人平均任期达到20年，是大企业的3倍。

2）隐形冠军的扶持政策

隐形冠军是中小企业的重要组成部分。西蒙认为德国制造业的发展离不开一大批极具发展活力的行业隐形冠军。根据西蒙在2016年的研究，全球的隐形冠军企业共有2734家，其中德国最多，有1307家，而中国只有68家。背后的根本原因是德国高度重视发展中小企业，把促进中小企业的发展提升到国家战略高度，上至国家立法、战略规划、机构设置，下至税收、信贷、培训、信息等方面，对中小企业的发展给予全方位的全力支持。

（1）进行项目资助并设立创新基金

德国政府推出了一系列创新计划，增强中小企业创新能力。如“中小企业专利行动”资金补贴项目，提高中小企业在创新过程中使用专利和科技数据库的意识及能力，并在获得专利后尽快实现产品市场化。“中小企业中央创新计划（ZIM）”为德国中小企业承担的以市场为导向的技术研发项目提供赠款。“ERP 创新夹层”资助计划为市场相关研究和新产品、流程和服务的开发以及这些产品、流程和服务在德国的重要推进工作提供长期和低息融资，该计划使成熟的中小企业能够获得由债务资本和次级贷款（ERP 夹层创新融资）组成的融资方案。同时，德国政府也设立了创新基金，用来缓解中小企业自有研发资金不足的问题。例如，联邦经济技术部、复兴信贷银行和知名企业成立了高科技创业基金，为处于种子期的年轻科技型中小企业提供风险投资。

（2）推动行业组织、金融机构的支持

德国政府要求境内的工业企业都加入具有行政联合机构性质的德国工商大会。工商大会在充分考虑中小企业需求的基础上，为之提供资金和运营方面的帮助。在德国，以中小企业为主要服务对象的金融机构多达几千家，包括德国复兴信贷银行、储蓄银行、州立银行、担保银行及合作银行等。作为政策性银行，德国复兴信贷银行通过提供贷款贴息等方式，为中小企业发放中长期贷款。德国一些州政府出资成立非营利机构，通过协助销售、建立产品展示平台、组织海外渠道拓展、对接企业与投资者等方式，帮助某一细分领域的中小型企业拓展市场，并对接中小型企业所需的市场、资金、技术等资源。巴符州政府还通过提供咨询服务、定期组织活动等形式，支持专门经济区域集群的发展，将企业、研究机构、教学中心、技术转让机构构建成产官学协作的全方位支持体系。

（3）打造适宜企业创新发展的政策环境

德国政府历来在各种层面上采取多种方式扶持中小企业和“隐形冠军”发展。具体举措包括制定各类法规以创造有利于发展的竞争环境、成立专门的管理机构以增强企业竞争优势、制定技术服务政策、加强技术人才培训、积极提供财税金融支持和融资担保、建立信息情报中心以提供信息服务、充分发挥各类商会协会的作用等。随着数字化的发展和智能制造等新兴趋势的出现，德国政府鼓励中小企业与高校、科研机构和大企业合作，帮助中小企业招聘技术人才，降低中小企业申请资助门槛，以进一步资助中小企业使用工业4.0设备测试自己的解决方案。

3. 强调和推行工匠精神

翻开德国的历史篇章，教育始终是德国的立国之本。在德意志还是四分五裂的时候，普鲁士就已经把受教育和服兵役一样视为公民义务，而国家则必须为他的公民提供受教育的机会。免费教育从19世纪中期就已开始，在德意志统一前夕，适龄儿童入学率已经达到97.5%。普鲁士国王威廉三世曾发出这样的呐喊“这个国家必须以精神的力量来弥补躯体的损失”。

在德国，专注、标准、精确是其“理性严谨”民族性格的行为方式，延伸到商业领域就形成了独特的工匠精神。德国工匠精神要求工匠对自己的产品精雕细琢、追求完美和极致，并转化为对精品的执着追求。这种执着与追求成为“德国制造”独特的精神文化，并印记在各种产品之上，成为企业产品质量的保障。

1）受社会尊重和认同的工程师文化

德国前总统赫尔佐格曾说，“为保持经济竞争力，德国需要的不是更多博士，而是更多技师。”这里所说的技师，指的是支撑“德国制造”的工业技师。在德国，人才并非局限于前沿行业或学科的领军人物，更包括在普通行业中发挥专长的个人，社会各界普遍形成培养一个技术熟练、精湛的工人和培养一个知识广博的大学生相比，对国家的经济和社会发展具有同等重要意义的共识。这种广义的人才观和劳动无贵贱的社会共识，形成了尊重产业工人的社会氛围，也使得大量年轻人愿意接受职业教育，成为优秀的产业工人。

工程师在德国社会地位普遍较高，德国议院中工程师所占的比例甚至比工程师在总人口中的比例还高。其次，工程师在德国整个职业薪酬体系中具有很强的优势，职业教育培养的产业工人和大学培养出的白领相比，税后工资相差不大，一般情况下工人工资还会稍高。根据德国国家统计局调查报告，在过去的十年中，德国工程师的年收入上涨了 1 万欧元（1 欧元约合人民币 7.79 元），平均年薪高达 67681 欧元。汽车行业的工程师报酬最高，平均年薪是 74214 欧元，特别是车辆安装方面的工程师平均年薪高达 77370 欧元。

2019 年，德国大学毕业生仅占同龄人的 30%，将近 70%的年轻人接受的是职业教育，并由此走上工作岗位。根据德国机械制造业联合会的最新调查，2019 年，德国机械工程师的人数增加到 199800 人，与 2016 年的上一次调查相比增加了 9200。同时，机械工程师在整体雇员中的比例也再次增加，达到 17.1%。

2）高度强调责任感的企业文化

重视企业文化建设，培养良好的企业文化是德国企业管理中的重要组成部分，德国企业对企业的品牌和产品的质量极为看重。并特别注重培养企业和职工对社会的责任感，使企业从上到下，全身心投入技术工作中并不断创造精品。对内则主要培养团队精神，像这样通过企业文化潜移默化，极大增强了企业的凝聚力和感召力。如西门子公司的创始人维尔纳·冯·西门子曾经说过："我决不会为了短期利润而牺牲未来"。西门子为了保持其技术领先地位，每年将其销售额约 10%的资金用于研究和开发，"标准、完美、精准、实用"的文化特征深深地根植于员工内心深处。

3）独特的职业教育和培训体系

德国是世界上进行职业培训教育最好的国家之一，其相关的法律规定有 3 项：一是带职到高等学校学习，二是企业内部进修，三是由劳动总署组织并付费的专项职业技能培训。第三项主要是针对失业人员。

通过“双元制模式”实现有效的专业人才培养。在企业主导下校企合作办学、合作培养技能型人才，受教育者在学校内是学生、在行业内是学徒。德国要求学生就业除必备的文凭外，还需经过 3 年专业职业教育，即便是一个传统经营农业生产的家庭，如果其子女没有经过专业农业训练教育，也不可能继承家业而从事农业生产。除成年人在上岗前必须经过专业培训外，对口学校毕业出来的高中学生，一旦被企业录为学徒，首先进行 3 年的双轨制教育培训，即每周三天半到四天在企业学习实际操作技巧，一天到两天去职业学校学习理论知识，这期间的培训费用和学徒工资全部由企业负担。

德国正是通过这种大规模、系统化的职业教育，培养了大批专业技术人才，这也是“德国制造”最终取胜的关键。依靠独特的职业教育体系，德国拥有了一支庞大的高素质产业工人队伍，这些技术人才在德国人口中占有相当高的比例。依靠这支高素质的专业技术人才队伍，德国可以在投入更少劳动力、使用同等数量的进口原料的条件下，加工生产出质量更好的产品，创造出更高的价值。

执笔人：李湘、陈警
审稿人：屈贤明、朱明皓
编写单位：中国工程院战略咨询中心

第三篇

重点领域篇

一、节能与新能源汽车

1. 主要产品和技术进展

1）零部件领域积极应对“两碳”

各国商用车企业在整车动力学、低碳燃料发动机、电动附件等方面持续开展技术攻关以减少碳排放。依维柯卡车通过混合动力变速箱的集成，ECS 开发出电动液压助力转向系统（EHPS），主动式格栅、侧翼板、船形车尾，双回路冷却系统，实现节油 30%的挑战性目标。沃尔沃通过开发先进的预测性能源管理控制策略，包括冷却系统、驱动系统和自适应空气动力学（通过可控挡风板）的黏性控制，应用于牵引车—半挂车组合，卡车上还用了可控的电动附件，特别是集成应用了电动冷却泵和电液助力转向泵，以降低电耗，而这两个部件在不同工况下以不同的方式帮助提高车辆燃油经济性。达夫卡车主要通过减少后桥轴承产生的摩擦，以及差速器壳中润滑油产生的摩擦，研究出一款可在达夫卡车上集成的新型低摩后桥。

康明斯加大包括柴油、天然气、氢气内燃机、混合动力、纯电动和燃料电池的创新投入，并探索可再生能源的开发。我国商用车企业专注于提升发动机热效率、优化AMT技术等，包括高压共轨、两级增压、可变截面增压器（VGT）、增压复合、电控附件、大排量大马力发动机、混合动力、可变气门技术以及电控机械式自动变速器（AMT）技术等在内的多项节能技术成为行业集中攻关的重点。

零部件企业积极布局，踊跃创新混合动力系统解决方案。为满足传统燃油车向混合动力发展的趋势，博世推出混合动力专用无级变速器（DH-CVT），可承受高达500Nm的综合扭矩，在满载及空电情况下仍可提供33%的爬坡性能，同时可以兼容SMG（永磁同步电机）和IMG（同轴式电机）两种不同的电机类型。麦格纳对DCT加以功能扩展，开发全新高扭矩专用混动驱动系统DHDplus产品，在7挡DCT基础上增加120kW eDS电机、逆变器等，采用P2.5结构，设置5个物理挡位，电机连接2挡和4挡，通过麦格纳C0离合器实现电动动力换挡，利用1挡实现电动越障功能，ICE扭矩可达400Nm，P2.5并联电动助力。

2）电驱动系统呈现高集成、高效化发展

高集成、高速化、高电压化、扁线绕组技术、油冷热管理技术、SiC控制器等技术是当前电驱动系统的热点技术，也是未来提升驱动系统性能指标的关键技术路径。目前，电驱动总成逐步采用6～8层扁线绕组提升槽满率、降低铜损和趋肤效应；采用0.25～0.27mm硅钢片技术降低涡流损耗，未来向更薄、低损耗硅钢片、10层扁线绕组和换位式绕组方向发展，进一步提升电机效率。在电机控制器方面，特斯拉Model 3在行业内率先在400V驱动系统上使用了SiC功率器件，结合高压大功率充电技术，电机控制器的功率器件开始逐步升级。SiC基功率器件与Si基功率器件相比在开关损耗上有明显优势，结合双面烧结低杂散电感封装技术，进一步提升系统效率。SiC功率器件控制器可以实现更高的开关频率，可以降低控制系统对电机系统引入的谐波分量。

3）中国引领全球动力电池技术发展

在中、美、日和欧盟等主要国家和地区大力推动发展新能源汽车的背景下，近年来全球动力电池市场保持高速增长的趋势。根据不同使用需求，动力电池可分为能量型电池、功率型电池和能量功率兼顾型电池，其中能量型电池以低成本化和高性能化技术趋势为主，应用于纯电动领域；而功率型电池主要以高性能化技术趋势为主，应用于混合动力领域；能量功率兼顾型电池主要应用在插电式混合动力领域。在纯电动技术方向，着重进行高能量密度和具有成本经济性优势的电池技术开发，同时兼顾寿命和充电等性能；在插电式混合动力技术方向，着重进行兼具高能量密度和高功率密度的电池技术开发，同时兼顾寿命和快充等性能；在混合动力技术方向，着重进行高功率的电池技术开发，同时兼顾寿命和成本经济性等。

在动力电池比能量方面，我国普遍高于国外技术水平，其他指标也基本与国外技术持平。电池系统方面，电池系统体积成组系数达 50%～70%，重量成组系数达 70%～82%；电池系统零部件标准化比例达 15%～25%。此外，我国动力电池系统技术在 IP 等级及机械滥用监控、热失控防护等方面领先国外技术；同时，在成组成本上有一定优势。与国外相比，我国在固态电池、锂硫电池、钠离子电池等新体系电池方面的比能量已实现全球领先，但在循环寿命上还稍有差距；在磷酸铁锂、镍锰酸锂、硅碳等电池关键材料的克容量方面已实现全球领先，其他指标达到全球先进。

4）车用材料朝向高性能、高强度方向发展

在高强钢及其成型工艺方面研究与应用已比较成熟，目前各国的研究方向主要在于提升强度及塑性性能方面。冷冲压用钢方面，日本抗拉强度为 1500MPa、延伸率为 6%的马氏体钢已批量化应用，为进一步提升成形性能扩大应用，正在研制延伸率 20%以上的先进高强钢。瑞士 SSAB 量产了抗拉强度 1700MPa 以上的马氏体钢板，但延伸率只有 3%。福特野马已在门槛梁及 A 柱上量产应用 1700MPa 超高强马氏体钢。热冲压用钢方面，瑞士 2000MPa 级别热成形钢板

已商业化，德国也已达到 1900MPa 级别。

铝合金作为性价比较高的轻质合金，近年来发展较快，国内外在进一步扩大产业化应用和未来新技术方面做了很多布局。①低成本铝合金技术方面：美国布局无稀土铝镁合金材料，通过规避成本昂贵的稀土成分的应用来降低材料成本；研发石墨烯润滑剂降低铝合金/超高强钢与钢模间的摩擦系数，使冲压成本效益大幅度增加；提升再生铝的性能。②性能提升方面：日本提出高强铝合金研制方向，屈服强度将超过 700MPa，延伸率达 12%以上。③新技术方面：美国布局了成本效益更高的高强度铝合金室温成形技术，将扩大铝在结构组件，以及防撞梁、B 柱等安全部件上的使用；欧盟资助开发出一种新型的气体喷射技术，用于空心铝和镁件的高压压铸，可以在加工效率及材料方面节省大量成本，还可增加设计的自由度。

镁合金具有非常好的比强度、很轻的密度，是铝合金、复合材料轻量化应用的有效补充，但由于成本及性能问题，近年来，虽然镁合金在汽车上的应用逐渐增加，但用量相对复合材料和钢铁而言非常少。高强镁合金方面，日本布局了 360MPa 左右延伸率 15%左右的镁板，以及 250MPa 延伸率 15%左右的镁型材。低成本镁薄板技术开发方面，美国基于福特公司汽车车门内外板从合金成分改性、材料表征和建模技术、低温轧制工艺、连接工艺、防腐工艺合金等方面进行了全面、系统的研究。连接工艺方面，美国、日本等均开展 RSW、Arplas 焊接和激光焊接等工艺开发。镁合金防腐方面，美国正在研究激光表面处理等技术；我国耐腐蚀材料开发取得突破性进展，通过非接触电磁搅拌半连续铸造纯净化工艺，使镁合金车轮裸材试样平均腐蚀速率提升至 0.26mm/a，优于整车耐腐蚀要求。

目前，国际上对于复合材料的研究主要集中于碳纤维增强复合材料、生物基可降解纤维增强复合材料、玄武岩纤维增强复合材料。首当其冲的是碳纤维增强复合材料，主要从材料、结构集成设计和高效成型工艺方面降低碳纤维增强复合材料的应用成本，以期加快碳纤维增强复合材料的发展步伐。

5）汽车制造工艺不断创新

特斯拉独树一帜，开创大型一体化压铸技术。近十年，从 Model S、Model X、Model 3，到最新发布的 Model Y，特斯拉在轻量化技术领域的表现独树一帜。在 2021 年的特斯拉电池技术公开日上，马斯克表示将在 Model Y 下车体开发大型一体化铸件，下车体结构将由前、中、后三个部分大型压铸件组成，同时，集成了电池箱体结构功能，可将电池模组布置在下车体中间，成为有特斯拉特色的车包一体（简称“Cell to Body”）技术。Model Y 一体化压铸车身结构通过高度集成性设计减少了 370 多个部件，实现 10%的重量降低。此外，大大降低了焊接设备的投入，提升了加工和装配效率，成为“向技术要效益”的典范。

蔚来量产车型首次采用热冲压铝合金技术、碳纤维增强复合材料等先进技术，推动轻量化新技术扩大量产应用。蔚来在 ES8 车身上首次采用了航空级 7003 铝合金，在底盘和悬挂系统也采用了大量的铝合金材质；同时，在打造的第二款车型 ES6 上，首次使用了热冲压铝合金 AA7075，抗拉强度可达 500MPa 左右。此外，ES6 是国内第一个量产化使用碳纤维增强复合材料的车型，根据蔚来汽车发布的测试证明，碳纤维后地板的使用让车身整体的扭转刚度更高，被动安全性能提高，整体耐久性也得到很大提升。蔚来汽车还与德国西格里碳素公司合作，研发碳纤维增强复合材料电池外壳原型，该电池外壳比传统的铝或钢制电池外壳轻 40%，具有高刚性，而且比铝的热导率低 200 倍。

2. 汽车产业技术变革趋势和最新动向

1）技术趋势

全球汽车产业正在加快向“电动化、智能化、网联化和共享化”转型，传统企业和造车新势力各取所长开展技术布局，全球产业技术水平不断提升，产业生态发生重大变革。

（1）能源多元化支撑电动汽车及相关产业清洁低碳

电动汽车进入市场化提速的重要时期。当前，新能源汽车成为全球汽车产业实现碳中和的共同选择和一致行动。全球主要发达国家相继提出2050年碳中和发展愿景，对降低汽车碳排放的目标要求更加严苛，多个国家已提出汽车“禁燃”时间表并加速推进电动化发展。国内外主要汽车企业纷纷加速电动化转型，以碳中和牵引产业可持续高质量发展。

全球燃料电池汽车关键技术取得突破，已开展规模化示范应用，为实现低碳清洁的车用能源拓宽途径。伴随着全球能源结构转型和汽车产业变革的浪潮，日本、韩国、欧洲、美国等主要发达国家和地区纷纷将氢能作为能源技术革命的重要方向和未来能源战略的重要组成部分，并把氢能与燃料电池汽车发展上升到国家战略，制定了氢能战略或发展路线图。截至2020年，全球范围内燃料电池汽车累计销量超过3万辆，加氢站数量超过450座，产业化进程有所加快。

（2）新能源汽车成为人工智能、大数据、云计算等新技术的最佳应用载体

新能源汽车为人工智能、大数据、云计算提供了良好的应用平台。与传统能源汽车更多涉及机械化相比，基于全新平台的新能源汽车能源系统、动力系统、控制与执行系统等在电气化方面实现了巨大跨越，同时整车具备构建全新电子电气架构的硬件基础，能够更好地实现数字化，车辆本身能够对车辆内外环境实现全面细致的数字化感知，从而为人工智能、大数据、云计算等提供良好的应用平台，由此而形成的新能源智能网联汽车数据吞吐能力、运算速度、构建云端连接环境等，都远高于传统汽车，且在响应速度、冗余拓展、功率承载、智能化功能拓展等各方面都有着传统车无法比拟的优势。

人工智能技术在自动驾驶汽车上的应用不断取得进展。虽然高级别自动驾驶仍面临多元传感融合机理复杂、最优路径决策难度大、控制算法低效高成本等问题，但神经网络、深度强化学习等依然在

实时感知、决策、规划和控制方面得到深化应用并取得了进一步研究进展，推动高级别自动驾驶功能与性能不断得到改善。

（3）汽车成为移动数据终端和 IOT 移动节点

蜂窝车联网 C-V2X 推进效果显著，推动车路协同型自动驾驶加快落地。在单车智能型自动驾驶面临诸多长尾问题尚无法解决的背景下，车路协同型自动驾驶技术路线已逐步成为业界共识。2019 年，欧盟发布基于数字化基础设施支撑的网联式协同自动驾驶路线图（ISAD）。2020 年，美国密歇根州联合谷歌旗下公司按商业化运营模式建设美国第一条网联自动驾驶走廊。此外，整车企业如奥迪等也开始加快在产品上布局 V2X 车路协同相关功能，业界共识不断凝聚。

网联化带动智能汽车与智能交通、智慧城市一体化发展的雏形逐步显现。英国依托伯明翰和伦敦之间的 M40 走廊建设网联与自动驾驶汽车先进技术集群，同时将基于英国现有的部分网联与自动驾驶汽车测试中心，在英国汽车产业核心区域集中建设测试设施集群。德国和法国在两国之间的一段跨境公路上测试自动驾驶汽车，测试路段长约 70 公里，从德国西部萨尔兰州的梅尔齐希（Merzig）延伸至法国东部的梅斯（Metz），通过自动驾驶测试示范牵引智能交通、智慧城市一体化融合发展的雏形正逐步显现。

（4）智能共享出行正在重构未来汽车产业新生态

共享汽车实行定制化的理念已进入落地实施阶段。随着共享出行理念的逐步深入和市场渗透率的进一步提升，如何通过技术和车辆筑牢安全保障、提升出行体验、优化车辆成本成为各出行企业竞争的重要方向，越来越多的车企围绕"定制化共享汽车"展开布局。丰田、戴姆勒、宝马等国际整车企业，均在定制化共享汽车方面展开了探索与实践。

智能共享出行示范运营商业化探索成效显著。Robotaxi 作为自动驾驶商业化最可能较早落地的关键方向之一，在提供全新乘坐体验、提升交通安全性和运转效率等方面具有重大潜力，并预期将在重塑汽车产业格局、构建智慧交通与智慧城市方面发挥重要作用。当前，随着关键技术突破和产业环境完善，Robotaxi 已从技术研发和公开道路测试，稳步推进到开放道路测试和示范/规模化运营，并与研发形成有效闭环。

2）最新动向

在汽车产业加速变革、碳中和目标成为共识的背景下，美欧等世界主要经济体纷纷加大对节能与新能源汽车产业支持力度，国际知名汽车企业也争相加速电动化转型进程。

欧盟以加速和引导数字化和绿色转型为核心，旨在提升欧洲科技创新的竞争优势和全球领先地位。2021 年 1 月 1 日，欧盟启动实施第九个研发框架计划——地平线欧洲（Horizon Europe）（2021—2027 年），该计划总预算 955 亿欧元，以加速和引导数字化和绿色转型为核心，旨在提升欧洲科技创新的竞争优势和全球领先地位。2021 年 3 月，“地平线欧洲”第一个四年战略计划（2021—2024）获得通过。该四年战略计划涉及六大集群，其中“数字化、工业和空间”集群，重点布局数字化技术、先进材料、人工智能和机器人技术、下一代互联网、高级计算和大数据等；“气候、能源和出行”集群，重点布局能源动力、清洁交通、智能出行、能源系统和电网、交通行业竞争力等。具体来看，在能源动力方面，支持研发高性能可持续的电池技术，提高氢能和燃料电池技术的效率、成本、性能、安全性、可持续性和环境足迹，支持在能源和交通领域实现气候中立的高潜力新兴和突破性技术。在清洁交通方面，通过所有交通方式的清洁化解决方案，支撑实现到 2050 年温室气体净零排放和大幅减少空气污染物的政策目标。在道路交通方面，研发与创新须面向零排放交通的转型，确保欧洲相关的创新、产品和服务方面保持世界领先地位。在数字化与智能交通方面，基于数字化技术和先进的卫星导航等以用户为中心的技术和服务，推动以供应为基础转变为打造安全、无缝、智能、包容、有韧性、气候中性和可持续的出行系统。

美国科技战略进一步聚焦大数据和人工智能等前沿技术领域，并提出振兴电动汽车产业，实现对中国的赶超。近年来，美国进一步聚焦大数据和人工智能等前沿技术领域，先后发布《联邦大数据研发战略计划》《国家人工智能研究和发展战略计划》《为人工智能的未来做好准备》《美国机器智能国家战略》等，促进数字化转型。2020 年 10 月，美国发布《关键和新兴技术国家战略》，旨在强化和保护美国在人工智能、先进计算、先进工程材料、先进制造、通信和网络技术、人机交互、半导体和微电子等尖端科技领域的竞争优势。当前，美国国会商业、科学和交通委员会表决通过《无尽前沿法案》（Endless Frontier Act）立法，为美国当前最重要的科技立法活动，旨在保持美国长期的科技优势地位。该法案批准在 5 年内拨款 1100 多亿美元用于推进人工智能与机器学习、机器人、自动化和先进制造、先进通信技术等十大关键领域的基础和先进技术研究，以应对来自中国日益严重的竞争压力。在新能源智能网联汽车方面，美国能源部和交通部分别主导新能源汽车与智能网联汽车的科技创新战略，将加快振兴电动汽车产业，实现对中国的赶超。对于新能源汽车，联邦政府层面一方面通过制定宏观规划引导产业中远期发展，另一方面，也借助国家级研发计划和专项资金支持技术研发。2020 年 7 月，美国能源部宣布拨款 1.39 亿美元支持 55 个先进车辆技术相关的项目。对于智能网联汽车，美国自 1992 年出台《智能车—高速路系统战略计划》以来，已发布多项智能网联汽车技术相关的发展创新战略。2020 年 1 月发布《确保美国自动驾驶领先地位：自动驾驶汽车 4.0》战略（简称《自动驾驶汽车 4.0》），以保持对智能网联汽车发展的持续引领。《自动驾驶汽车 4.0》从保护用户与群体、促进市场高效运行、政府统筹协调三个层面明确了自动驾驶技术的十大原则，并提出了创新要素的基础保障、V2X 等相关技术支持与人才保障。

日本制定技术创新计划和数字化转型举措，加快建设超智能与氢能社会。2021 年 1 月，日本政府完成了第六期科技创新基本计划草案的拟定，为 2021—2025 年的科技创新政策定下了方针。第六期科技创新基本计划提出了实现“社会 5.0”目标的三大支柱：实现数字化社会变革、强化研究能力和培养人才。在数字化社会变革方面，注重以数字技术推动产业“数字化转型”，建设脱碳社会，加强5G、超级计算机、量子技术等重点领域的研发。为推进“社会5.0”建设目标，日本政府计划投入30万亿日元（约合人民币1.8万亿元）的研发预算，比第五期基本计划多出4万亿日元。在新能源智能网联汽车方面，日本政府致力于建立全球领先的氢能交通体系与产业竞争力，并加快在智能网联汽车领域的追赶。日本政府将氢能和燃料电池技术作为能源技术革命的重要方向和未来能源战略的重要组成部分，2019年9月出台《氢能与燃料电池技术开发战略》，优先支持燃料电池、氢能供应链、电解水产氢等10个重点研发项目。另外，在节能汽车、纯电动与插电式混合动力汽车方面，其《插电式和混合动力汽车指导方针》提出，到2050年，日本汽车厂商在全球销售的乘用车将全部实现电动化。为了实现该战略目标，提出促进开放创新（下一代电动技术、内燃机、中小供应商的技术基础等三方面）、通过国际合作解决全球问题以及建立电动汽车行业生态系统等行动计划及举措。对于智能网联汽车，日本政府利用政策与路线图积极引导自动驾驶发展。《2017官民ITS构想及线路图》中，日本明确了自动驾驶技术的推进时间表：2020年左右实现高速公路L3级别的自动驾驶，L2级别的卡车编队自动驾驶，以及特定区域L4级别的自动驾驶；到2025年实现高速公路L4级别的自动驾驶。2020年5月发布了《日本自动驾驶政策方针4.0》，提出了自动驾驶商用推进计划以及技术测试验证要求。

3. 年度热点事件

1）碳中和加速全球汽车产业电动化转型

当前，全球气候变化已经成为人类发展的最大挑战之一，极大促进了全球应对气候变化的政治共识和重大行动。为实现碳中和目标，各国对降低汽车碳排放的目标要求更加严苛，加快推进汽车产业电动化转型成为全球汽车产业实现碳中和的共同选择和一致行动。

各国加大汽车电动化转型的推进力度。2021 年 7 月，欧盟委员会向欧盟议会、理事会、欧洲经济和社会委员会以及地区委员会提交了“减碳 55%”（“Fit for 55”）一揽子立法提案，提案提出了“到 2030 年可再生能源占欧盟最终能源消耗的 40%；2030 年新注册燃油车比 2021 年减少 55%；到 2035 年将不再有新的燃油车注册”。2021 年拜登入主白宫后重回《巴黎协定》，积极启动多项国家级电动汽车供应链战略，从产业布局、供应链安全、市场环境等多个方面着手，先后发布《美国就业计划》《国家锂电蓝图 2021—2030》《建立弹性供应链，振兴美国制造业，促进基础广泛增长：第 14017 号行政命令下的百日审查》等，加快电动汽车关键产业链布局和市场推广，推动电动汽车产业全面发展。并于 2021 年 11 月 1 日正式发布《迈向 2050 年净零排放的长期战略》，明确美国实现 2050 年碳中和终极目标。我国“双碳”行动也迈入了实质性落实阶段，2021 年 10 月出台了《关于完整准确全面贯彻新发展理念做好碳达峰碳中和工作的意见》和《2030 年前碳达峰行动方案》两个纲领性文件，明确“双碳”路线图、施工图，其中提到了与交通运输、汽车领域直接或间接相关的要求，为汽车产业节能减排、实现“双碳”目标指明了清晰方向。

传统汽车巨头加速推进电动化转型进程。德国大众计划至 2030 年将其产品中的纯电动汽车份额提升至 50%，将先期投入 730 亿欧元用于电动化转型。奔驰将企业战略从“电动为先”调整为“全面电动”，计划投入 400 亿欧元用于电动汽车技术研发，推动其在 2025 年实现所有新车架构采用电动平台，至 2030 年实现全面电动化。宝马计划到 2030 年实现电动汽车累计销量超 700 万辆。丰田计划到 2030 年，将累计投入 8 万亿日元（约合人民币 4480 亿元），用于电气化车型的研发，其中 4 万亿日元将用于纯电动领域；导入 30 款 BEV 车型，BEV 全球年销量计划达到 350 万辆。本田公布电动化转型时间表，计划纯电与燃料电池车的销量占比 2030 年达到 40%，2035 年达到 80%，2040 年达到 100%；在中国市场，2030 年之后所有车型为纯电或混动，不再投放新款燃油车。

2）芯片短缺造成全球汽车产业停产减产

受疫情和经贸环境等多重因素影响，自2020年起，全球芯片产业逐渐出现产能紧张情况，进入2021年，疫情反复伴随消费复苏致使全球芯片短缺情况进一步加剧，满足车规级要求的汽车芯片由于利润率和业务规模远不及消费电子产品，因而在排产方面被芯片上下游企业排在相对靠后位置，最终引发汽车产业“缺芯”危机，对全球汽车产能造成严重影响。2020年12月以来，美国、德国、日本等国家的汽车企业纷纷停产减产，福特、大众、奥迪、通用、丰田、日产、本田等在全球范围放慢生产节奏，我国国内上汽大众、一汽大众、广汽本田、东风日产等企业也相继停产或减产部分车型，个别企业产能一度减少30%～50%。据波士顿咨询预测，芯片短缺将导致2021年全球汽车减产700万辆以上。

从芯片行业供给趋势来看，车载芯片产能扩张面临明显技术制约与市场门槛，由于研发设计难度大、市场规模小、利润回报率低等因素进一步制约了芯片制造企业的生产，因此想要彻底解决汽车“缺芯”问题，还需进一步布局。

3）原材料涨价导致企业成本不断增加

在疫情影响下，2020年上半年全球汽车市场需求大幅下滑，车企供应节奏被打乱，上游材料厂商也相应降低了供应预期。而下半年需求市场的强势复苏超出预期，在产业链传导的“时延”以及疫情的持续影响下，上游原材料产能供应无法跟上需求变化，导致包括锂、钴、镍等动力电池原材料，以及车用钢材、铝材、橡胶等相关原材料价格上涨情况持续升温。

原材料价格的不断上涨，导致汽车零部件企业成本不断增加，极大压缩了汽车零部件企业的利润空间，部分企业甚至出现零利润或赔本现象，长此以往将不利于汽车产业链供应链健康可持续发展。

4）中国逐步建立汽车数据和信息安全保障体系

随着越来越多智能车上路，智能车时代产生的大量数据，如何实现有效储存和开放，成了车企、监管部门等面临的重要挑战，如特斯拉系列“刹车门”事件、滴滴出行下架退市、蔚来 ES8 交通事故等，这些事件的背后均涉及从个人信息保护到国家数据安全的问题。

为应对相关问题，2021 年，国家密集出台了数据安全类法规。6 月《中华人民共和国数据安全法》通过，8 月相关部门联合发布《汽车数据安全管理若干规定（试行）》，9 月工信部发布《关于加强车联网网络安全和数据安全工作的通知》，10 月《数据出境安全评估办法（征求意见稿）》向社会公开征求意见等。它们与《中华人民共和国网络安全法》《中华人民共和国密码法》和《中华人民共和国个人信息保护法》等共同构成了中国数据安全的法律保障体系。

4. 存在的问题与措施建议

1）存在的问题

我国汽车产业相较欧美日起步晚，在基础元器件、基础材料、基础软件、高端工艺及装备等产业基础方面积累不够，尚未形成自主、可控、安全的零部件配套体系，同时，技术创新支撑能力不足，创新要素配置偏低。

车规级芯片、研发工具链等严重依赖进口。在车规级芯片方面，国内目前在车规级芯片的设计工艺和技术水平上与国外尚存在较大差距，且从产业链源头的芯片代工、产业链上游的芯片集成、产业链中游的车载电子零部件生产都被国际巨头牢牢掌控，90%以上国内市场均依赖进口，一旦发生“断芯”等危机，很容易导致整个汽车产业行业性危机。在研发工具链方面，国内从事车辆设计仿真软件和电气系统设计的供应商匮乏，企业多采用国外成熟电气电控系统开发工具，对国内开发软件设计技术的认可度不高；先进台架测试设备在功能与精度上与国外产品也存在一定差距。

部分关键基础材料有待突破。当前，我国在汽车相关领域的关键基础材料方面存在短板，部分关键基础材料仍在探索研究中，产业化进程需要进一步加快。例如，动力电池关键材料技术总体上仍落后国外先进水平，部分先进材料仍高度依赖进口；驱动电机用低重稀土/无稀土永磁体的开发、高品质电工钢、非晶合金铁芯、新型电超导与热超导材料、耐高温耐电晕绝缘材料、车规级大电流密度功率半导体材料等与国外差距明显；车用先进高强度钢、车用高性能工程塑料、车用复合材料以及燃料电池用质子交换膜和碳纸等有待突破。

部分关键零部件的高端核心技术仍受制约。当前，在关键核心零部件领域，自主品牌有了很大进步，但总体处于价值链低端的状况没有产生根本性改变，中高端市场仍多由国外企业掌握，自主核心技术与竞争力较国外存在明显差距。例如，在先进高压共轨燃油喷射、高效增压和配气、高效率内燃机、高性能自动变速器和混合动力总成技术，高速电机驱动、燃料电池膜电极及高效辅助系统、动力电池隔膜、全气候热管理等新能源动力技术等方面，均主要依赖国外提供，尚未形成自主能力。

基础工艺和制造装备与国外有较大差距。当前，我国汽车行业在部分基础工艺和制造装备方面与国外差距较大，正制约着汽车关键技术的工程化和产业化。例如，我国在芯片设计与工艺技术、高可靠封装工艺与封装材料技术方面仍与国外存在差距；在汽车用钢成型装备方面也有巨大差距。目前国内机床关键零部件大都依赖进口，国产数控系统由于缺乏在实际应用中验证和优化，在材料、结构、高端制造精度和控制系统等方面均存在短板；在数字化开发、检验检测、自动化物流等先进高端制造装备方面也基本依赖进口。

创新和协同发展体系有待进一步完善。当前我国汽车产业创新链不完整，基础研究和原始创新严重不足，在基础研究和产业化技术之间，缺少能够打通基础研究和产业化的非盈利应用技术研究机构，尽管目前已陆续在新能源汽车、智能网联汽车和动力电池技术领域部署国家级创新中心，但仍难以支撑汽车全产业的技术创新和成果转化。而国家层面对关键核心零部件技术创新重视不够、投入不足，还存在一定程度的投入分散、重复投入等问题。此外，自主整车和零部件企业的协同发展也存在短板，一方面，自主整车企业为应对国际化的市场竞争，多采用国际零部件企业配套，合资整车企业具有相对封闭的零部件配套体系，自主品牌零部件企业获得配套的机会少、难度大；另一方面，汽车产业缺乏由行业监管部门主导的、系统化的“整零协同”考核机制，目前的考核机制仅停留于各“整零协同”主体间的内部双向考核评价，激励和鞭策效应不足。

2）措施建议

加强政府协同推进力度。充分发挥节能与新能源汽车产业发展部级联席会议机制作用，加强部门间政策措施的协调和衔接，统筹推动节能与新能源汽车产业发展。加强中央、地方协同和政策协调，持续完善相关标准法规，充分发挥地方在培育壮大汽车产业链等方面的作用。

加大对关键核心零部件技术突破的资金支持力度。加大国家和地方政府对重点零部件企业科技研发和技术改造的支持力度，针对关键环节设置首批次应用保险补偿机制，同时充分发挥战略新兴产业创投基金等各类基金的引导作用，鼓励有条件的地方建立发展资金，加大对汽车重点零部件企业的支持。

完善新型研发机构的建设。进一步加大对国家动力电池创新中心、国家新能源汽车技术创新中心为代表的新型研发机构的支持力度，面向新能源汽车产业发展需求，着力突破共性技术供给瓶颈难题，带动产业转型升级。

支持整车企业与骨干零部件企业建立战略联盟，鼓励以资本为纽带，形成协同支持零部件发展的模式。建立由科技部、工信部、国家发改委、财政部、国资委等政府部门和行业前十骨干整车企业组成的协同推进机制，完善央企考核机制，设定关键零部件突破目标，引导整车企业面向重点零部件企业建立联合扶优机制。

强化未来科技预见，建立产业安全监测预警机制。建立完善科技动态跟踪与技术预见体系；建立由行业组织牵头，产业集群、重点企业联合参与的产业链安全监测预警机制；构建核心关键零部件、原材料供需清单制度；跟踪研判国际形势和产业发展动态，加强产业安全管理、研判与风险控制。

加大知识产权保护力度，加强专业人才培养。落实并完善知识产权保护相关法律法规，依法进行专利管理和保护，规范专利使用和技术转让，加大对侵权行为的打击力度；推进产学研用合作培养模式，加强联合培养基地建设；推行产教融合、工学一体的培养模式，开展现代学徒制试点示范，培育高技能工匠人才。

积极扩大国际合作。发挥多双边合作机制作用，构建汽车产业国际合作绿色通道，鼓励跨国零部件企业在华设立研发和采购中心，支持搭建全球研发协同创新平台；鼓励国内企业聚焦产业链薄弱环节，加大战略性投入，适时开展海外并购、合资合作等项目，加快推进本土化和规模化。把握“一带一路”发展机遇，支持企业开展国际产能合作，鼓励国内企业通过设立境外营销机构、研发中心、生产基地等方式“走出去”，对接全球市场。鼓励国内企业、科研院所及行业机构拓宽交流渠道，加强国际交流与合作。

执笔人：陈敏、杨耀坤、雷韧
审稿人：郑亚莉
编写单位：中国汽车工程学会国际汽车工程科技创新战略研究院

二、智联网汽车

1. 主要产品和技术进展

1）环境感知系统

感知是实现智能网联汽车自动驾驶目标中极为重要的一环。只有车辆能够感知且正确识别周围物体时，才能给决策模块正确的输入信号从而实现车辆的自动驾驶。对于智能网联汽车而言，其感知系统的设备主要包括：摄像头、毫米波雷达、激光雷达等部件。整体看，环境感知系统已基本实现国产化，但在个别关键部件上与国际企业仍存在较大差距。鉴于各类传感器均存在一定的技术局限性，未来环境感知系统将朝着多传感器数据融合和 C-V2X 网联赋能的方向发展，以增加冗余度的方法提高感知的准确性、可靠性和稳定性，保障自动驾驶安全。

（1）车载摄像头

车载摄像头是自动驾驶系统、ADAS 系统的核心感知设备，也是最接近人类视觉的传感器。根据摄像头功能和安装位置的不同，车载摄像头可以分为前视、后视、环视、DMS、行车记录仪 5 大类。目前，车载摄像头应用场景逐渐丰富，单车搭载摄像头数量快速上升，自动驾驶级别的提升也对感知精度提出了更高的要求。前视摄像头也从单目逐渐向双目、三目转变，相应视觉测距的精度得到提升。2021 年，华为和大疆相继推出了自研车载双目摄像头产品及解决方案。同时摄像头也逐渐从 2D 成像向 3D 发展。随着 ADAS 和自动驾驶进程的持续推进，车载摄像头市场将在未来 5 年内保持快速增长态势。我国企业在此领域产业链布局深厚，有望借助汽车智能化渗透率的提升而快速成长。

（2）毫米波雷达

毫米波雷达是一种发射及接收毫米波段电磁波的感知设备，可获取物体位置、距离和速度等信息，具有探测距离远和抗干扰能力强的优点，在恶劣天气中一般能正常工作。毫米波雷达主要有三个方面趋势：一是高频化，目前 77GHz 毫米波雷达产品正在成为各国主要发展方向，部分企业开始 79GHz 毫米波雷达研发；二是智能化，相关企业采用不同技术进行创新来提升毫米波雷达的识别精度和建模能力，如引入 AI 引擎和采用合成孔径雷达成像技术提高探测精度；三是协同化，毫米波雷达将进一步加强与激光雷达、车载摄像头等感知部件的协同配合，保障车辆安全。未来几年，随着 ADAS 功能升级、生命检测等座舱内新型应用和 4D 毫米波雷达上市等因素影响，车载毫米波雷达的需求将呈现快速增长。

（3）激光雷达

激光雷达通过发射激光并接收物体的反射回波，将回波转换成光电信号从而探测被测物的距离、方位、高度、速度等物理参数，根据扫描活动部件可分为机械式、混合固态式和固态式激光雷达。随着自动驾驶级别越来越高，激光雷达的需求越来越大。整体来看，激光雷达行业逐步朝全固态化、高性能、低成本、轻量化和自主可控趋势发展，近年来世界主流厂商开始纷纷布局固态化激光雷达。目前，微动式（包括转镜式和振镜式）是目前技术和成本平衡的最好方案。大疆预测，2021年起混合固态式激光雷达将成为主流形态，出货量可达10万台，单价将保持在1000美元左右；未来将会发展到纯固态式，年出货量可达1000万台，单价也会降低到几十到上百美元。华为表示计划将激光雷达的成本降至200美元，甚至有望降到100美元。未来，全固态激光雷达会得到大力发展。

2）车载智能计算系统

（1）域控制器

域控制器硬件是指采用了异构分布硬件架构理念来设计集成的芯片板，是承载智能汽车自动驾驶功能的物理载体，其构成包括AI单元、计算单元和控制单元三个核心硬件，以及印制电路板、散热组件（风冷或水冷）、支架等外围硬件。

异构分布、弹性可拓展式硬件架构是自动驾驶域控制器未来的发展方向，CPU、GPU、FPGA、ASIC、MCU等芯片的设计制造及多芯片集成能力是自动驾驶域控制器硬件的技术壁垒。当前，国内仍处于自动驾驶域控制器发展初期，国内部分企业已实现了域控制器产品的自主研发，但尚未经过大规模上车验证，尤其是在MCU和AI芯片设计制造领域，国内自主品牌仍需加速追赶。

（2）自动驾驶操作系统

自动驾驶操作系统是车载智能计算基础平台的核心部分，包含系统软件和功能软件。系统软件是针对汽车场景定制的复杂大规模嵌入式系统运行环境，主要包含硬件抽象层、操作系统内核（Kernel）、中间件。功能软件主要包含自动驾驶的核心共性功能模块，如自动驾驶通用框架、网联、云控等。

目前，自动驾驶操作系统发展呈现平台化、可扩展和网联式的特点。通过采用面向服务的架构设计，自动驾驶操作系统实现了与底层硬件及上层应用软件的双解耦，可支持多芯片、多板卡的硬件设计、第三方算法扩展以及定制化应用开发等；另外，自动驾驶操作系统逐步向云端拓展，可提供 V2X、云控等功能服务。

智能驾驶操作系统全栈开发方面，全栈开发技术要求高，国内企业刚刚起步，仅华为具备全栈开发能力。小鹏、蔚来、上汽等整车企业以及普华、东软等软件企业，多聚焦操作系统中的部分模块开发，与国外头部企业相比，在技术水平、量产应用、生态建设等方面仍存在一定差距。

内核方面，国际上 Linux 及 Linux 定制化的宏内核技术路线是当前主流，整车、软件企业多在宏内核 Linux 基础上进行定制化开发。由于 Linux 是开源软件，存在规模大、信息安全漏洞、许可协议严苛等问题，而微内核具有运行速度快、安全和稳定性高、不易受病毒破坏系统的特点，QNX 微内核应用越来越多，国内华为、中兴等自主企业开发出了微内核，但在产品成熟度、应用广泛度和生态建设方面与 Linux、QNX 存在装车应用上的差距。

中间件方面，中间件及服务主要是为上层应用如功能软件平台提供基础的系统服务。目前行业主要是基于 Adaptive AUTOSAR 标准进行中间件的开发，国内的东软睿驰、普华等都在布局符合 Adaptive AUTOSAR 标准的产品研发，但核心话语权不强。为了更好满足中国智能汽车发展需求，避免受制于人，未来中国自主整车厂和软件企业在中间件研发过程中需要逐步建立起独立于 AUTOSAR 标准的架构，实现对 AUTOSAR 标准的兼容。

功能软件方面，功能软件是智能驾驶系统核心共性功能模块，能够高效支持自动驾驶功能开发。国内外功能软件的研发还都处于起步阶段，国内外企业“并跑”，目前国汽智控、华为等企业已发布自主研发的功能软件层。功能软件还需要在技术上突破壁垒，在架构理解和产品定义等方面统一认识，便于快速建立产业生态和实现产品落地。

3）线控底盘系统

线控底盘作为智能汽车最重要的执行系统，相比于传统汽车零部件，具有响应快、控制精度高、能量回收强等特点，是高级别自动驾驶技术发展的基础。

（1）线控转向系统

我国在转向系统领域具备一定规模优势，产品能够满足国内配套市场需求，技术水平不断提高。目前，我国转向系统具有全领域供货能力，方向盘等中低端零部件达到国际领先水平，EPS、转向电机等中高端零部件仍存在短板。目前恒隆集团、豫北转向、易力达等企业具备 EPS 整机设计及制造能力，但关键零部件、软件等仍然依赖博世、采埃孚等国际企业。

此外，目前自主企业线控转向系统大多处于研发、小批量生产阶段，初步具备线控转向的基本设计及制造能力，但在关键零部件、线控底盘各系统 ECU 方面开发能力不足，缺少核心算法验证资源和台架测试、案例经验，尚未掌握成熟的线控转向控制逻辑。线控转向系统未来向智能化、系统冗余化、功能协同化发展。

（2）线控制动系统

我国在制动盘、驻车系统等领域产品技术方面达到国际先进水平，但在电子稳定程序系统（ABS/ESC/ESP）等底盘电子类产品方面与国际一流水平存在较大差距。

线控制动是电液制动的下一代制动技术，主要分为 EHB 和 EMB 两类，未来呈现集成化、轻量化、精准化趋势。博世、大陆、采埃孚等国外企业已经进入新一代产品量产应用阶段。伯特利、亚太机电等自主企业虽然已有对应的基础产品，但在硬件可靠性、软件功能安全等级、冗余机构软硬件的设计方面存在较大差距。EMB 在全球范围内还处于技术研究阶段。

4）通信系统

我国C-V2X产业在通信频谱分配、技术标准建设、通信芯片设计、模块终端和V2X协议栈的研发、道路测试验证、整车装配等整个生态体系上均实现了快速发展。通信、交通、汽车等领域的行业协会和标准化组织积极开展基于LTE-V2X的标准制定工作，标准已经覆盖应用层、接入层、网络层、消息层和安全等核心技术，标准体系已初步形成，具体包括：总体技术要求、空中接口技术要求、网络层技术要求及测试方法、消息层技术要求及测试方法、安全技术要求、证书管理系统技术要求等。

华为推出支持双模通信芯片Balong 765和商用车规级通信模组ME959；大唐电信发布PC5 Mode 4 LTE-V2X自研芯片和车规级通信模组DMD31；上海移远通信联合高通发布LTE-V2X通信模组AG15；高新兴推出了支持LTE-V2X的车规级通信模组GM556A。大唐、德赛、东软、华为、金溢科技、千方科技、三旗通信、万集科技、星云互联、中兴等国内企业均可提供支持5G/LTE-V2X的车载终端和路测单元产品。东软、星云互联、ASTRI等企业均可以为终端模块厂商以及OEM提供稳定可靠的协议栈软件以及开发支持服务。

5）高精度地图与定位

高精度地图和定位系统是智能汽车产业的重要基础技术，是L3以上级别自动驾驶必备技术，对智能汽车提供准确定位、道路轮廓等信息，保障汽车自动驾驶实现。

（1）高精度地图

高精度地图是指绝对精度和相对精度均在分米级甚至厘米级的高精度、高新鲜度、高丰富度的导航地图。高精度地图信息丰富，包含道路信息、环境对象信息、实时动态信息等。当前，我国高精地图已经量产应用，能够实现厘米级定位，结合路径导航完成辅助驾驶。在采集方式上，我国已经开始探索众包采集方案，助力高精度地图快速更新。

（2）高精度定位

高精度定位是指在车辆实时运动状态中，连续获取车辆高精度位置信息的功能模块，通常需要卫星定位（GNSS）、差分辅助、高精度惯导系统，以及摄像头、激光雷达、毫米波雷达等车身传感器的协同。

北斗卫星导航系统完成组网，定位芯片正在走向自主可控。自2020年7月完成组网以来，北斗卫星在轨运行稳定，中国卫星导航系统管理办公室数据显示，北斗三号全球卫星导航系统全球范围实测定位精度水平方向优于2.5m，垂直方向优于5.0m，在交通运输领域形成规模应用。

我国自主研发的22nm北斗高精度定位芯片已实现量产，千寻位置在全国范围内建设RTK地基增强站超过2800个，可输出实时可靠的高精度位置、速度、时间、姿态等信息，在高速公路及典型城市路段，精度最高可优于3cm，可用性达到99.98%。

2. 竞争趋势和主要动向

1）各国加速“人—车—路—云”一体化项目示范与技术规划

随着智能网联汽车设计运行范围的扩展，道路交通场景复杂程度越来越高，仅凭单车智能化方案难以在量产车上实现无人驾驶，通过采用智能化与网联化相融合的发展方向，可以有效弥补单车智能化存在的能力盲区和感知不足，并加速自动驾驶的商业应用。

2）随着技术不断验证与成熟，逐步向市郊道路、高速公路等场景拓展

从技术层面来看，限定区域运营场景由于路况简单、线路相对固定、车速相对较低、交通参与者较少等因素，更有利于自动驾驶功能实现。相较之下，大范围不定线路运营的场景、复杂交通环境场景和极端恶劣天气下运营的场景，短时间内难以实现安全可靠的自动驾驶功能。因此，智能网联汽车会按照低速封闭场景→低速开

放场景/高速封闭场景→高速开放场景的顺序实现商业化落地。尤其是对于商用车辆，国内由于商用车用户对于运营成本的考虑，如煤矿运输企业、港口服务公司等，对封闭道路场景下的自动驾驶产品有强烈的价值驱动，将是中国自动驾驶落地的重要突破口。

3）多传感器融合技术有效满足复杂环境信息获取

车载各类传感器产品预期的发展方向为高性能、小型化、低成本化和车规级别。下一代传感器，如车载立体成像技术、合成孔径毫米波雷达技术、全固态激光雷达技术等，正在快速研制中，有望在 3～5 年内得到成熟应用。同时，由于应用场景的需求，单一传感器无法满足所有的要求，因此未来的产品发展趋势必将是采用多种环境感知技术融合的方法，并结合与路侧设备的协同感知，以弥补误差和提高精度，更真实地反映出环境信息，提高驾驶安全。

4）新型总线技术、中央计算平台、域控制器将成为未来发展趋势

传统汽车电子系统由数十个，甚至近百个负责不同功能的电子控制单元组成，这种碎片化的汽车电子系统缺陷明显，已经难以满足未来汽车软件化的需求。电子电气构架正在从分布式走向集中式发展，其核心目标是为软件开发创造更高效的环境。博世将整车电子电气架构的发展被分为了 6 个阶段，即模块化阶段、整合阶段、集中阶段、融合阶段、车载计算机阶段和汽车云计算阶段（见图 3-1）。

未来基于域控制器、中央计算平台的电子电气架构将成为趋势。其优势明显，可使车辆软硬件分离，充分利用硬件性能，提高软件复用率，降低整体成本；同时，车企将主导核心算法开发，自主软件系统的开发与应用，能掌握对整车 OTA 升级能力，从而实现车辆性能、功能的持续优化与迭代更新。

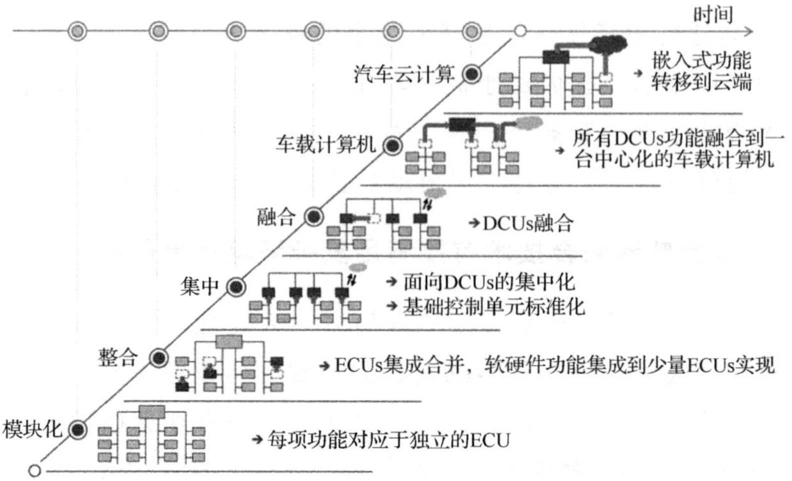

图 3-1　博世电子电气架构演进路线

5）模块化高性能底盘线控系统将加快智能网联汽车应用的实现

未来的线控制动系统将向响应速度更快、制动压力控制更精确、集成化程度更高、系统更开放、冗余备份能力更可靠、人机共驾功能更丰富等方向发展。随着汽车自动化程度的提高，对底盘的集成度要求也随之上升，模块化、集成化产品将不断向零部件供应商下沉。

6）“芯片+算法”将成为有效解决方案

目前，由于智能网联汽车在感知、决策方面的高度复杂性，需要通过高算力来满足高级别自动驾驶的计算需求。但是，传统通用芯片追求高算力会造成计算平台功耗过大，导致无法符合量产车规级要求。通过硬件适配算法，可提高有效算力，降低功耗，并可降低芯片成本。

7）高精度地图将在特定场景率先得到应用

无论是从人力、财力还是时间成本来看，众包更新都是较之传统测绘制图更新更加高效且经济的制图方式。但是单一的众包更新还无法完全满足“高精度”“高鲜度”需求，因此，采用集中制图模式定期更新高精度地图以保证其高精度，采用众包更新模式实时更新以实现其高鲜度是高精度地图的发展趋势。在产业应用上，高精度地图会在高速公路自动驾驶、自动泊车、园区商业车辆等限定场景、特定功能领域先行落地。

8）多源融合定位技术将成为未来车辆位置感知方案发展趋势

通过北斗高精度定位、多源辅助定位及其他新型定位定姿技术的深度融合，可提高定位精度，未来可满足FA级智能网联汽车的全场景定位需求。复杂场景影响下多类传感器可能会输出错误信息，如何解决全域导航结果的可靠度和可信度，是未来高精度定位技术发展趋势之一。

9）未来路侧基础设施将加速智能化进程

未来路侧基础设施将加速智能化进程，连接云控平台与智能网联汽车，形成多级化智能网联交通体系。通过路侧基础设施智能化，可以有效提升交互实时性、车辆定位精度，并提高信息交互效率。面向未来，智能网联汽车将有效推动社会智能化转型，系统地加强汽车、道路基础设施和使用者之间的联系，促进智能交通系统构建与智慧城市建设，带动相关产业升级迭代，促进产业间深度交叉融合，形成全新的、对未来产生深远影响的产业生态体系与经济增长极。

3. 年度热点事件

1）产业生态建设有序推进，C-V2X功能进入量产前装

经过多年的技术发展与产业推进，我国迎来C-V2X市场化应用突破，多个车型前装C-V2X终端。目前，一汽红旗E-HS9、北汽极狐α S、上汽Marvel R、广汽AION V、长城WEY摩卡、吉利星越L、比亚迪汉、蔚来ET7、威马W6、华人运通高合HiPhiX等车型均已经量产或发布前装C-V2X车型，如图3-2所示，能够实现支持绿波

车速、红绿灯信号、闯红灯预警、绿灯起步提醒、道路信息广播等 V2I 场景。C-V2X 功能前装量产的背后，是我国在网联通信芯片到模组、终端等方面较强的产业供应能力。

分类	品牌	搭载车型	上市时间	通信	终端厂商	芯片	模组
自主品牌	上汽	Marvel R	2021.02	5G+V2X	联创汽车电子	Balong 5000	华为MH5000
		智己L7	2021.04		-	-	-
		ES33	2021.04		-	-	-
	北汽	ARCFOX αS	2021.04	5G+V2X	华为	Balong 5000	华为MH5000
	广汽	AION V	2020.06	5G+V2X	自研	Balong 5000	华为MH5000
	长城	WEY摩卡	2021.04	5G+V2X	-	-	-
	一汽红旗	红旗E-HS9	2020.12	LTE-V2X	东软	高通9150	移远AG15
	比亚迪	汉	2020.07	5G+V2X	华为	Balong 5000	华为MH5000
	吉利	极氪001	2021.04	5G	-	-	-
		星越L	2021.04	5G+V2X	高新兴	高通X55	高新兴GM801
新造车势力	蔚来	ET7	2021.01	5G+V2X	均胜	高通X55	移远AG55XQ
	威马	W6	2021.04	5G	-	高通	-
	华人运通	高合HiPhiX	2020.09	5G+V2X	均胜	高通X55	移远AG55XQ
合资品牌	宝马	iX	2021.04	5G	-	-	-
	上汽通用	GL8 Avenir	2020.12	LTE-V2X	德赛西威	高通9150	移远AG15
	福特	探险者、锐界PLUS	2021.01	4G	-	-	-

图 3-2 前装 C-V2X 终端搭载情况

2）多款半固态激光雷达开始进入前装，激光雷达产品价格继续降低

高性能、低成本的车载激光雷达传感器陆续量产。2021 年，多家车企实现半固态激光雷达上车。华为 96 线半固态激光雷达将搭载于北汽极狐 α S HI 版车型，该半固态激光雷达采用转镜扫描式结构，同时布置多个激光发射器与接收器，获得了良好的探测距离与视角范围。在性能上，该激光雷达有效探测距离达到 150m（10%反射率下），能够形成 120°水平视角和 25°垂直视角的扫描范围，同时全面满足车规级要求。类似的，蔚来 ET7 车型所搭载的图达通猎鹰激光雷达也采用转镜扫描模式，探测距离达到 250m（10%反射率下）。览沃科技浩界激光雷达采用基于棱镜旋转的非重复扫描模式，在雷达探测范围中心区域获得更加密集点云效果，有效探测距离可达 90m（10%反射率下）。

国内激光雷达在性能达到国际先进水平的同时实现大规模降

本。相较于传统旋转式激光雷达数千至数万美元级别的价格，转镜扫描式、棱镜扫描式等半固态激光雷达因其光学结构简单，激光收发器件数量大幅减少等原因，成本价格形成了大幅降低，大部分激光雷达供应商推出的激光雷达价格已降至1000美元级别。随着国产化进程的不断深入和产品的大规模应用，激光雷达成本过高导致上车难的状况正在得到大幅改变，高性能、低成本的激光雷达将快速抢占前装市场，价格仍有望进一步降低。

3）自动驾驶车规级AI计算芯片取得进展，商业化落地迅速

面向高等级自动驾驶功能与车辆中央计算等需求，各芯片企业正在积极规划更高算力计算芯片，从而形成面向覆盖智能座舱、不同等级自动驾驶需求的产品序列。

黑芝麻公司将低功耗神经网络架构与各类型IP集成于SoC芯片中，支持SoC芯片降低运行功耗、提升计算精度、提升算力水平，通过架构设计，使神经网络加速器满足大算力支撑能力。其华山系列自动驾驶计算芯片A1000 Pro即将于2022年形成量产。地平线征程系列AI芯片通过搭载自主研发的人工智能专用处理内核，已经形成征程2、征程3、征程5等系列芯片产品。征程2芯片搭载在长安UNI-T/K、奇瑞蚂蚁等多个量产车型当中，累计出货量已超40万片；2021年，地平线发布征程5系列计算芯片，最高算力达到128TOPS。

类似的，华为昇腾系列计算芯片集成于MDC计算平台，目前MDC 610 PRO计算平台已经搭载于极狐阿尔法S HI版，可形成400+ TOPS算力支持。寒武纪行歌计划于2022年前后推出256TOPS芯片CE5226，2022年完成投产，2023年完成车规级与功能安全认证，制程采用7nm技术，对标英伟达ORIN，CE5326将采用5nm制程，最高算力500TOPS，预计于2024年推出（见图3-3）。

4）华为发布4D成像毫米波雷达产品，进入国际量产步伐第一梯队

4D毫米波雷达兼顾传统雷达的低成本、高性能，同时能够进行

垂直方向探测，实现成像效果，是未来车载雷达的主流趋势，也是实现 L3/L4 的低成本方案。

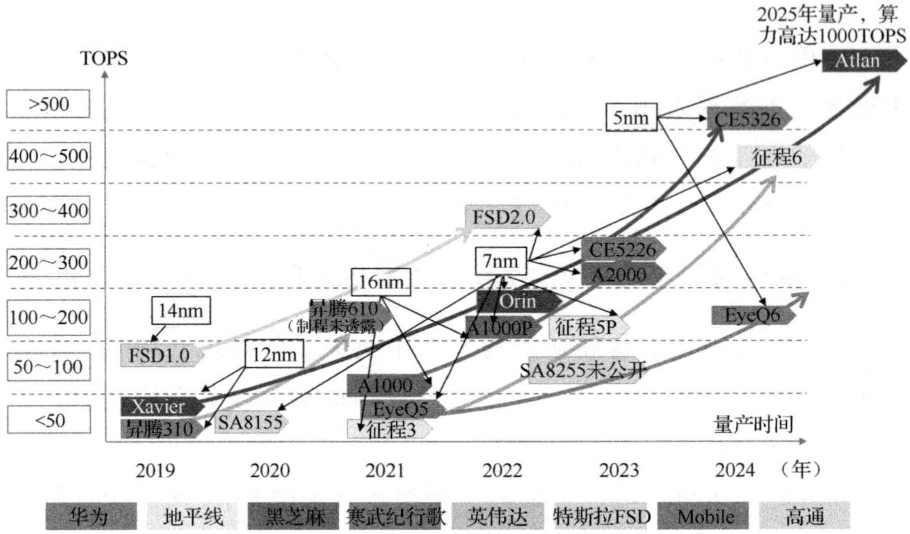

图 3-3 典型芯片厂商产品规划

2021 年 4 月，华为发布高分辨率 4D 成像毫米波雷达，预计将于 2022 年实现量产，在量产时间上基本与国际头部企业处于同一节奏。该雷达基于 12T24R（288 通道）天线配置，该雷达大幅提高了分辨率，可实现 1°（H）/2°（V）角分辨率、120°×30°视场、探测距离超 300m、10x 点云密度。

除此之外，楚航科技、恒润经纬、华域汽车、森思泰克等国内企业也纷纷开始布局 4D 毫米波雷达，预计将在未来几年形成多款自主产品解决方案。

5）记忆泊车功能开启量产，解决最后一公里泊车需求

2021 年，小鹏、威马等国内多个主机厂商发布了具备自主代客泊车及记忆泊车功能车型。记忆泊车系统采用自主学习方式，通过摄像头、超声波雷达、毫米波雷达等传感器，采集停车场行驶路径上的环境信息和车辆信息，生成周边环境高精度地图。执行泊车功能时调出自建地图，通过传感器识别周围环境并与之前存储的环境

图像对比，从而确定车辆位置，按自建地图路径对车辆纵向和横向的运动速度进行控制，使车辆自主行驶并泊入指定车位。在性能上，记忆泊车系统不依赖通信网络和卫星导航定位，通过多感知传感器融合和语义地图+匹配算法完成泊车功能，减少车辆对停车场智能化改造的依赖，能够在现阶段智能化停车场较少的情况下，极大提高车辆用户体验。

4. 重点企业分析

1）环境感知系统

在摄像头方面，目前松下、法雷奥和富士通占据了全球车载摄像头行业市场前三位，合计市场占有率超过四成。全球前十企业市场占比九成以上，头部效应明显。国内摄像头企业主要有苏州智华、经纬恒润等。

在毫米波雷达方面，毫米波雷达关键技术被国外企业垄断，集中度较高。在全球毫米波雷达市场上，占主导地位的是德国、美国、日本等国家，主要企业包括博世、大陆集团、海拉、德尔福、富士通天、电装等（见表 3-1）。

表 3-1 部分毫米波雷达企业情况

企业	国家	简　介
博世	德国	博世在全球毫米波雷达供应商排行榜上高居第一，主要提供长距雷达和中距雷达，以 77GHz 为主；目前，博世的 77GHz 雷达在中国市场当中也占据着主导地位
大陆	德国	产品主要分为长距雷达（ARS441/ARS510）及短距雷达（77GHz SRR520）等；毫米波雷达产品全面覆盖 24GHz 和 77GHz 两个频率，且以 77GHz 产品为主。其产品的探测视角在对比中也较为突出
电装	日本	世界汽车零部件顶级供应商，产品为 24GHz 后方及侧面雷达传感器
德尔福	美国	主要提供 77GHz 产品，从探测距离上来看主要以中近程为主。德尔福下游客户包括通用、福特等

续表

企业	国家	简　　介
富士通天	日本	主要提供 77GHz 产品，主要集中在日本市场，2016 年电装收购富士通天 51%的股权，加强驾驶辅助系统的研发
森思泰克	中国	国内首个真正实现上路的车载毫米波雷达，产品包括 24GHz、77GHz、79GHz，77GHz 车载毫米波雷达在一汽红旗 HS5 上实现量产
智波科技	中国	提供 24GHz 和 77GHz 毫米波雷达产品
豪毫米波	中国	主要产品为 24GHz/79GHz 中、长距离雷达，77/79GHz 角雷达，正在开展雷达、摄像头一体化产品研发
行易道	中国	提供 77GHz 中程、远程，79GHz 近程、SAR 成像雷达产品
隼眼科技	中国	与恩智浦半导体合作展示 77GHz 雷达样机
纳雷科技	中国	自主研发出领先的 24GHZ 和 77GHz 毫米波雷达传感器等产品

资料来源：公开资料整理

在激光雷达方面，国外激光雷达企业主要有 Velodyne、Waymo、Ibeo、Luminar、Ouster 等，自主企业主要有禾赛科技、速腾聚创、镭神智能、大疆、华为等。国内激光雷达产品发展迅速，逐步实现自主替代。

2）车载智能计算系统

在域控制器方面，目前，域控制器企业主要有博世、安波福、大陆、华为、百度等，AI 芯片供应商主要有英伟达、Mobileye、高通、华为、地平线、黑芝麻等，特斯拉 FSD 硬件自研自用。国内企业开始自研域控制器，随着 MCU 芯片和 AI 芯片国产化进程加快，自主域控制器硬件将逐步实现量产应用（见表 3-2）。

表 3-2　主流厂商自动驾驶域控制器核心硬件情况

公司	国家	代表产品	AI 算力（TOPS）	核心硬件	硬件国别	上市时间（年）
特斯拉	美国	AutoPilot3.0	144	FSD 芯片	国外	2019

续表

公司	国家	代表产品	AI 算力（TOPS）	核心硬件	硬件国别	上市时间（年）
博世	德国	DASy2.0	300	英伟达 GPU+Xeon 处理器	国外	2021
安波福	爱尔兰	CSLP	—	Mobileye	国外	2020
大陆	德国	ADCU	30	Xavier	国外	2021
华为	中国	MDC 系列	400/200	昇腾 SoC 集成 CPU、NPU、ISP	国内	2021
超星未来	中国	NOVA30P	67	2*Xavier+ZU11+TC397	国外	2021
智行者	中国	BrainBox	64	Xavier 双模块处理器	国外	2021
百度	中国	百度四喜	8～32	双 TI TDA4 方案	国外	2020
宏景智驾	中国	Gemini	—	地平线征程 3	国内	2021
东软睿驰	中国	新一代计算平台	500+	4 颗地平线征程 5	国内	2022
德赛西威	中国	IPU04	250+	英伟达 Orin	国外	2022
经纬恒润	中国	—	—	英飞凌 AURIX	国外	2020

资料来源：公开资料整理

在自动驾驶操作系统方面，自动驾驶操作系统涉及车辆工程、软件、ICT 等多学科融合，目前能够实现全栈开发的企业主要还是国外知名 Tier1 和主机厂，如博世、安波福、特斯拉、大众等，目前国内自主企业仅华为能够实现全栈开发（见表 3-3）。

表 3-3 智能驾驶操作系统全栈开发主要企业情况

序号	代表企业	国家	产品情况
1	博世	德国	传统头部 Tier1，提供自动驾驶整体解决方案
2	安波福	美国	提供单车端到端自动驾驶解决方案
3	特斯拉	美国	自研自动驾驶域控制器 FSD 及操作系统 Version，已随车型量产
4	大众	德国	开发操作系统 VW.OS
5	华为	中国	自研 AOS 和 VOS，搭载其 MDC 硬件平台，已实现量产应用

资料来源：各公司官网

智能驾驶操作系统内核层面仍由国外企业掌控，宏内核主要是采用 Linux 及 Linux 定制化的宏内核，目前 Linux 主要推广组织是 GENIVI 联盟和 Linux 基金会。微内核代表企业有美国风河和黑莓，国内自主企业华为、中兴、斑马等也开发出了相应产品，有望摆脱国外内核（见表 3-4）。

表 3-4 内核主要企业情况

序号	代表企业	国家	产品情况
1	Linux 基金会/GENIVI 联盟	—	开源代码、性能稳定、易于裁剪、方便定制
2	风河	美国	硬实时、稳定、可靠、安全的微内核
3	黑莓	美国	微内核 QNX 有广泛应用基础
4	华为	中国	鸿蒙 OS 内核已通过 ISO 26262 ASIL-D 认证
5	中兴	中国	自研微内核，广泛应用于其移动通信领域
6	斑马	中国	发布面向智能驾驶的宏内核和微内核

资料来源：各公司官网

智能驾驶操作系统中间件层面，国外企业主要有 ETAS、TTTech 等，国内企业主要有东软、普华、纽劢、中科创达、中汽创智等，均能自主开发中间件，技术水平与国外相当（见表 3-5）。

表 3-5 中间件主要企业情况

序号	代表企业	国家	产品情况
1	ETAS	德国	主要产品 VRTE 属于系统软件中间件
2	TTTech	奥地利	对系统软件中间件深度了解并进行产品化集成
3	东软	中国	其产品 NEUSAR 兼容 AUTOSAR AP 和 CP
4	普华	中国	聚焦中间件，兼容 AUTOSAR AP 和 CP
5	纽劢	中国	开发了自动驾驶中间件 MaxOS 平台
6	中科创达	中国	聚焦中间件和内核，可提供系统解决方案
7	中汽创智	中国	基于 AUTOSAR 最新标准版本 R20-11，为车控和智驾提供高性能中间件平台

资料来源：公开资料整理

智能驾驶操作系统功能软件层面，目前单独提供功能软件的企业较少，德国 Apex.AI 公司以提供内核和中间件为主，同时提供面向整车企业的软件开发工具包（SDK）；国汽智控定位于 Tier1.5，可为 Tier1 和整车企业提供功能软件产品；百度最早布局自动驾驶，重点开发环境感知、路径规划和车辆控制算法，并可提供完整开发测试工具；映驰科技面向整车企业提供自动驾驶解决方案及定制功能支撑；小鹏汽车等整车企业通过自行研发功能软件，打造整车产品差异化功能（见表 3-6）。

表 3-6 功能软件主要企业情况

序号	代表企业	国家	产品情况
1	APEX.AI	德国	开发 APEX.OS，提供内核、中间件和功能软件
2	国汽智控	中国	自研中间件和功能软件，开发 ICVOS，可进行系统集成
3	百度	中国	重点开发感知、规划、控制算法及开发测试工具，并可集成其他供应商产品，提供自动驾驶完整解决方案
4	映驰科技	中国	研发软件平台 EMOS1.0，为厂商提供自动驾驶定制功能支撑、系统应用及各类创新应用
5	小鹏汽车	中国	小鹏 XPilot 操作系统自研功能软件层和应用软件层

资料来源：公开资料整理

3）线控底盘系统

在线控转向系统方面，博世、捷太格特等跨国龙头企业预计在 2023 年左右实现线控转向系统的量产。国内目前拓普集团等企业在电动助力转向（EPS）等领域已有产品研发布局，通过持续投入，未来国内企业或将迎来发展机会。

在线控制动方面，我国线控制动系统市场主要有博世、大陆、采埃孚等，市场占有率超过 95%；伯特利、亚太机电等自主企业具备 ABS/ESC/ESP 等电子制动系统研发能力，并实现了线控系统的小批量生产，市场占有率在 5%以下（见表 3-7）。

表 3-7 我国主要 ABS/ESC/ESP 生产企业

公司名称	国别	主要配套客户
博世	德国	上汽大众、上汽通用、一汽-大众、广汽丰田、上汽通用五菱、北京现代、东风日产、神龙汽车、广汽菲亚特克莱斯勒、奇瑞捷豹路虎、吉利、广汽、一汽、上汽、长安、长城、北汽、比亚迪、小鹏等
大陆	德国	上汽大众、上汽通用、一汽-大众、长安福特、上汽通用五菱、广汽菲亚特克莱斯勒、沃尔沃、华晨宝马、广汽三菱、长安、上汽、东南等
采埃孚（收购天合）	德国	华晨宝马、北京奔驰、一汽-大众、上汽大众、北汽等
爱德克斯	日本	广汽丰田、一汽丰田、广汽三菱、东风日产、长安马自达、云度等
日立安斯泰莫	日本	东风本田、广汽本田等
万都	韩国	北京现代、东风悦达起亚、上汽通用等
摩比斯	韩国	北京现代、东风悦达起亚等
京西重工（收购德尔福制动业务）	中国	江汽、吉利、长安、东风柳汽、小鹏等
亚太机电	中国	东风小康、奇瑞新能源等
武汉元丰	中国	东风、江淮、江汽、川汽、中兴等
伯特利	中国	奇瑞、众泰、金龙客车等

资料来源：Markslines、立鼎产业研究中心、中汽政研整理

4）通信系统

通信产业链包含通信芯片、通信模组、终端与设备、测试验证和运营与服务，其中芯片模组、RSU、OBU 是车联通信网络建立的重要组成部分。芯片厂家主要有华为、高通、大唐辰芯、高鸿股份等；模组厂家有移远、高新兴、移为、华为、长沙智驾（CIDI）、高鸿股份；RSU、OBU 厂家主要有万集科技、华为、千方科技、金溢科技、星云互联、中兴等。

华为、大唐均已完成 C-V2X 商用芯片开发，移远、高鸿已开始小批量供应通信终端模组，大唐、国汽智联等可提供 CA 验证平台，星云互联、千方科技、金溢科技等均可提供 RSU，行业生态已初步

建立。

5）高精度地图与定位

我国高精度定位企业覆盖产业主要环节，包括北斗智联等高精度定位企业，四维图新、北斗星通等导航终端企业，千寻位置等差分服务企业（见表 3-8）。

表 3-8　高精度定位企业

企业名称	主要产品及特点
千寻位置	FindAUTO 是千寻位置专为汽车行业打造的定位引擎+差分改正服务，可输出实时可靠的高精度位置、速度、时间、姿态等信息，符合/满足汽车行业标准。搭载千寻位置的高精度定位方案量产上市的车型包括广汽新能源埃安 V、埃安 LX、小鹏 P7、红旗 HS5、红旗 H9、红旗 E-HS9、上汽通用别克 GL8 Avenir 艾维亚
四维图新	四维图新开发的 GNSS 定位输出系统，用于辅助高级自动驾驶功能，由监控模块、偏转插件和基于 AUTOSAR 的应用软件模块三部分组成，实现位置信息接收、坐标数据处理、位置信息输出等功能，从而使整个系统能够及时、安全、可靠地运行
北斗星通	北斗星通联合了 NovAtel 等多家优秀的国内外传感器厂商一同致力于 L3、L4、HAD 采集等不同类型自动驾驶应用的具体解决方案。产品包括 PwrPak7D-E1 一体式 MEMS 组合导航系统、NPOS122 超高性价比组合导航接收机、SPAN-ISA-100C 小型化闭环光纤组合导航等；NovAtelSPAN 系列产品、Npos 系列产品已广泛服务于国内 Robotaxi 头部企业；NovAtelSPAN 系列产品、Npos 系列产品已服务于国内上百家自动驾驶企业，包括矿区、港口、干线物流、园区接驳、环卫清扫、末端配送等应用场景
北斗智联	北斗智联高精度融合定位总成在 L3 级准量产车型上实现了高精度车道级定位
德赛西威	高精度方案在 GNSS 单点定位的基础上，增加了差分 GNSS-RTK 和惯性导航（Dead Reckoning）功能，为用户提供更快捷、更精准、更全面的位置服务
司南导航	根据车辆运行工况与整车标准规范量身打造了智能驾驶汽车北斗高精度位置感知解决方案，为该车提供了厘米级精度的位置、速度、姿态和时间（PVAT）等信息
华测导航	车规级 CGI-220 是采用多传感器数据融合技术将卫星定位与惯性测量相结合，采用车规级设计的高性能组合导航产品。方案应用于元戎启行 Robotaxi 项目、一汽自动驾驶项目等

资料来源：公开资料整理

5．存在的问题与措施建议

1）我国智能网联汽车产业化挑战

近年来，我国加速布局智能网联汽车产业，在各方的共同努力下，产业发展取得积极成效，产业顶层规划逐渐完善，系统构筑安全发展底线，道路测试与示范应用逐步形成中国特色落地路径，产业加速跨界融合与相互赋能，激光雷达、计算芯片等关键技术取得一定突破。但需要看到的是，面对国际竞争，我国智能网联汽车发展仍面临一定问题与挑战，在政策法规、发展理念、产业协同、关键技术、测试示范等方面仍需进一步深化探索，营造良好的发展环境。

（1）顶层设计方面，政策法规标准体系仍需完善

在产品管理、道路交通管理、地理测绘等领域，部分法律法规与智能网联汽车发展需求之间存在一定不适用性，特别是在全球L3级自动驾驶即将进入市场应用的背景下，相关问题尤为突出。具体来看，《中华人民共和国道路交通安全法（修订建议稿）》虽然探索许可自动驾驶进行道路测试和上路通行，但该法规仍在征求意见中，修订周期尚不明确，《中华人民共和国道路运输条例》《机动车交通事故责任强制保险条例》、GB 7258—2017《机动车运行安全技术条件》等法规和强制性标准也都对智能网联汽车的应用产生一定制约。此外，在准入管理、豁免应用、事故认定、网络安全等领域，相关具体实施细则存在部分空白，导致实操层面落地困难。

（2）关键技术方面，部分基础技术与器件受制约

我国在一些底层核心技术及器件方面尚受制于人，构建完备且自主可控的智能网联汽车产业生态体系仍然面临较多挑战。

基础软件与操作系统方面，计算平台的控制单元、计算单元与AI单元分别需要部署智能网联汽车操作系统，目前相对成熟的内核系统及中间件等基本掌握在欧美厂商中，国内尚且存在较大差距。

车规级芯片方面，传统车规级计算与AI芯片主要由国外厂商垄

断，设计工具在内的硬件设计产业链也掌握在国际厂商手中，车规级芯片的安全等级、性价比以及量产能力等方面仍有差距。视觉处理芯片、毫米波雷达收发芯片、激光雷达收发芯片等环境感知核心元器件产品主要依赖国外进口，国产替代产品仍需对性能、稳定性进行进一步验证。多种类型 MCU 芯片面临短缺，已经严重影响主机厂产量。

此外，在仿真测试软件、高精度线控执行器等方面，也还存在一定差距，产业链尚不完整，核心技术积累欠缺。

（3）跨界融合方面，缺乏纲领指引，行业理解不足

我国提出了智能化网联化深度融合的发展路径，但实际推进过程中仍然面临诸多挑战。

顶层设计层面，缺乏顶层融合技术架构，行业对融合系统定义、发展路径、研发模式、技术方案等理解不足，导致产品技术方案创新性不足、基础设施建设重复、系统数据封闭等一系列问题，难以形成切实可行的落地支撑。

企业研发层面，传统汽车企业仍遵循汽车电子产品开发流程，缺乏 ICT 等交叉融合技术的引入，ICT 公司缺乏对车辆工程的理解和适配，导致网联功能仅限于信息娱乐和安全预警，无法以网联协同感知支撑智能决策及控制，没能发挥出网联化赋能解决单车智能短板的技术优势。

基础设施建设层面，尚未形成统一的建设规划，相关主体参与角色与定位不明确，路侧基础设施建设与车端通信设备应用渗透协同发展不够充分，影响智能化网联化融合发展进程。此外，相关通信标准快速迭代，但大量基础设施硬件无法升级兼容，严重影响各地方基础设施建设投入热情。

市场应用层面，缺乏直达客户痛点的典型网联化功能应用场景，网联化对于车辆安全、交通效率、城市发展等带来的改善效应也仍需进一步探索和论证，受益群体的不清晰导致无法形成商业闭环，无法形成良性商业迭代。

（4）示范应用方面，未有效衔接研发与市场应用

当前，我国各地测试示范项目蓬勃开展，但其对产业的推进效果有待深化。首先，各地示范项目并未从城市交通出行/物流/作业等领域的痛点出发，导致展示属性更为突出，城市之间的示范项目同质化严重，没有形成有效的经济价值和社会价值；其次，各地从安全考虑，对复杂场景、复杂工况等开放不足，导致各类示范项目在时间和空间上碎片化严重，限制了潜在用户群体规模，对消费者培养、社会接受度提升等效果有限；最后，智能化、网联化道路基础设施改造缓慢，尚未组织起城市级大规模测试，在网联化与智能化深度融合方面探索不足。

（5）安全保障方面，企业安全能力建设存在差距

安全保障成为今年智能网联汽车发展焦点，汽车数据安全、网络安全、软件升级、功能安全和预期功能安全是保障产业高质量发展的基础，也是未来企业能力建设的刚性要求。参考《关于加强智能网联汽车生产企业及产品准入管理的意见》要求，企业应加强数据和网络安全管理，规范软件在线升级，加强产品管理。但国内企业总体在相关领域技术积累不足，能力建设存在差距。一方面，国内相关领域起步较晚，主机厂在相关领域技术布局不足，另一方面，在车规级安全芯片、测试软件工具等方面，主要依赖进口，影响技术布局。此外，全行业相关人才严重不足，也缺少对专业人才资格认证和资质认定的制度化和规范化管理，严重限制相关行业技术与产业发展。

2）未来我国智能网联汽车产业发展建议

（1）强化顶层设计，凝聚中国方案发展共识

参照“节能与新能源汽车产业发展部际联席会议”等新能源汽车推进的做法，形成智能网联汽车常态化的跨部委协同机制。贯彻《新能源汽车产业发展规划（2021—2035年）》等国家顶层战略规划。强化中国方案发展理念、核心内涵、实践路径等研究，以信息物理系统架构方法梳理关键共性技术体系，指导协同化、体系化发展，

以智能化网联化深度融合路径凝聚行业发展合力，推动跨行业协同，以行业基础平台为支撑，营造产业生态体系。

以推动中国方案智能网联汽车的商业化规模应用为目标，组织跨行业专家学者从关键技术、基础设施、政策法规、安全监管、社会接受度等维度梳理各领域关键问题与发展目标里程碑，形成产业发展推进实施路径，指导推动跨领域的协同，形成全社会发展合力。

（2）加速法规制修订，支持自动驾驶规模应用

形成法律、法规、规章的系统性突破，打通智能网联汽车商业化应用的法律法规全链条。推动《中华人民共和国道路交通安全法》的修订进程，确保L3级及以上智能网联汽车合规上路；明确准入管理等管理细则编制，支撑安全管理落地；探索豁免机制，推动各类新产品的创新应用；推动《中华人民共和国道路运输条例》等的修订，支撑智能网联汽车交通服务合法运营。持续迭代升级测试示范管理规范，以示范区探索实践为法律法规的制修订提供实证参考。

（3）夯实基础研发，推进技术突破与生态建设

围绕智能网联汽车三横两纵技术架构，辨识共性基础技术需求，发挥国家重点研发计划等重大科技项目引导作用，推动车规计算芯片、操作系统、高精传感器、线控底盘等突破，打通“基础前沿—重大共性关键技术—应用示范研究”的技术创新全链条。

发挥产业不同参与主体的辐射和牵引带动作用，以计算基础平台、云控基础平台、高精动态地图基础平台等为抓手，打造研发与开源生态系统，以生态系统增强产业链整体竞争力，支撑技术攻关、产品转化与示范应用。

（4）坚定网联化路径，推动汽车城市融合发展

以智慧城市基础设施与智能网联汽车协同发展试点等为契机，研究路侧、云端等智能化基础设施的功能/性能需求、建设标准、应用场景与演进路径。“条块结合”以测试示范区、重点城市/区域、重点高速公路路段为抓手，明确智能化基础设施建设目标和里程碑，加速基础设施建设和升级进程，支撑C-V2X规模化应用和商业模式探索。

以《智能网联汽车技术路线图 2.0》提出的 2025 年 C-V2X 终端新车装配率达 50%目标为引导，综合汽车产业规划、推广应用、财税管理等政策，加快车企 C-V2X 功能产品前装量产应用步伐。同时，加强对出租车、网约车、行政车辆、公交车等的 C-V2X 终端后装安装应用，快速实现车端 C-V2X 装配率的提升，以技术产品实际应用为基础，加速推进智能网联汽车跨界协同和融合发展。

（5）发挥城市创新载体作用，鼓励多种试点示范

在政策法规方面，加强国家各部委与地方的合作，依托重点城市开展政策法规创新实践，组织准入管理、网络安全/数据安全、商业化运营等地方试点，为国家管理体系提供实证研究经验。

在商业推广方面，首先，支持开展商业化运营，鼓励开展自动驾驶载人/载物/作业等运营服务，推动形成商业闭环；其次，以示范区、先导区等载体，探索网联化关键应用场景，明确基础设施建设、运营商业模式；再次，逐步扩大测试示范的时间和空间范围，推动全天候、常态化的示范运营；最后，参考新能源汽车“十城千辆”示范应用思路，推动在典型城市的大规模示范应用，支撑未来商业化发展。

（6）系统谋划安全监管，形成完善的管理体系

打造“政策—标准—平台”管理体系。首先，完善安全管理制度，做好网络安全、数据安全、OTA 升级、产品准入等管理，推动监管政策完善；其次，加强系统标准支撑，加快推进整车信息安全等强制性国家标准的立项和制定工作，持续推进信息安全工程等基础类标准制定工作，以标准规范支撑安全管理落地；最后，建立监管平台，建设国家智能网联汽车监管平台，开展入网运行、安全保障服务等工作，落实网络安全和数据安全防护工作。

执笔人：张泽忠、姜昊

审稿人：郑亚莉

编写单位：国汽（北京）智能网联汽车研究院有限公司

三、先进轨道交通装备

1. 主要产品和技术进展

近年来，我国轨道交通装备依托强大的国内市场，通过技术引进和自主创新相结合的方式，推动轨道交通装备“五基”多项关键核心技术和产品实现重大突破，并实现了其在地铁和机车等领域的规模化应用，主要体现在以下三个方面。

1）基础零部件与元器件领域

车轮车轴技术稳步发展，机车及地铁车辆车轴已基本实现国产化，高速动车组车轴正在进行装车试验验证；轴承实现了工程化，在普速铁路成熟应用，中低速动车组轴承通过台架试验；齿轮传动系统性能和可靠性与进口产品差距缩小，市场占有率约达到 20%；制动系统具备了系统集成能力和产业化能力，风源、制动控制装置、制动盘完成国产化批量替代，与国外的差距进一步缩小。控制芯片与软件、电磁阀、高精度传感器等核心零部件正在进行国产化替代；车钩缓冲装置与国外同类产品的技术差距逐步缩小，目前国内已经规模化生产，市场占有率达到 70%；空气弹簧和抗侧滚扭杆已基本实现国内新造车辆自主研发和规模化生产应用；轨道交通用功率半导体器件突破了 3300V ~ 6500V IGBT 器件关键技术，形成了集大功率半导体开发、生产和应用于一体的 IDM（集成设计制造）研产用体系，整体达到国内领先、国际一流的技术水平。

2）基础材料领域

高强度大尺寸中空铝合金型材应用已处于世界领先地位，广泛应用于各型地铁和高速列车；绝缘材料和高性能齿轮渗碳钢得到批量装车应用，产品性能达到国际先进水平；新型高分子材料应用领域取得了较为明显的发展和进步，阻燃橡胶材料在转向架悬挂系统中得到了广泛应用。宽温域橡胶材料取得技术突破，可满足高寒、高海拔、高紫外环境下的轨道交通装备橡胶减振部件的应用。高阻尼弹性体在车钩缓冲器、车体降噪材料和降噪车轮中得到应用；稀土镁合金、大尺寸铸棒、大型复杂件等工艺技术取得突破，部分高强镁合金大尺寸复杂铸件、高强耐热镁合金大规格挤压型材/锻件达到世界先进水平，在内装型材、座椅、逃生梯、车钩、齿轮箱、轴箱、悬浮架构架等领域进入工程化应用阶段；碳滑板、碳基材材料制备方面进展明显，实现了沥青胶、石油焦和石墨碳等碳基材的完全国产化；制动闸片技术快速追赶，粉末冶金闸片满足大功率机车和高速动车组运用需求，形成规模化生产，基本摆脱了对国外产品的依赖；碳纤维复合材料在主承载结构、次承载结构和非承载结构方面均完成了样机试制，逐步进入运用考核阶段，轻量化效果明显。

3）基础工艺领域

铝合金低压铸造数字模拟技术、PLC 自动控制等相关技术已在轨道交通零部件产品领域逐步推广，无模铸造成型工艺在轨道交通关键部件设计迭代和生产制造中成功应用，突破了精细结构零部件铸型、复杂曲面铸型的设计集成和高强度制造，构建了材质梯度增强、结构形性协同的激光烧结核心工艺技术，实现了轨道交通装备大尺寸复杂内外型曲面铸型的无模化快速制造。

2. 竞争趋势和主要动向

1）竞争趋势

轨道交通装备产业集中度较高，在全球范围内，中国中车、加拿大庞巴迪、法国阿尔斯通和德国西门子四家企业在轨道交通装备市场中占比高达 82%。一方面，随着行业内巨头持续兼并整合，如西屋与法维莱合并、阿尔斯通收购庞巴迪运输集团等，行业集中度持续提升，促使全球供应链重构、同质化竞争、跨界竞争加剧；另一方面，技术进步和产业变革日新月异，大数据、人工智能、移动互联网、数据云、工业物联网等新技术、新材料、新工艺、新架构的出现，使得轨道交通装备进入技术“无人区”，产业发展面临新技术和颠覆性技术的错位竞争。

2）主要动向

以大智云移为代表的 ICT 技术、以石墨烯为代表的材料技术、以氢能源为代表的能源技术正催生轨道交通装备技术进行深刻变革。为了满足轨道交通日新月异的技术发展需要以及安全、可靠、便捷、舒适的运营要求，全球轨道交通装备强国相继开展了一系列前沿技术的研究和验证，重点技术包括：高效牵引技术、新型车体技术、高性能走行系统技术、供电技术、通信信号技术、自动驾驶技术、智能运维技术、轨道交通能源互联网技术、超高速磁浮交通系统关键技术、虚拟轨道交通技术、新能源技术、机器人技术、列车安全技术等。基于以上创新技术的应用，相应推出了一系列创新性产品，如德国西门子发布了基于搅拌摩擦焊接车体外壳、碳化硅辅助变流器和双流制供电高速动车组等；法国阿尔斯通研制了全球首列商业应用的氢能源列车，一次加氢续航可达 1000 公里；日本日立研制的 N700S 高速动车组，首次采用 SiC 主变流器、锂电池储能自移车系统、基于加速度振动传感器的转向架检测系统等先进技术；我国研制了时速 400 公里可变轨距高速动车组、时速 600 公里高速磁悬浮、全自动无人驾驶地铁列车、基于虚拟导向的智能轨道快运系统等。

3．年度热点事件

1）阿尔斯通收购庞巴迪

2021 年 1 月 27 日，法国阿尔斯通正式宣布完成对庞巴迪轨道交通部分的收购。收购完成后，阿尔斯通将成为世界第二轨道交通巨头，全球轨道交通装备基本形成以中国中车、阿尔斯通双巨头领衔，西门子、日立、通用等多极竞争的新格局。

2）时速 600 公里高速磁浮下线

2021 年 7 月 20 日，由中国中车研制、具有完全自主知识产权的时速 600 公里高速磁浮交通系统在青岛成功下线。我国高速磁悬浮历时 5 年攻关，攻克了一系列关键核心技术，包括自主研制了时速 600 公里高速磁浮工程化列车，完成新头型及气动方案开发，研制了轻质高强度车体，掌握了关键核心部件制造技术，完成了高速磁浮牵引供电系统的自主化研制，建立了适应长大干线自动追踪运行的高速磁浮运控系统等，成为全球首套设计时速达 600 公里的高速磁浮交通系统，标志着我国基本掌握了高速磁浮成套技术和工程化能力。

3）复兴号高原内电双源动车组商业运营

2021 年 6 月 25 日，我国首条高原电气化铁路——拉林铁路开通运营，复兴号高原内电双源动车组同步投入运营，该列车运用一体化不间断自动供氧技术，最高运行时速可达 160 公里。同时采用全球首创的“内燃+电力”双动力牵引模式，可实现全程牵引顺畅不换车，多项技术填补了行业空白。拉林铁路的建成通车，结束了藏东南地区不通铁路的历史，弥补了既有交通方式易受高原气候影响的短板，对探索高原高速铁路装备研发、进一步完善区域综合交通运输体系、提升交通运输的稳定性和通达性具有重要意义。

4. 重点企业分析

在全球轨道交通装备领域，典型代表性企业主要包括德国西门子、法国阿尔斯通、日本川崎、美国通用和中国中车，主要情况分析如下。

1）德国西门子

西门子是轨道交通领域全球领军企业，主要业务包括交通管理、电气化和交钥匙系统工程、轨道车辆、客户服务等，其营收约占西门子集团总收入的 10%。近五年，通过融合现实世界和数字世界，西门子交通业务领域覆盖整个轨道交通产业价值链，同时依托西门子物联网平台成为数字化转型的领导者。除了数字化技术和软件的研发，西门子交通的研发重点还包括新能源列车、混合动力车辆、储能及自动化驾驶轻轨车辆、列车控制管理和 3D 打印等，重点产品包括高速动车组、城际动车、城轨等，具有双流供电、纯电制动、轻量化车体等优势。

2）法国阿尔斯通

阿尔斯通是欧洲高铁列车领域的领导者，主要业务板块包括机车车辆、服务、信号及数字移动解决方案等。近年来，阿尔斯通不断通过战略合作与合资来实现区域增长。在战略方面，通过发布最新战略规划 Alstom in Motion，提出六大关键创新重点，包括绿色牵引、道路电动化、生态设计和生产、智能列车、数据驱动、多模式性和流程管理，促进绿色和智能交通引发市场转型，重点研究新能源列车、混动车辆的储能、无接触网轻轨、预防性维护、实时乘客信息、列车控制管理系统、功率变流器、轻量型永磁电机、防火性复合材料等技术和产品。在资本运作方面，阿尔斯通与庞巴迪签订谅解备忘录，以现金和股票的方式收购庞巴迪轨道交通部门 100%股份，成为全球第二。

3）日本川崎

川崎车辆公司是川崎重工业株式会社的车辆部门，是日本领先的车辆制造商，主要业务包括高速列车、通勤列车、城市运输车辆、客车、铁路货车、内燃机车和电力机车，以及转向架和电池供电系统。除信息和通信技术以及物联网技术外，川崎车辆在轨道交通装备领域的研发重点聚焦在列车的机械部件、特殊转向架和车身，研发方向主要包括高速列车转向架技术、焊接工艺、车载转向架和轨道监控系统、碳纤维增强塑料弹簧片等。

4）美国通用

通用电气交通运输部于2019年与西屋制动完成合并。合并后，通用和西屋基于各自的优势，提出了互补组合战略，重点研究轨道交通装备自动化和客户体验方面。包括通过通用的数字解决方案与分析系统和西屋的电子系统与正向列车控制功能相结合，提高其在轨道交通运输行业的安全性、效率和生产率，加速实现铁路运输高级列车自动化；将西屋产品集成到机车控制系统中并利用通用的扩展远程监控和诊断系统，提高主动性能监控，实现智能化运行。

5）中国中车

中国中车是全球规模领先、品种齐全、技术一流的轨道交通装备供应商。主要经营业务包括铁路机车车辆、动车组、城市轨道交通车辆、工程机械、各类机电设备、电子设备及零部件、电子电器及环保设备产品的研发、设计、制造、修理、销售与技术服务。近年来，中车通过持续的研发投入加快技术创新、产品创新、服务模式创新，打造系列化、模块化、标准化的产品平台和技术平台，以高速动车组、大功率机车、铁路货车、城市轨道车辆为代表的系列产品，已经全面达到世界先进水平。京张智能高速动车组投入运营、时速160公里动力集中动车组批量交付、时速250公里长编组复兴号动车组、4400马力交流传动货运内燃机车、时速160公里快捷货运列车等新产品取得新突破，时速600公里高速磁浮列车和时速400公里可变轨距高速动车组等一系列装备已经成为我国高端装备制造业的典范。

5．存在的问题与措施建议

1）存在的问题

（1）产业基础能力需要突破

部分核心零部件虽然实现了国产化，但产品性能与智能化程度同国外供应商相比依然存在较大差距。总体上，在集成芯片、工业软件等通用领域短板明显，关键核心技术受制于人的局面尚未得到根本性改变。

（2）原始创新能力有待加强

轨道交通装备进入“无人区”，装备的创新更多依赖于原始创新。我国轨道交通装备原始创新存在创新资源分散、创新能力参差不齐、部分创新能力缺失等情况，如在轨道交通试验领域，尚不具备适用于时速 400 公里以上高速轮轨、时速 600 公里以上高速磁悬浮、不同轨距标准的可变轨距列车试验场所，以及面向未来交通出行，具备颠覆性、创新性的新型交通模式的试验能力。

2）措施建议

（1）国家层面

一是完善多学科交叉融合机制，推进复合领军人才培养，通过校、企、政、研多领域协同育人，多层次多模式培养行业急需的高端复合人才；二是发挥政府的战略导向与市场互补作用，给予长期坚持自主研发的企业持续性的资金支持与服务配套、足够的市场机会和社会认可，建立政府与企业共担风险的机制，促进科技型企业加速发展；三是优化自主品牌建设和国际化政策环境，推动国产品牌快速成长。

（2）产业层面

推动建立核心企业牵头、高校和科研院所参与、行业上下游企业协同共建的新型合作模式和新型科研机构，重点围绕技术和产品的市场化目标择优扶强，打造轨道交通装备工程科技和基础产业领域国家队，持续提升产业链、供应链竞争合力。

（3）企业层面

加强关键核心产品的国产化应急预案研究。一是从系统方案、设计选型等方面统筹规划，避免形成单一供应链；二是全面开展进口供应链梳理，基于产业链上下游关键物料清单，开展国产化专项替代；三是针对具有一定产业基础的领域，对国产供应商建立对口帮扶机制，协助搭建相关产品应用和验证平台，推动国产替代产品快速实现批量化应用。

执笔人：韩亮、胡淼

审稿人：丁荣军、刘友梅

编写单位：中车株洲电力机车研究所有限公司

四、电力装备

1. 主要产品和技术发展

“十三五”期间，在工信部等有关部门的支持下，电力装备行业产学研各界努力攻克了一批关键共性技术和先进基础工艺，提高了一批核心基础零部件的产品性能和关键基础材料的制造水平，有效降低了关键材料、关键零部件和关键核心技术的对外依存度，提升了我国电力装备国际水平和国际影响力。

混流式、贯流式、抽水蓄能水电机组性能实现历史性跨越，处于国际领先地位。新技术应用取得实效，自主研发的大容量、高参数、低排放燃煤火电产品达到了世界先进水平。全面掌握了二代加以及自主知识产权的三代核电常规岛、核岛主设备的研制技术，核电装备达到国际先进水平，并正向全面掌握第四代核电核岛主设备设计能力加速迈进。自主研发的F级50MW重型燃气轮机实现满负荷稳定运行，系列化中小型燃气轮机研发初具规模。亚洲最大10MW海上风电机组投入商业运行。掌握太阳能光伏、光热关键技术，具备太阳能光伏发电站系统集成能力，成功研制具有自主知识产权的国内首台50MW大功率光热汽轮机组及熔盐换热系统，抢先进入了大型光热电站装备市场。在1000kV特高压交流输电成套设备、±800kV特高压直流输电成套设备、智能电网用输变电成套设备等方面取得重大成就，超、特高压输变电主设备已达到世界领先水平，成为技术创新的引导者，制造过程向智能化方向发展，数字化制造工艺获得重大突破；设备关键材料、关键零部件及核心技术绝大部分实现了国产化，但还存在一些薄弱环节。

我国电力装备行业细分领域发展情况，见表 3-9。

表 3-9　我国电力装备行业细分领域发展情况

序　号	细 分 领 域	所 处 阶 段	与国际对比
1	煤电	引领	世界领先
2	水电	引领	世界领先
3	核电	从赶超走向引领	世界先进
4	风电	从赶超走向引领	世界先进
5	太阳能	从赶超走向引领	世界先进
6	气电	跟随	差距较大
7	特高压	引领	世界领先
8	超高压	从赶超走向引领	世界先进
9	配电	赶超	世界先进
10	用户端	从跟随走向赶超	差距较大

1）基础零部件与元器件

核电常规岛关键阀门、堆内构件、整体堆芯围筒锻件、湿绕组电机主泵用绕组电缆、核设备用高性能双卡密封接头及三向接头仍然依赖进口。大型变速抽蓄机组交流励磁单元、适应油/水-水/水液动阀我国虽有少数企业处于小样机研制阶段，但尚未实现国产化。大容量长寿命磷酸铁锂电池取得技术突破，高压氢气隔膜式压缩机膜片尚处于研发验证阶段。气电热部件、燃料控制阀等关键部件依赖进口，轮盘和拉杆等虽有国产化替代，但性能、质量等仍有明显差距。风电大型轴承、中压变流器 IGCT、PLC 控制器等，国内尚难以保障自主发展的需要。

掌握了灭弧机理、电场、气流场、断路器特性参数分析及测试等关键技术。研制成功了大功率、高可靠的液压操动机构，完全实现了液压机构的系列化和模块化。在大型绝缘件研究方面已完全掌握特高压、超高压、高压电压等级的绝缘浇注技术。

柔性直流支撑电容器、特高压换流变阀侧出线装置、大容量发电机断路器、直流 GIS 虽有国产化替代，但性能、质量等仍有明显差距。特高压直流输电用阀侧套管和穿墙套管、特高压交流输电用套管、开关设备大功率快速操动机构、高压大电流导流机构综合技术经济性能已达到国际领先水平。换流变压器有载调压分接开关技术及装备、IGCT 器件仍然依赖进口。高压开关设备用电阻片严重依赖进口。

2）基础材料

光伏异质结电池 ITO 靶材、绿电制氢设备质子交换膜、核电石墨自润滑免维护轴承材料、耐高温耐辐照有机硅浸渍漆虽有国产化替代，但性能、质量等仍有明显差距。发电设备用大中型锻件及铸件材料、双孔和单孔转子含银铜排、核级部件用焊材、大丝束碳纤维、光伏正面电极银浆用银粉及异质结电池银浆及银粉依赖进口。超高水头 1000MPa 钢板及其配套焊接材料、高性能 410NiMo 气保焊焊接材料已达到国际领先水平。

高压开关行业新材料、纳米超导等最新科技与开关产品研发未形成真正融合，许多产品属于引进技术的试制与二次开发，真正属于自主创新、具有自主知识产权和专利技术的项目较少。原材料是电力电容器行业最主要的短板，特别是电容器用聚丙烯薄膜及 SAS 系列浸渍剂，只能采用进口原料（如北欧化工、日本东丽等）。

3）基础工艺

精密加工刀具、工业射线检测设备、复杂空间尺寸测量系统、关键设备数控加工系统、焊接变形实时监控系统、高温叶片定向结晶炉、高端焊接设备焊接电源、精密喷涂设备等关键研制装备均为关键工序或关键零部件的加工生产所需，主要集中在核电转子焊接与加工、核电叶片加工、高温燃机叶片和轮盘加工、定子线棒接头焊接、绝缘包扎、定子线圈加工、换热管焊接、燃料电池膜电极制备等环节，对外依赖度高。

4）工业基础软件

随着源、网、荷、储一体化的发展，新型电力系统需要依赖于数字技术，发展更加智能的电力系统，各种电力装备的智能化工作都已经开始进行。物联网、云计算、大数据等人工智能的快速发展，开始尝试在发电领域应用人工智能的相关技术和成果。火电在向智能化发展的过程中，在平台的开发完善、燃料管理、主动安全、设备故障预警、锅炉燃烧控制、网源互动灵活性控制、机器人巡检、设备检测、竞价决策支持、信息和功能安全、集团级数据平台等方面没有得到协同发展，需要加强研究和应用。水电智能化发展较其他发电环节建设非常滞后，电站中配套设备较差。核电领域智能化工作正多线开展。核电已在多个系统开展核电工业互联网应用研究，同时相关基础平台和数据资源应用研究也都在进行中。

5）产业技术基础

火电、核电机组运行方式从原来的承担基负荷运行转变成调峰、调相、调频的灵活性运行。发电机灵活性运行导致定子槽内松动、定子铁芯松动等趋势和故障逐渐升高，严重影响发电机安全运行。我国各大发电机制造企业已逐步开展了智能监测与诊断的相关工作和研究。在“双碳”目标下，构建清洁低碳安全高效的能源体系，着力提高利用效能，实施可再生能源替代行动，构建以新能源为主体的新型电力系统，对输变电设备行业也提出了新的要求。新型电力系统在源、网、荷、储各环节对输变电装备产业提出新的应用场景需求，将给产业的重点产品带来全新的发展机遇，对保障产业链安全，推动产业转型升级具有积极作用。

2．竞争趋势和主要动向

1）竞争趋势

随着全球新一轮科技革命和产业变革的加速演变，我国电力装备制造业通过与智能制造、信息处理、人工智能等技术的集成与融合，关键共性技术、生产工艺、管理流程及智能制造标准体系逐步完善，形成具有感知、分析、推理、决策、执行、自主学习及维护等自组织、自适应功能的智能化电力装备产品及生产系统，共同推动电力装备产业向数字化、集成化、智能化和绿色化转型。电力装备产业“五基”将主要向基础体系构建、解决“卡脖子”关键核心技术、国产化替代降本以及适应电力装备高灵活性等方向发展。

2）主要动向

氢气轮机燃烧器、华龙二号堆内构件整体堆芯围筒锻件、650℃超临界汽轮机大型高温铸锻件材料开发、冲击式水力模型试验台、高端能源装备设计/制造/运维一体化软件、漂浮式风机一体化仿真校核软件、风电机组仿真设计软件。高压氢气隔膜式压缩机膜片、高精度氢气质量流量计、PEM电解水制氢用高性能膜电极、国产PLC应用、风电变流器国产化半导体器件芯片、大泵水力机械试验台、大型冲击式转轮机器人电弧增材制造技术研究、大型冲击式转轮高质量焊接研究、大型冲击式转轮焊接接头疲劳断裂性能研究、大型冲击式转轮过流表面强化技术研究、半封闭空间复杂深腔型面高效率高精度数控加工技术、基于机器人的半封闭空间复杂型面高精度自动磨削技术、大型高性能低碳马氏体不锈钢锻件锻造技术研究及应用、轴承校核软件。高效光伏电极用银浆及其关键原材料单分散微纳米银粉、大丝束碳纤维、水冷壁激光增材防腐技术、锅炉及压力容器大口径管座智能化焊接关键技术研究及应用、汽轮机高效智能焊接工艺与装备。换流变压器有载调压分接开关技术及装备，开展换流变压器有载调压分接开关拓扑结构、电气寿命、机械设计的研究，突破国外的专利壁垒和技术封锁，解决有载调压分接开关电气及机械寿命低的问题，提高换流变压器运行的可靠性，形成具有自主知识产权的换流变压器有载调压分接开关技术及装备。大型核电和水电用大容量发电机断路器，开展大容量水电、核电发电机断路成套装置相关技术研究及产品研制，突破超大短路电流的开断、超大动热稳定电流的承载、超大额定电流的持续通流、大功率高可靠性操动机构及传动、高性能材料研制等关键技术。

海上风电轻量化的直流 GIS,开展直流 GIS 关键技术研究及产品研制，突破直流电场下气固复合绝缘设计关键技术，解决直流电场下气固界面电荷积聚诱导沿面放电问题，进行直流条件下基础绝缘材料特性研究及绝缘支撑结构的性能验证和长期可靠性评估，形成直流 GIS 功能单元及整体样机自主设计与成套能力，制定相关技术标准规范。电力电子式环保型发电机断路器关键技术研究，重点开展拓扑结构及参数匹配设计、主支路大容量断口设计及超大电流关断组件结构设计，完成整机结构布局设计，重点突破额定通流支路的额定通流温升和冲击电流的电动力耐受、超大电流快速转移、电力电子组件超大电流关断等关键技术。开关设备大功率快速操动机构，开展快速操动与缓冲控制技术研究，研制出分闸速度快、分散性小的快速操动机构。基于新传感器技术与操动机构的融合研究，提高操动机构的智能化水平；结合新技术及新材料的发展。开关设备智能组件，突破传感器监测灵敏度、电磁兼容、使用环境、防护等级和器件寿命及一体化融合等关键难题。柔性输电系统用干式直流支撑电容器，开展以实际工程需求为导向并采用国产材料的干式直流支撑电容器设计与制造、性能表征和评价、测试与可靠性综合评价方法等技术研究。国产大功率 IGCT 器件，开展 IGCT 器件参数优化和性能调控、芯片工艺和测试方法、驱动电路等技术研究。大容量高性能大梯度避雷器阀片，开展高梯度大容量电阻片配方、高均匀度超细料造粒方法、烧成工艺、高阻层配方等技术研究。特高压直流阀侧和穿墙套管，开展特高压阀侧套管和穿墙大电流载流发热和散热结构、交直流高电压下电场电热耦合场电场分布规律、材料性能、整体结构设计、制造工艺等技术研究。

3. 年度热点事件

2020年4月30日，广西大藤峡水利枢纽工程首台机组投产发电。

2020年5月俄罗斯世界上唯一的浮动核电站（FNPP）——罗蒙诺索夫核电站（Akademik Lomonosov）在俄罗斯北极城市佩韦克开始商业运行。

2020年6月29日，总装机1020万千瓦的国家重大工程金沙江乌东德水电站首批机组投产发电。

2020年7月15日，我国世界上首条主要输送风光新能源的青豫特高压开始输电。

2020年9月29日，海西诺木洪350兆瓦风电项目140台风机全容量并网发电。这标志着全球首个特高压配套清洁能源项目投运。

2020年11月1日，水利部、国家发改委向社会公布，三峡工程完成整体竣工验收。

2020年11月，全球首台华龙一号核电站福清5号机组并网发电。

2020年11月，挪威国家石油公司主导开发的全球最大海上浮式风电场Hywind Tampen正式开工建设，预计将于2022年第三季度投入运营。

2020年12月16日，我国全球单机容量最大（135万千瓦）燃煤机组申能安徽平山电厂二期工程机组一次并网成功。

2021年6月25日，美国能源部（DOE）发布消息称，将向微堆开发商Oklo公司提供100万美元资金，用于先进燃料循环和制造技术商业化。

2021年11月1日，白鹤滩水电站累计生产清洁电能突破100亿千瓦时。

2021年11月19日，白鹤滩水电站4号机组正式并网发电，这是白鹤滩水电站已投产发电的第6台机组，也是三峡集团在长江干流上建成投产的第100台水轮发电机组。

4. 重点企业分析

电力装备行业国内外重点企业主营领域见表 3-10。

表 3-10　电力装备行业国内外重点企业主营领域

序　号	国　别	企业名称	主营领域
1	美国	通用电气公司	机械技术和制造服务的跨国公司
2	德国	西门子	电子工程技术领先的机械公司
3	瑞士	ABB	拥有传输效率极高的输电设备
4	日本	三菱重工	涵盖交通运输设备，武器、机床，核能设备、航空航天设备等产品的制造
5	韩国	现代重工集团	拥有世界上最大的发动机生产规模，并且它的造船技术在世界也属于领先水平
6	法国	阿尔斯通	是全球轨道交通、电力设备和电力传输基础设施领域的领先企业
7	中国	上海电气（集团总公司）	电站、输配电
8	中国	超威电源集团有限公司	动力型、储能型电池研发、制造
9	中国	亨通集团有限公司	电缆、光纤光网、智能电网
10	中国	协鑫集团有限公司	光伏、电力、储能、动力电池
11	中国	正泰集团股份有限公司	光伏、储能、输配电、低压电器、智能终端
12	中国	中天科技集团有限公司	电缆、输配电及控制设备、风电场开发建设
13	中国	德力西集团有限公司	电气设备、配电与工业自动化控制
14	中国	晶科能源有限公司	光伏组件制造
15	中国	新疆特变电工集团有限公司	变压器、电抗器、互感器、输变电高端制造
16	中国	中科电力装备集团有限公司	高低压电器、变压器生产、电气设备研发设计制造
17	中国	人民电器集团有限公司	电力电子元器件、机械电气设备、电工机械专用设备、变压器、整流器、电感器等制造

续表

序号	国别	企业名称	主营领域
18	中国	富通集团有限公司	光纤、电缆、新能源等
19	中国	江苏中利控股集团有限公司	电工材料、电缆等
20	中国	卧龙控股集团有限公司	电机、控制系统、输变电、电动车、电源产品、机电一体化及工业自动化产品
21	中国	新疆金风科技股份有限公司	大型风力发电机组
22	中国	远景能源有限公司	风力发电设备
23	中国	哈尔滨电气集团有限公司	核电、水电、煤电、气电等
24	中国	中国东方电气集团有限公司	火电、核电等
25	中国	中国西电集团有限公司	输配电、超高压及特高压交直流输配电
26	中国	平高集团有限公司	高压、超高压及特高压开关
27	中国	南瑞集团有限公司	电力系统、水利水电自动化、轨道交通监控技术
28	中国	许继集团有限公司	一二次、中高压、交直流装备
29	中国	山东电工电气集团有限公司	变压器、铁塔、电力电缆

5. 存在的问题与措施建议

1）存在的问题

“十三五”期间，我国电力装备制造行业在产业链环节中还难以做到全面发展，现有产业主要集中在零部件及配件生产和下游组装，而在上游设计研发环节、中游整机制造以及下游专业服务维修等方面还有待加强。在零部件制造环节，由于核心技术的欠缺，多数企业处于配件制造环节。在整机制造环节，基本集中在国内几大龙头企业，而大部分关键零部件难以形成国产配套，还需从国外进口，还未形成自主研发、试验，到整机生产、组装、调试一整套的产业链，缺乏整机研发、制造的核心竞争力。

2）措施建议

（1）加强共性技术研究

1999 年产业研究院所转制之后，共性技术缺失已经成为共识。共性技术研究是要长期的人力、物力、财力投入，并且很难有直接的经济效益，而电工行业的企业中 97%以上是中小企业，故电工行业企业很难承担起行业共性技术研究的重任。因此，建议政府主导共性技术研究，设立专项基金，并建议专项基金采取交由第三方机构管理，而不是直接投向企业的方式，这样可以专款专用，避免企业因局部利益将基金改变用途。

（2）提高关键零部件和关键原材料的供应

发电设备用大型铸锻件，输变电设备用非晶带材、高导磁硅钢片等关键原材料和零部件我国现在能够生产。但是由于种种原因，电工行业关键原材料和关键零部件的产能不是很足，产品的质量、性能和稳定性还有待进一步提高。这就需要相关行业协会，特别是行业龙头企业从国家利益民族产业安全和整体利益出发，下大力气攻坚克难。对于需求量较小的关键材料还需要通过国家相关部门通过“重点工程”或“专项”的方式下达任务，协调国内有实力的企业落实科技攻关研制工作，尽快实现国内生产，摆脱对进口的依赖。

（3）政府与行业协会之间建立起数据共享机制

行业协会是政府和企业之间的“桥梁”和“纽带”，为了更好地发挥服务政府、服务行业、服务企业的职能，希望海关总署和国家统计局等政府部门与行业协会之间建立起数据共享机制。在目前情况下，行业协会虽然掌握了一定的行业数据，但非常有限，而数据是一切分析的基础，为了提高行业协会履行“三个服务”的质量和水平，政府有关部门与行业协会建立起数据共享机制是最优方案。

（4）培育大型企业

国家应制定出相应的优惠鼓励政策，有目的、有计划地在各行业领域培育出一个或多个优秀的“五基”领军企业，使其逐渐成为既优又强的国家和世界知名企业，提高基础零部件、基础工艺、基础材料的质量、品种和水平。

执笔人：邓伟、吕鹏
审稿人：朱恺真
编写单位：机械工业北京电工技术经济研究所、机械工业第六设计院有限公司

五、工业母机

工业母机（Machine Tool）是制造机器的机器，处于先进制造产业链的核心基础环节，主要包括减材加工装备（车、铣、镗、磨等切削加工机床）、等材成形装备（铸、锻、焊、热表处理、复合材料铺放等成形制造装备）以及增材制造（3D打印）装备三大类。工业母机作为制器之器，是工业化的根本，事关国家产业安全和国防建设，属于基础性、使能性、战略性产业，是世界大国的战略必争领域。推动工业母机高质量发展，既是我国产业基础高级化、产业链现代化的突破口和重要战场，也是建设制造强国、构建新发展格局的必然要求。

1. 相关产业发展概况

近年来全球工业母机主机产品市场规模约10000亿元左右。我国总体情况可用“两个第一、三个三分之一”概括，即行业总产值世界第一、消费总额世界第一；产值约占全球三分之一、消费总额约占全球三分之一、进口总额约占国内消费总额的三分之一。其中减材切削机床、等材成形装备、增材制造（3D打印）装备国内市场占有率约分别为60%、70%、80%。具体情况如下。

1）重点领域主机产业发展概况

（1）减材切削机床产业发展概况

从消费来看，2019 年全球减材切削机床消费额约为 521 亿美元（3600 亿元人民币）。其中，2019 年，我国减材切削机床消费 142 亿美元（980 亿元人民币），占全球市场的 27.2%，其中进口额 57.6 亿美元，占消费总额的 40.7%。2020 年，我国机床消费额 138.7 亿美元（960 亿元人民币），同比下降 2.1%，其中进口额 49 亿美元，占消费总额的 35.3%。

从生产来看，2019 年减材切削机床主机营收约 1056 亿元，同比下降 11.3%，利润总额 24.5 亿元，同比下降 60.8%。2020 年我国减材切削机床主机营收 1087 亿元，增长 2.3%，利润总额为 60.4 亿元，增幅达到 146.1%。根据中国机床工具工业协会重点联系企业统计数据、海关进出口等数据反映，2021 年上半年，行业延续 2020 年下半年以来恢复性增长态势，各项经济指标均实现大幅增长。其中，2021 年上半年减材切削机床重点企业产量增长 30.7%，产值增长 41.0%，进口额 31.0 亿美元，增长 28.6%。

2020 年日本、德国和中国台湾、瑞士、意大利分别位列我国减材切削机床进口来源地中前五位，其中日本、德国占比均超过 20%。相较 2019 年进口额，除日本外其他国家均有较大降幅，意大利则取代韩国成为我国金切机床主要进口地之一，详见图 3-4。

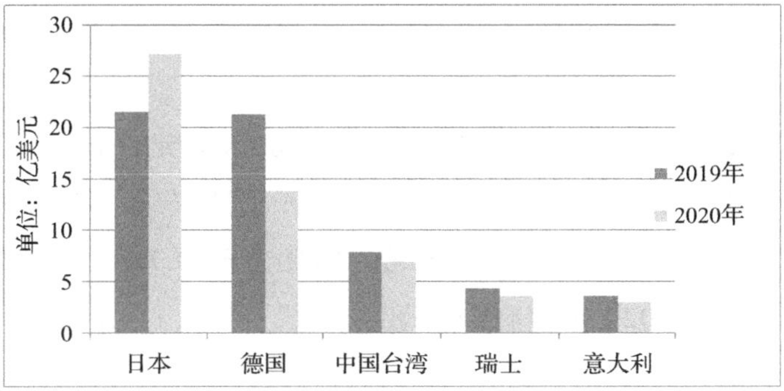

图 3-4　2020 年金切机床主机进口来源前五位国家和地区

2020 年越南、美国、印度、俄罗斯和韩国分别位列我国减材切削机床出口目的地前五位，其中越南占比最高，对印度出口金额降幅达到 36.1%，美国超过印度成为我国第二大金切机床出口国，韩国则超过日本，成为我国第五大金切机床出口国，详见图 3-5。

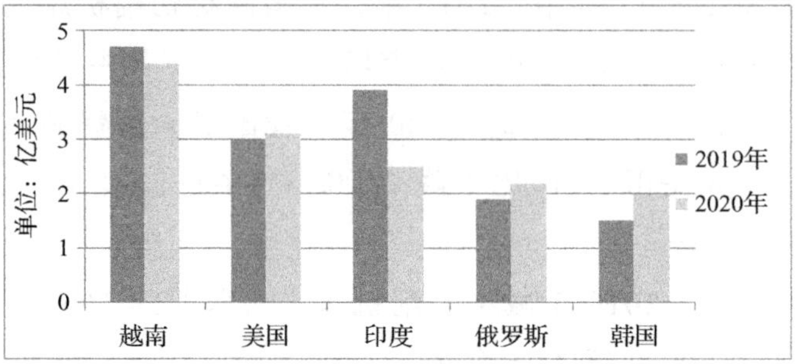

图 3-5　2020 年金切机床主机出口前五位国家和地区

（2）等材成形装备产业发展概况

从消费来看，2019 年全球等材成形装备消费总额约为 870 亿美元（6000 亿元人民币）。其中，2019 年，我国等材成形装备消费额 302 亿美元（2083 亿元人民币），其中进口额 46.9 亿美元，占消费总额的 15.5%。2020 年，我国等材成形装备消费额 138.7 亿美元，同比下降 2.1%，其中进口额 49 亿美元，增长 4.5%，占消费总额的 35.3%。

从生产来看，2019 年我国等材成形装备主机营收约 315 亿美元（2175 亿元人民币），同比下降 5.8%；利润总额 89.5 亿元，同比下降 37.5%。其中铸造装备 606 亿元，焊接装备 475 亿元；锻压装备 694 亿元，热/表处理装备约为 400 亿元。

2020 年，我国等材成形装备营收约 2163.8 亿元，同比下降 2.28%。其中铸造装备 565.8 亿元，同比下降 5%；锻压装备 631.2 亿元，同比下降 1.2%；焊接装备 566.8 亿元，同比上升 9.7%；热表处理装备约为 400 亿元。2020 年等材成形装备主机①利润 114.8 亿元，同比上

① 热/表处理设备利润总额因缺少统计口径，沿用 2019 年行业估算数据。

升 16.5%，其中铸造装备利润 32.4 亿元，同比下降 2.7%；锻压装备利润 38.7 亿元，同比上升 18%；焊接装备利润 43.7 亿元，同比增幅高达 34.9%。

2020 年，我国等材成形装备主机进口 34.4 亿美元，同比下降 26.7%，其中，铸造、锻压、焊接、热表处理装备（不包括电子制造装备中相关 CVD/PVD 等）进口额分别为 2.01、14.1、4.8 和 13.5 亿美元；2020 年等材成形装备主机出口 53.42 亿美元，同比下降 15.9%，其中，铸造、锻压、焊接、热/表处理装备出口额分别为 5.02、22.7、17.2、8.5 亿美元。从各类装备进口/出口单台价值看，铸造 27 万/1.83 万美元每台、锻压 6.9 万/2.1 万美元每台、焊接 2.5 万/0.02 万美元每台、热表处理 4.63 万/0.35 万美元每台，进出口单台价值差距巨大。

2020 年，在等材成形装备主机进口来源国中，日本、德国和韩国分别位列前三位，进口金额均有一定幅度的减少；在出口国中，越南、印度分列前两位，美国超过印度尼西亚位列第三，详见图 3-6、图 3-7。

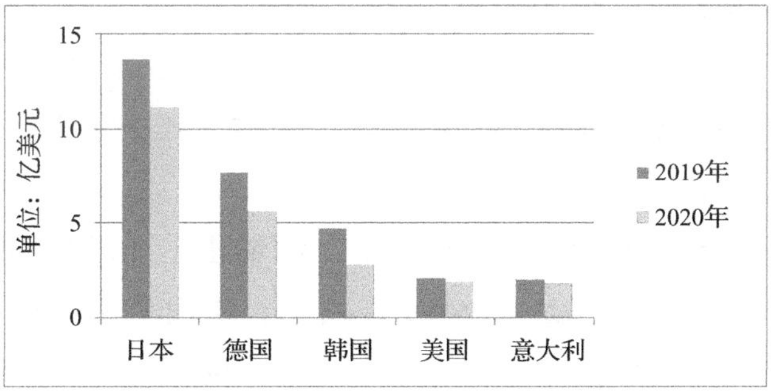

图 3-6 2019 年、2020 年等材成形装备进口来源国排名前五情况

（3）增材 3D 打印装备产业发展概况

根据 Wohlers Report 数据，2019 年全球增材制造装备营收 30.13 亿美元，2019 年全球增材制造装备、材料及服务总体市场规模约 118.7 亿美元，比 2018 年增长 21.2%。2020 年全球增材制造装备营收 30.14 亿美元，与 2019 年基本保持持平；2020 年全球增材制造装备、材料及服务总体市场规模约为127.58亿美元，相比2019年增长7.5%，但增速有所放缓。

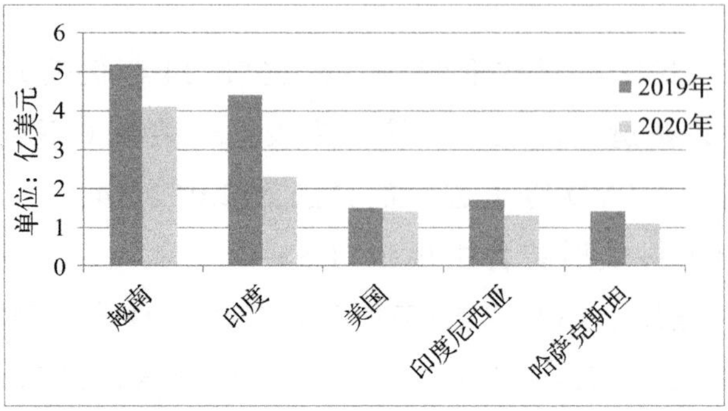

图3-7 2019年、2020年等材成形装备出口去向国排名前五情况

全球增材制造装备龙头企业主要集中在美国、德国、以色列和中国，其中，美国Stratasys公司和3Dsystems公司位居全球前两名；其他包括美国Markforged公司（碳纤维及金属3D打印机）、德国EOS公司（全球领先的SLS/SLM生产公司）、德国Concept Laser公司（在激光熔化技术领域处于领先地位）等。同时，传统工业巨头，包括美国惠普、通用电气、德国通快、英国雷尼绍等均积极布局3D打印装备的开发及产业化应用。我国企业主要有西安增材制造国家研究院、铂力特、华曙高科、先临三维和中国台湾地区的XYZprinting等。

2020年，全球有228家制造商生产和销售工业增材制造装备（单台价格高于5000美元），与2019年相比，增加了15家；2020年有37家公司的工业3D打印系统销量超过了100套。228个系统制造商分布在世界各地，对比Wohlers报告2020和2021版，美国制造商数量保持47家不变，排名第一；德国增加2家到27家，排名第二；中国制造商的数量则减少7家下降至25家，排名第三。

2）产业基础及短板分析

工业母机产业基础的短板，主要集中在高性能基础零部件及功能部件、高档数控系统，以及先进加工成形工艺、核心基础软件和装备可靠性等方面，具体如下。

（1）高性能功能部件

绝对值圆光栅分辨率达到 26 位、准确度高于±3μm，分辨率小于 0.01μm 的高精度光栅；精度等级达到 P2、平均无故障工作时间大于 2000 小时高精高速、高强度长寿命机床主轴轴承、丝杠副轴承、转台轴承；转速大于 24000rpm、回转精度小于 50nm 超高速、大功率精密电主轴；万吨级锻压装备用高压大流量泵阀、液压气动高精度伺服比例控制阀；高性能数字化焊接电源、万瓦级高可靠激光器；增材制造电子束枪、光学振镜、微喷打印头等增材制造基础零部件与核心功能部件。

（2）高档数控系统

具有高负载特性、热补偿、振动抑制等智能化功能的高性能数控系统、基于国产芯片的自主可控高档数控系统及智能型数控系统。

（3）重点突破技术参数

最小指令单位≤0.1nm；插补周期≤0.5ms；控制通道/进给轴/PLC 轴≥10/30/64。

（4）创新工艺、专用软件与可靠性保持技术

自主化近净成形数值模拟及微纳制造工艺、多工艺工序复合制造一体成形工艺、成组成套工艺及设计、数字化设计及仿真专用软件与系统，整机全生命周期可靠性及精度保持技术等。

2. 竞争趋势和主要动向

1）竞争趋势

（1）作为战略必争之地，发达国家优势持续巩固

没有领跑的工业母机，就没有领跑的制造业。世界主要国家均意识到工业母机对工业的支撑地位，不断加大支持力度，抢占战略必争之地。美国相继出台《制造业促进法案》《制造技术战略规划》《振兴美国制造与创新法案》等，特别是 2021 年 1 月美国防部发布了《2020 财年工业能力评估报告》，在指出美国、墨西哥等国家全

球工业母机消费占份额持续上升客观反映制造业重返北美趋势的同时，明确提出20世纪90年代开始的美国制造业的下降与工业母机行业衰退同步发生并非巧合，分析了美国工业母机行业面临的主要风险，提出了重振美国工业母机行业的建议。在德国，TRUMPF、Schuler等行业巨头持续巩固其国际市场份额，Schuler近年来收购我国工业母机一线品牌—扬锻，进一步巩固其成形装备全球领先地位。

（2）国际市场压制与技术封锁日益加剧，安全可控形势日益严峻

工业母机作为战略性物资，新时期安全可控形势日益严峻。一方面，前有“巴统协议”，后有“瓦森纳协定”，西方国家长期对我国机床发展实行技术封锁、产品禁运。2018年，美国政府为遏制中国制造业发展，发布了加征关税的商品清单，对从中国进口的几乎全部机床工具加征额度不等的关税。德国科堡机床虽被我机床企业收购多年，但某型号叶片加工中心急需的核心功能部件仍被禁运。2018年，航材院从德国进口发动机叶片用单晶炉，装船后被追回。另一方面，国防军工领域大部分在用进口机床极易被外方监控、闭锁，使用安全可控能力亟待加强。

（3）我国重点领域新需求不断涌现，高端产品面临战略发展机遇期

一方面，涉及国防安全的重大工程急需高端工业母机。以超高速飞行武器、航空发动机、燃气轮机、深空探测、新型舰船、大型飞机等为代表的国防军工领域系列国家重大专项、重大工程不断对高端装备提出“卡脖子”、短板和前瞻性需求。另一方面，涉及国民经济安全的重点产业急需高端机床。制造业特别是先进制造相关产业均离不开高端工业母机，如航空发动机单晶叶片、涡轮盘等加速国产化，急需扭转单晶铸造、热等静压、真空热处理等主要依赖进口的局面。国民经济重点领域新兴产业急需高端工业母机支撑其发展，如新一代电子制造装备的创新突破急需纳米级超精密机床、先进激光制造装备承载，德国通快与荷兰ASML深度合作，推动激光制造技术在光刻系统的应用突破，加速芯片EUV光刻机创新，引领

新一代信息技术发展，形势逼人。

（4）作为产业基础高级化的主战场，是构建双循环格局的必然要求

工业母机具有鲜明的生产制造“使能工具”及“基础细胞”属性，直接决定着生产制造自主供给能力、产品装备性能和质量，是制造业基础能力和核心竞争力的重要保障，是产业基础再造的关键支撑。当前，工业母机发展水平滞后于制造业整体水平，已成为我国传统制造业转型升级、新兴产业创新发展、加快制造强国建设的瓶颈和短板。因此，在加快形成以国内大循环为主体、国内国际双循环相互促进的新发展格局要求下，加快工业母机发展，对增强产业链韧性，夯实制造强国发展基础具有重大意义。

2）产业技术动向

（1）设计理念、方法和工具向高级阶段发展

工业母机设计理念从产品的性能参数，拓展到全寿命周期，并不断丰富文化内涵和增加对情感的表达。设计方法和工具也在不断创新。基于产品生命周期的多方法综合设计优化技术、数字化协同产品开发技术、网格计算技术在机床产品设计中得到应用。同时，随着数字建模与仿真理论、方法、工具的发展，使跨学科系统建模方法、虚拟现实等广泛应用。德国 DMG 公司提出了基于产品功能性、人体工效学以及工业设计相结合的设计理念，其新一代金切机床的鲜明元素是加工区域具有更好的可视性，将机床视窗扩大了 40%，更有部分机型的视窗增大了 80%，极大地提高了加工过程的透明度。2016 年日本推出的新型机床具备丰富的应用程序，可根据工件图纸及刀具等加工准备阶段所需信息，实现加工现场信息的可视化、数字化。

（2）高速、高精和极限性能的要求日益提高

主要用户领域对高速加工、快速响应、极限性能、柔性化定制等加工要求越来越高。如机床采用新型功能部件（如电主轴、直线电机、LM 直线滚动系统等）主轴转速将超过 200000r/min，进给速

度超过 300m/min，加速度超过 10G；新型战机等重点型号批产及大型转子等重大技术装备的研制和批量生产对基础制造装备提出了急需快速响应、柔性化定制的要求。精密加工中心加工精度已达到 1μm，新一代超精密加工中心加工精度、粗糙度均将达到纳米级；高端机床与基础装备向高性能加快升级，整机呈现多轴联动、高可靠等特征。自主化航空发动机热端部件急需千吨级高精度惯性摩擦焊装备、高极限真空度和直径一米以上大规格热等静压装备等。

（3）智能化、复合化是未来发展大势所趋

随着新一代信息技术与装备的深度融合国际智能高端机床快速发展，德国、瑞士、日本等企业开发了多项数控机床智能化技术，并得到实际应用。如：机床各轴精度监测和补偿技术，表面质量、速度、精度三者优选技术，主轴诊断系统，切削力自适应控制。推出的新一代数控系统增加了动态碰撞监测、主动减振、自适应进给速度、智能热补偿（ITC）、操作者支持系统（OSS）等多项智能功能。

当前工业母机日益与特定产品加工成形的工艺库复合集成，并以增值软件形式，与机械系统一起形成“软硬”一体化、复合化的高增值型装备产品。如机床销量位居世界首位的日本山崎马扎克机床，可根据不同制造任务或生产环境，在提供量体裁衣的加工设备同时，还能提供 3D 激光增材制造与五轴铣削复合装备，加速应用于航空航天发动机叶片、整体叶轮盘等制造。航空发动机、燃气轮机、导弹发动机室、大型舰船螺旋桨、汽车与轮船曲轴等复杂、难加工零部件高精、高效、短流程制造等急需集成多种工艺于一体的柔性复合加工装备，在缩短加工周期、降低加工成本的同时，提高零件成品率和质量。包括冷热加工复合、增减材复合、多能场复合、多工序的原位多工艺复合等。

（4）“双碳”要求加速绿色化、轻量化发展

在我国提出碳达峰、碳中和要求背景下，实现制造工艺流程的节能、节材、降耗、减排等，已成为工业母机领域的重点方向。当前，少（无）切削液加工技术等绿色环保技术已成为金属切削加工工艺绿色化的重要支撑。航空航天、汽车及能源工程等领域对零部

件的轻量化需求日益苛刻，铝/镁/钛/锂合金、超高强钢、碳纤维等轻量化材料加速发展，各种高性能轻量化材料的绿色、高效铸造、焊接、锻造、热表处理等工艺装备也正加速发展，如美国已提出所有功能用途不变的情况下，零部件减重 30%以上，实现自身的轻量化；同时，加速发展绿色加工制造工艺、循环再制造，加速推进装备在全生命周期的能源和原材料消耗。

3. 年度热点事件

1）减材加工装备年度热点

“高性能龙门加工中心整机设计与制造工艺关键技术及应用”项目荣获国家技术发明奖二等奖。2021 年 11 月 3 日，2020 年度国家科学技术奖励大会在人民大会堂举行，浙江大学谭建荣院士团队，联合清华大学、宁波海天精工等合作研发的“高性能龙门加工中心整机设计与制造工艺关键技术及应用”项目在会上荣获国家技术发明奖二等奖。团队发明的高可靠龙门加工中心动部件大惯量的低速补偿进给工艺技术，成功解决了大惯量运动部件低速失稳等难题，在龙门加工中心整机自适应布局设计、精度均衡分配设计、大惯量动件低速进给工艺等技术方面达到国际领先水平。

山崎马扎克以数字孪生技术推动生产现场的革命。在制造业中，数字孪生技术可以解决劳动力减少和熟练工不足等问题。同时在提高生产率方面，对数字孪生技术所能发挥的作用也寄予了很大的期待。马扎克最新 CNC 装置“MAZATROL SmoothAi”融合了利用 AI 技术的编程功能和高度的自动化功能。同时，基于数字孪生技术的“MAZATROL TWINS”软件群，也被集合在这种最新的 CNC 设备上，实现了高效的数字制造方案。

瑞士联合磨削集团推出多款高端磨床。联合磨削集团于 CIMT2021 上展出了针对复杂磨削加工工艺需求所开发的数控万能内外圆磨床 STUDER S3，可保证工作精度达 0.002mm，以及适用于单件和批量磨削中型尺寸工件的数控万能内外圆磨床 STUDER

KC33，可保证工作精度达 0.0025/0.003mm，能够满足一次装夹完成工件的内外圆磨削。

哈挺集团中国首发全静压磨削系统。哈挺集团推出了精密外圆磨床 VOUMARD 1000，可进行五轴数控操作，独立分布的两个高精度纳米级定位直线数控轴和旋转数控轴，使机床拥有良好的定位精度。不同配置的头架，使 C 轴可用于非圆磨削及螺纹磨削，最佳加工圆度达 0.0002mm。

2）等材制造装备年度热点

（1）国产系列高端焊接装备实现新突破

2021 年 7 月 20 日，我国时速 600 公里高速磁浮交通系统在青岛成功下线。哈尔滨焊接研究院作为我国最早从事千瓦级固体激光-电弧复合焊接技术装备研发单位及国际标准、国家标准制订单位，开发了一系列激光-电弧复合焊接新技术及成套装备，首次将激光-电弧复合焊接方法应用到了时速 600 公里高速磁浮铝合金车体部件的焊接制造中，为铝合金车体提供了从接头设计、焊接工艺到焊接装备整套技术解决方案，有力支撑了我国全新一代超高速磁浮铝合金车体高精度、高质量的制造需求。哈尔滨焊接研究院相关团队针对 C9199 国产发动机自主制造的急需，成功研制了 600 吨级大吨位惯性摩擦焊接装备、开发了惯性摩擦焊接工艺以及质量控制与保障技术，有力支撑了我国民用大飞机自主航空发动机的研制，打破了国外技术封锁。

（2）海天金属全球最大 8800 吨压铸岛在美利信即将投产

继 2019 年 10 月宁波海天金属公司制造的首台 4500T 压铸机在重庆美利信公司正式投产之后，2021 年 4 月重庆美利信与海天金属在重庆隆重举行了 HDC8800T 压铸岛签约仪式。该系统集成了全球最大 HDC8800 吨压铸机及周边智能化配套装备，可实现包括新能源汽车在内的车身、底盘等大型结构件一体化、集成化压铸成型，将原本需要数十道铆接、冲压、焊接、锻造成型的复杂工艺化繁为简，减少了加工工艺，减低了零件重量，实现了成本降低，有力提升了产品竞争力。

（3）扬力集团推出多工位全自动精密锻造生产线

该生产线以经过大幅技术改造和品质提升的 HFP 系列热模锻压力机为主机，并配备伺服步进式机械手、多工位精锻模具模架、全自动喷雾冷却润滑装备、全自动快速换模中心、自动坯料质量检测装备、集中物流管理系统等，可以完成轮毂轴承单元内、外圈，变速箱传动齿轮，等速万向节壳体，发动机连杆，汽车发电机爪极等汽车关键零件及其他批量大、质量要求高锻件的自动化锻造。

（4）数字无模铸造精密成形机、电渣熔铸模压复合成形技术装备等多个 04 重大专项成果入选“十三五”科技创新展

2021 年 10 月 21 日-27 日，国家“十三五”科技创新成就展在北京展览馆举办，本次展览以“创新驱动发展 迈向科技强国”为主题，重点展出了“十三五”期间取得的一批重大科技成果。由中国机械总院轻量化院研制的“高效数字化无模铸造精密成形机”、沈铸所研制的“电渣熔铸模压复合成形技术装备”、机电所和轻量化院联合开发的“高强钢热冲压生产线”等多项国家 04 专项成果入选集中展示。

（5）舒勒推出新型冲击挤压工艺装备

舒勒不仅在高强度钢、铝合金以及复合材料成形设备、电动汽车轻量化技术与电机冲片制造领域拥有很高的知名度，同时也为电动汽车的核心部件——电池壳体的生产提供相关解决方案。该工艺可使铝材料块几乎被完全利用。通过冲击挤压工艺，方形壳体可以一次成形，后面产品达到最终几何精度的壁厚减薄工艺和切边工艺，可满足年产量在 2000～3000 万个零部件的大批量生产。深拉伸电池壳体生产率为每分钟 20～30 冲次，冲击挤压工艺产出则可达到 100 冲次。

3）增材制造装备年度热点

（1）华中数控联合国家增材创新中心开发五轴增减材加工中心

华中数控与国家增材制造创新中心合作研发的五轴增减材复合制造加工中心 LMDH320A 是高质量、高精度、高性能的技术型产品。

机床外观新颖且集成3D打印机柜。机床配置X、Y、Z、W四个直线轴和A或B、C两个回转轴，并配置直线模组和安装板、激光器、水冷机（配激光器）、送粉器、熔覆头及配电板等。通过配置华中数控国产HNC-848D全数字总线式高档数控系统，实现了铣削质量的完整加工技术，灵活切换激光增材加工与铣削加工，大大节约加工时间，满足零件批量化生产的需要。

（2）太空3D打印机完成连续纤维增强复合材料打印

长征五号B火箭发射的新一代载人飞船试验船上，搭载了一台3D打印机，飞行期间该系统自主完成了连续纤维增强复合材料的样件打印，并验证了微重力环境下复合材料3D打印的科学实验目标。

（3）通快联合贺利氏开发非晶态金属工业级3D打印

通快集团和贺利氏共同开展非晶态金属3D打印研究，以期通过提升工艺和性价比，使非晶态金属部件打印成为车间内的标准生产工艺。非晶态金属的强度是钢的两倍，但比钢轻得多，而且弹性更佳。非晶态金属具有各向同性，这意味着不管3D打印采用何种构建方向，其材料特性始终相同。3D打印不仅能用于制造极其坚固的部件，还能为工程师提供更大的设计自由度。

（4）比利时Aerosint多材料金属3D打印机打出双组分金属

比利时Aerosint开发一款新型的金属3D打印机，其中安装了双重铺粉装置，能够在SLM激光粉末床熔融设备中同时铺两种不同的金属粉末。因此，用户可以制造双组分的金属3D打印零件。

4）产业基础领域年度热点

（1）中国S试件五轴机床检测方法正式成为国际标准

2021年1月29日，由中国主持修订的ISO10791-7:2020《加工中心检验条件第7部分：精加工试件精度检验》国际标准，获ISO批准并正式发布，04专项成果中国“S试件”五轴机床检测方法正式成为国际标准。

（2）株洲钻石推出高性能钛合金加工刀具

株钻公司于CIMT2021展出了立装型三面刃铣刀SMP08/09系

列，适用于钢、不锈钢、铸铁、耐热合金的材料加工。优异的侧铣及槽铣性能，切削轻快，加工表面质量好。其应用范围极为广泛，如汽车发动机缸体及其零部件的加工，航空发动机钛合金及超高强度钢加工，电力能源行业大型壳体加工等。

（3）哈量集团推出新型全自动对刀仪

哈量刃具集团与CIMT2021中展出了其子公司德国Kelch开发的高性价比Kenova SelineV646 C全自动对刀仪，采用MPS高精度模块式主轴，主轴跳动<0.001mm，可以选配不同类型的内插套来适应不同规格刀柄的刀具测量，灵活的配置让客户有了更多的选择。

（4）雷尼绍推出新一代封闭式绝对直线光栅

全球测量专家雷尼绍针对机床等恶劣应用环境推出了创新型FORTiS封闭式绝对直线光栅系列。FORTiS基于RESOLUTE™光栅技术而设计，采用了挤压成型的栅尺壳体，带有纵向连接的互锁密封条和密封端盖，抵御液体和固体碎屑污染物侵袭的能力极强。提供的测量长度范围为140mm至3040mm，可通过栅尺壳体上的挠性孔直接安装在机加工表面上。

4. 重点企业分析

1）减材加工装备重点企业

全球金切机床龙头企业主要集中于德国、日本和美国。2019年全球排名前十的金切机床企业，德国和日本各三家半（包含一家德日合资企业）、美国三家。其中日本山崎马扎克以52.8亿美元排名第一，德日合资公司德玛吉森精机以38.2亿美元排名第二，随后分别是美国马格（MAG）、日本大隈、日本牧野、德国格劳博、美国哈斯、德国埃玛克、美国格里森和德国斯来福临。除德国、日本、美国等数控金切机床强国外，主要生产国还包括中国、意大利、奥地利、法国、英国、加拿大、西班牙、瑞士、奥地利等国家。

2）等材成形装备重点企业

全球先进成形装备主机龙头企业主要集中在德国、日本、意大利、法国和美国，2019年全球销售排名前十的先进成形装备企业中，德国四家、日本三家，美国、意大利和法国各一家。其中德国通快以42.4亿美元排名第一（同时也是全球光刻机巨头ASML的重要合作伙伴），德国舒勒以35亿美元排名第二，随后分别是日本天田AMADA、日本小松NTC、德国道尔斯特DORST、意大利帕玛PAMA、日本会田AIDA、法国宝利苏迪、德国易普森、美国伊利等企业。

3）增材制造装备重点企业

全球增材制造装备龙头企业主要集中在美国、德国、以色列，其中，美国Stratasys公司和3Dsystems公司位居全球头两名，2019年销售收入相当（分别为6.36亿美元、6.29亿美元，包括装备产品及服务收入，约各占一半）；其他包括美国Markforged公司（碳纤维及金属3D打印机）、德国EOS公司（全球领先的SLS/SLM生产公司）、德国Concept Laser公司（在激光熔化技术领域处于领先地位）等。同时，传统工业巨头，包括美国惠普、通用电气、德国通快、英国雷尼绍等均积极布局3D打印装备的开发及产业化应用。

5. 存在的问题与措施建议

1）存在的问题

（1）高端供给不足、重点领域“卡脖子”瓶颈问题仍然突出

一方面国民经济重点领域转型升级加速，高端工业母机批量化供给能力不足。随着我国新能源、民用航空、轨道交通、船舶、电子信息等国民经济重点行业加速向高端发展，产能智能化绿色化低成本化升级，急需高端化、高可靠先进制造装备批量供给能力，以加速实现替代进口，全面提升行业国际竞争力。另一方面，当前我国国防军工、武器装备加速发展，在中美贸易摩擦持续加剧的背景

下，面临着高端工业母机进口限制日益加强的严峻局面，急需加速突破系列定制化、小批量多品种“卡脖子”装备，提升高端工业母机自主保障能力。

（2）产业基础配套能力薄弱，基础共性技术供给不足

关键材料、核心零部件、核心工业软件、标检认等产业基础配套能力薄弱，一方面制约工业母机自主创新和安全可控，另一方面大大降低了国产主机装备的盈利能力，严重影响行业市场竞争力。从进出口产品单价看，等材制造装备出口产品平均单价与进口产品相比差距巨大，大部分处于中低端。同时，高精度光栅尺、丝杠导轨、大功率激光器、精密传感器、高端液压机用泵阀等长期依赖进口。正向设计技术、装备可靠性与性能验证技术等关键共性技术研究深度不足。虽部分高端主机产品解决了“有无”问题，但受制于产业基础薄弱，在可靠性、精度保持性、使用寿命等方面与国际先进水平仍有差距。

（3）高端领域市场机制失灵，新成果应用推广难

一方面高端领域市场机制失灵，单靠企业难以实现创新突破。工业母机整体虽是市场竞争激烈的领域，但对于关系到国家顶尖制造水平和国防安全的高端部分，因其技术复杂、研发投入大、品种多、产量小、战略意义大等特点，市场机制已部分失灵。同时，西方国家先后制定“巴统协议”“瓦森纳协定”对我国高端装备发展实行技术封锁、产品禁运和市场打压，进一步加剧市场机制失灵。因此，单靠企业难以实现定制化、小批量战略性急需装备的创新突破。另一方面高端用户对国产装备不敢用、不愿用，以采用进口装备为保持产品质量的重要手段。近年来我国各类制造装备取得了多方面进展，但受多方面因素影响，只要能进口，国防军工、国企央企、高校一般倾向购买进口制造装备。然而，高端制造装备从 0 到 1、1 到 10、10 到百千万需要提供更多的试用、改错提升的土壤。

（4）行业创新体系组织缺失、创新资源分散

从创新体系看，行业创新体系组织缺失、创新资源分散，缺乏

基础技术/共性技术平台有效支撑的问题愈发明显。与德日美等国相比，我国工业母机行业创新资源分散，行业性技术支撑缺少必要的兜底机制，甚至缺少一个类似于德国弗朗霍夫研究所和中国台湾工研院的合同研发机构和组织机制，帮助广大中小企业及时解决新产品开发过程中遇到的关键技术问题。甚至对于少数行业内的领军企业而言，凭一己之力投资从产品技术到基础技术的全技术链条，也难免力不从心。特别是随着新技术的快速发展，机床不仅要发展高效率、高精度、自动化等传统技术，需要向数字化、网络化、智能化方向发展，需要大量的技术和资金支持；行业企业关键技术的研发能力、速度与发达国家相比还有较大差距，我国企业追赶德日美等国企业的步伐更加艰难。

2）措施建议

（1）建立工业母机协调机制，加速启动工业母机重大专项实施

04专项聚焦国家战略目标，突破了一批急需、“卡脖子”高端工业母机，重点服务于航空航天、汽车、发电设备和船舶四大领域，有力支撑了四代核电、两机专项等7个重大专项及载人航天等一批国家重点工程。现实及经验表明，在当前工业母机处于滚石上山、不进则退的关键时期，迫切需要加强顶层设计和协调，加快以工业母机重大专项的形式接续实施04专项，发挥新型举国体制优势，形成合力，定点攻关，重点突破，久久为功，推动重点领域自主可控，加速提升行业可持续发展。

（2）加快建设国家工业基础研究院，夯实工业母机等产业基础

加快建设国家制造技术研究院（国家工业基础研究院），填补国家制造共性技术基础研究机构的空白。充分学习借鉴德国霍朗霍夫研究院、韩国生产技术研究院、中国台湾工研院、美国国家标准与技术研究院等从事基础应用型技术研究机构的运行模式与机制，克服当前创新机构“重挂牌子”“短期课题验收”等不足，从长远出发，系统性推进基础制造共性技术短板攻关；结合国家实验室建设，系统谋划布局先进制造技术国家实验室，紧跟科技前沿，超前布局原

创新、颠覆性制造技术与装备的创新，彻底根治长期以来新兴产业培育发展中的“进口制造装备依赖症”。

（3）建立重点领域工业母机进口审核制度，加速成果转化与推广

建立包括切削机床、成形装备等更多类别的国防军工、国企央企、高校院所、国家技改等领域工业母机进口审查目录及更为严格的进口审核制度。特别是国防军工、国企央企不断要在装备攻坚中贡献智慧，更要在产业化试用、工艺配套提升等方面提升政治担当。建议建立包括切削机床、成形装备等更多类别的进口制造装备目录审查制度，一方面严格审核进口国内已经突破了的装备，加快推动示范应用，同时，对于购买推荐新研发国产重大技术装备给予激励；另一方面，通过审查制度系统性梳理必须进口装备的清单及国内技术差距，为我国各类制造装备领域战略规划的科学制定提供明确的指引，并可通过适当方式向社会公布，引导鼓励社会资本积极投入研发攻关及产业化，集聚多方资源与力量推动制造装备“硬科技”的质的突破。

执笔人：吴进军 张林 李晶莹 焦距

审稿人：田沙

编写单位：中国机械科学研究总院

六、机器人

机器人被誉为“制造业皇冠顶端的明珠”，其研发、制造、应用是衡量一个国家科技创新和高端制造业水平的重要标志。根据《GB/T 39405-2020 机器人分类》标准规定，按照应用领域，机器人可分为工业机器人、个人/家用服务机器人、公共服务机器人和特种机器人。其中，工业机器人指自动控制的、可重复编程、多用途的操作机，可对三个或三个以上轴进行编程，它可以是固定式或移动式，在工

业自动化中使用；个人/家用服务机器人指在家居环境或类似环境下使用的，以满足使用者生活需求为目的的服务机器人；公共服务机器人指在住宿、餐饮、金融、清洁、物流、教育、文化和娱乐等领域的公共场合为人类提供一般服务的商用机器人；特种机器人指应用于专业领域，一般由经过专门培训的人员操作或使用的，辅助或替代人执行任务的机器人。就此而言，仅工业机器人属于产业基础中的基础工艺和制造装备范畴，下面主要围绕工业机器人展开描述与分析。

1. 主要产品和技术进展

1）全球主要产品和技术进展

（1）整机

自2010年起，随着自动化需求的加速释放和机器人技术的持续创新，全球市场对工业机器人的需求明显加快。国际机器人联合会（IFR）统计数据显示，全球工业机器人消费量从2010年的12.1万台增长至2020年的38.4万台，年均增长12.3%，见图3-8。

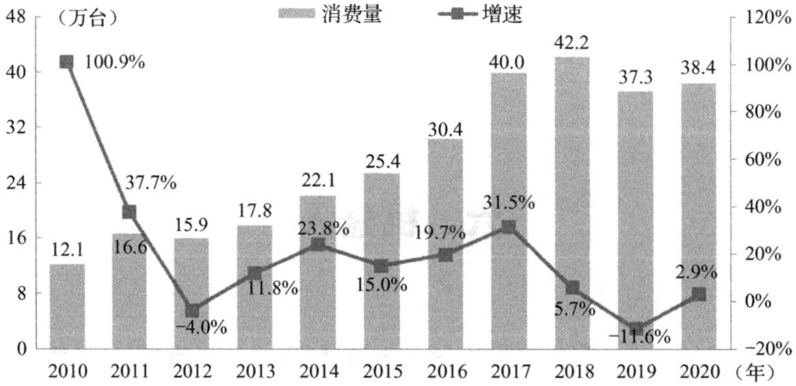

图3-8　2010—2020年全球工业机器人市场情况

从区域分布看，亚洲是工业机器人的主要消费市场。IFR数据显示，2020年亚洲地区工业机器人消费量为26万台，约占全球工业机器人总消费量的七成。从机械结构看，多关节机器人是消费量最高的机型，2020 年全球多关节机器人消费量为 23.1 万台，约占全球工业机器人总消费量的六成；平面多关节机器人（SCARA）消费量为 6.9 万台，约占全球工业机器人总消费量的 18%，位居第二位。从应用行业看，电子和汽车行业是工业机器人的两大传统应用行业，两个行业的消费量约占全球工业机器人总消费量的一半。2020 年电子行业消费工业机器人 10.7 万台，占全球工业机器人总消费量的 27.9%，为工业机器人首要应用行业；汽车行业消费工业机器人 8 万台，占全球工业机器人总消费量的 20.8%，为第二大应用行业。

近两年，随着各国在机器人领域的持续投入，以及人工智能、物联网、仿生材料、智能传感等高新技术的不断突破，工业机器人技术发展日新月异。如，丹麦优傲推出协作机器人新品 UR16e，其负重可达 16kg，重复精度达到±0.05mm，工作半径达到 900mm，可用于重型物料搬运、重型零件搬运和机器维护；日本发那科推出新型协作机器人 CRX-10iA，有效负载达到 10kg，拥有非常灵敏的传感器，机器一旦触碰到人体就会立即停止工作，其外围软件接口更加开放，支持开发者申请自主开发；德国库卡推出新一代小型机器人 KR 4 AGILUS，其最大负载能力为 4kg，臂展可达 600mm，搭配新款的 KR C5 micro 控制柜，能更有效地控制和处理各种任务，尤其适合电子元器件的装配、拾取与放置、拧螺丝、粘接、包装、检测或检验等应用；韩国理工大学开发出世界上手速最快的双臂机器人 LIMS2-AMBIDEX，这款机器人的电机全部集中在肩部，单臂重量 6.8kg，采用肌腱驱动技术驱动手臂动作，并通过特殊的线和塑料等材料模拟肌肉和肌腱实现对生物肢体的仿生，凭借较快的手速和流畅的动作能够从事多种工作。

（2）关键零部件

工业机器人用关键零部件主要包括减速器、伺服电机及驱动器、控制器、传感器等，其性能与质量对整机的性能及可靠性至关重要，在一定程度上影响着工业机器人的发展。

减速器。在工业机器人领域主要应用 RV 减速器和谐波减速器。由于高技术含量、重资产投入和较长的验证期，全球能够批量化供给且保持产品性能稳定可靠的高精度减速器生产企业不多，并且日本企业占据了绝大多数的市场份额。在RV减速器领域，全球市场以日本纳博特斯克、住友重机、斯洛伐克Spinea、韩国赛劲为主，其中纳博特斯克的RV减速机产品在全球的市场占有率约60%。在谐波减速器领域，日本哈默纳科占据绝对垄断地位，目前几乎所有的国际主流机器人厂商均采用其生产的谐波减速器。

伺服电机及驱动器。工业机器人一般采用交流伺服系统作为执行单元来完成机器人特定的轨迹运动。国际知名企业如德国西门子、博世力士乐、伦茨等欧系企业，以及安川、多摩川、松下、三菱等日系企业不断推出伺服系统产品，并实现了全数字化、系列化与批量生产，占据着全球市场的主导地位。其中，欧系品牌产品过载能力强、动态响应快，驱动器开放性强，且具有总线接口，但价格昂贵、体积重量大，主要分布在高端市场；日系品牌则凭借良好的性价比垄断了中小型设备市场。

控制器。国外主流机器人厂商多倾向于在通用的多轴运动控制器平台基础上进行自主研发，各品牌机器人均有自己的控制系统与之匹配。目前，运动控制器方面较为知名的国外企业有日本发那科、安川，奥地利KEBA，德国KUKA、倍福，瑞士ABB等。这些企业拥有先进的核心算法，控制器产品在控制精度、稳定性、响应速度、二次开发等方面优势显著。

传感器。目前机器人常用的传感器主要有视觉传感器、激光雷达和六维力传感器等。整体来看，传感器市场的龙头企业主要分布在美、日、德、加拿大等国家。其中机器视觉市场上的主要品牌有美国康耐视，日本基恩士，加拿大Teledyne DALSA、LMI，德国SmartRay、Basler等。激光雷达领域，在全球市场上占据重要地位的企业有美国Velodyne、Quanergy，德国Ibeo，加拿大LeddarTech等。六维力传感器市场上全球知名的产品供货商主要有美国ATI、加拿大ROBOTIQ、德国ME等。这些企业在材料、器件、工艺等方面的技术水平均保持国际领先，产品灵敏度高、可靠性高、种类齐全，且具备规模化生产能力。

（3）集成应用

目前全球知名的机器人系统集成商多集中在工业机器人普及率最高、系统集成需求最大的汽车行业，既有综合性的机器人企业（如ABB、库卡、发那科、安川等），也有专门做机器人系统集成的企业（如德国杜尔、徕斯，意大利柯马等）。这些企业通常是在某些工艺环节里具有很强的竞争优势（如杜尔在汽车涂装生产线集成方面具有非常强的竞争优势，柯马在汽车焊装生产线集成方面长期占据全球领先地位），并与下游巨头有着长期紧密的合作关系。

2）中国主要产品和技术进展

（1）整机

随着供给侧结构性改革和产业转型升级的深化，中国工业机器人市场蓬勃发展。中国机器人产业联盟（CRIA）数据显示（见图 3-9），2012—2020 年，中国市场工业机器人消费量从 2.6 万台快速增长至 17.2 万台，年均增长 26.5%，2020 年全国工业机器人消费量占全球总消费量的比重超过 40%，已连续 8 年稳居全球首位。

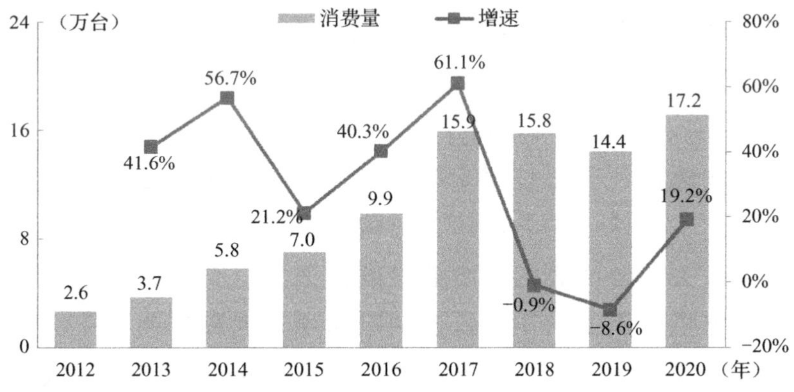

图 3-9 2012—2020 年中国工业机器人市场情况

我国自主品牌工业机器人生产能力也在不断提升，市场销量从 2013 年的 0.9 万台增长至 2020 年的 4.9 万台，年均增长 26.1%。与此同时，自主品牌工业机器人产品结构也在持续优化，技术含量较高的多关节机器人占比不断提升。根据 CRIA 统计，2020 年自主品牌多关节机器人消费量为 2.5 万台，在自主品牌工业机器人市场销量中的比重达到 50.7%，连续四年位居各机型之首（见图 3-10）。

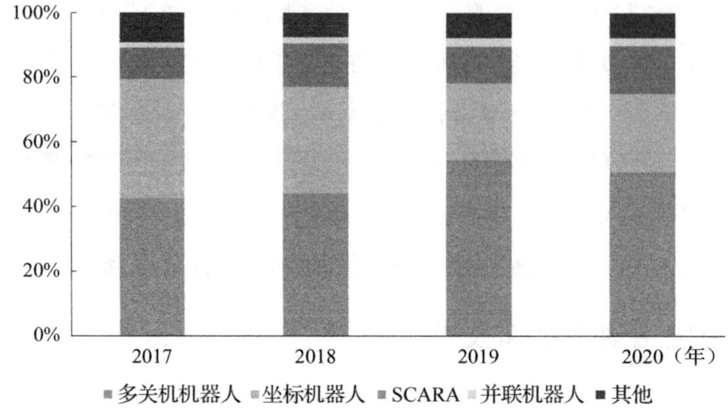

图 3-10　2017—2020 年中国自主品牌工业机器人市场情况

近年来，伴随创新能力的不断提升，中国工业机器人技术水平显著提升，新产品、新技术不断涌现，国产整机正在向中高端转型。如，遨博、节卡等企业研制出多款协作机器人，产品在负载重量比、精度、易用性等方面，部分技术指标已经达到国际先进水平；新松推出中国首台零售业 RFID（射频识别技术）盘点机器人，通过搭载 RFID 射频识别技术覆盖，可实时盘点全品类产品库存，准确率高达 99.2%，无须人工输入可直接上传更新数据，并通过 AI 技术与系统对接，完成库存管理并对商业销售引发的库存应对进行预测分析；凯尔达开发了正逆运动学计算、前瞻运动规划和振动抑制等高效算法，通过多关节各伺服电机增益参数自适应、变加速柔顺化控制方式，使弧焊机器人高速作业轨迹的运动稳定性和低速作业轨迹下运动精确性得到提升，重复定位精度小于±0.08mm，接近国际先进水平；埃夫特基于 PCB 行业收放板应用开发了 ER15-1400 机型，产品具有高节拍、高惯量、高刚性、轻量化、高易用、高防护等特点，其节拍和惯量耐用性均超过外资品牌。

（2）关键零部件

减速器。目前，国内企业在工业机器人用减速器领域的技术攻关及规模化生产均已取得实质性进展，国产化进程不断提速。其中，

RV减速器领域，环动、振康等企业已研制生产出多个系列、多种型号的高精密减速器，产品逐步获得市场认可，部分产品主要技术指标达到国际先进水平；谐波减速器领域，苏州绿的研发的N系列谐波减速器达到国际领先水平，Y系列谐波减速器荣获中国国际工业博览会大奖。

伺服电机及驱动器。近几年国产品牌伺服系统发展迅速，核心技术取得明显进展，部分产品性能指标接近国际先进水平。南京埃斯顿成功开发出系列化机器人专用伺服电机，规格齐全，产品的功率范围、额定扭矩及最大扭矩、额定转速及最高转速等性能指标达到国际水平，可与日系同类产品相媲美；汇川技术通过优化电磁方案、改善电机工艺，大幅降低了电机齿槽力矩，缩减了电机本体长度，提高了电机的耐环境性，同时开发完成了多种高级算法，极大地提高了伺服系统的控制性能和易用性；新时达自主研发的高性能机器人伺服驱动器支持多种网络协议和多种绝对值编码器，在速度控制调速范围、速度控制频率响应及稳速精度方面与国内外知名品牌相当，在同步性能上要优于知名品牌产品。

控制器。我国机器人控制器产品与国外同类产品的差距正在日益缩小。固高科技的机器人控制器已实现从3轴到8轴各类机器人的全面支持；汇川技术的机器人控制器能够满足小型六关节机器人等新兴领域的需求；沈阳新松自主开发的SIASUN-GRC机器人控制器，采用交流伺服驱动、绝对码盘检测和大屏幕汉字示教编程盒等多项新技术，形成了先进的高性能机器人控制系统；华数开发的新一代控制系统，集成动力学算法，实现工业机器人协作化。

传感器。视觉传感器方面，在2D视觉相机系统及智能相机产品上比较领先的国内企业有凌云光技术、海康机器人、华睿等。其中，海康机器人的MV-SC7016C-12S-WBN智能相机具备160万像素，最大采集帧率达到60pfs，且内嵌深度学习视觉工具，可实现字符识别、物体识别、物品分拣等功能，光源可选红、蓝、白、红外四色光源，为不同颜色的产品提供效果更好的成像。激光雷达方面，国内深圳镭神、济宁科力光电等企业陆续开发出了系列激光雷达产品。其中，济宁科力光电开发的 LD 系列单点激光雷达，是国内首款采用同轴 TOF 技术研发的工业级产品，基于红外激光和红色激光的特性和原理，提供高性价比的产品，最远距离可到 50m（@90%反射率），主要用于自动化立体仓库、无人机定高及避障、行车防撞等领域，也可用于快速移动物体的距离探测。多维力传感器方面，研发生产厂家虽多数为小微企业，但多有高校和科研院所背景，如安徽埃力、上海朝辉、中国科学院合肥物质科学研究院等单位，目前已陆续有产品面世。

（3）集成应用

国内系统集成企业数量较多，工艺覆盖相对齐全。从工艺结构上看，国内系统集成商目前在搬运码垛等简单工艺以及焊接、装配、加工等复杂工艺上已具备一定竞争实力，并逐步向喷涂、视觉检测等先进工艺领域渗透；从应用行业上看，国内系统集成商在除汽车以外的一般应用市场及部分细分行业如卫浴、陶瓷、家具、酿酒等已形成局部先发优势。

2. 竞争趋势和主要动向

1）竞争趋势

（1）全球市场竞争日趋激烈

自 2018 年起，由于全球经济运行低迷、贸易摩擦不断加剧、汽车和电子行业不景气等多重因素，工业机器人行业发展受到一定阻碍。2020 年突如其来的新冠肺炎疫情加剧了国际社会日渐复杂的经济环境，工业机器人面临更加严峻的市场挑战。尽管如此，世界主要经济体推动本国制造业自动化、现代化转型的步伐并未停止。另外，新冠肺炎疫情带来不利影响的同时也激发了企业加快产业升级的决心，向自动化、数字化、智能化发展的主动性和需求快速增长。可以预见，工业机器人市场在经历调整之后将逐步复苏，国际市场未来依然可期。根据国际机器人联合会预测，2021 年至 2024 年间全球将有约 189 万台新装机工业机器人应用于世界各地的工厂。面对巨大的市场，将会有越来越多的国家、企业加入，全球市场竞争将变得更加激烈。

（2）机器人智能化水平越来越高

当前世界各国均在加大机器人研发力度，进行机器人共性技术及前沿技术的研究。从近几年陆续推出的工业机器人产品来看，新技术的突破以及多学科技术间的深度交叉融合正在推动机器人不断向智能化方向发展。互联网和人工智能等信息技术的快速发展，将为机器人提供强大的“后脑”，在该技术进步的支持下，机器人的智能化水平将实现快速提高；新材料、新型驱动方式的出现，将使机器人的形态更加灵活多变，既提高了人机交互的安全性，又增强了机器人的环境适应能力，从而满足不同场景下的各类任务需求；机器人与生命科学的结合，将产生类生命机器人，使人机关系发生根本改变，也将把人机共融推向高峰。总之，未来机器人的智能化程度将越来越高，逐步实现由“机器”向“机器人”的重大转变。具体来看，工业机器人技术发展呈现以下几大趋势：

- 人机协作。随着机器人稳定性和智能化水平的不断提升，机器人的应用领域已经从能够快速和精确地处理焊接、装配、喷涂、搬运等传统操作型任务向加工型任务延伸，能够安全地与人类一起工作的新型协作机器人成为工业机器人的重要研发方向。
- 轻量化、小型化、柔性化。随着机器人的应用场景不断扩展，严苛的生产环境对机器人的体积、重量、灵活度等提出了更高的要求。与此同时，随着研发水平不断提升、工艺设计不断创新，以及新材料相继投入使用，机器人将向着小型化、轻型化、柔性化的方向发展，类人精细化操作能力不断增强。
- 即插即用。未来规模化工业生产呈现高灵活性、高适应性、高效率以及快速市场响应等特点，机器人制造单元系统需具备适应产品个性化及多样性的生产线快速重构部署能力，要求机器人实现即插即用。
- 自优化。机器人可以越来越多地调整其参数以适应实时条件，降低缺陷风险，并使制造商能够提高工艺质量。

- 控制系统的开放化、模块化。向基于 PC 机的开放型控制器方向发展，便于标准化、网络化；器件集成度提高，控制柜日渐小巧，且采用模块化结构；提高控制系统的可靠性、易操作性和可维修性，人机界面更加友好。
- 多传感器融合的实用化。多传感器融合技术可进一步提高机器人的智能程度和适应性，其研究热点在于有效可行的多传感器融合算法，特别是在非线性及非平稳、非正态分布的情形下的多传感器融合算法。

随着智能化程度的不断提高，未来工业机器人的应用领域将越来越广泛。不仅能够进入汽车、电子、机械、冶金、轻工、建材、纺织等传统制造领域，还可以拓展至新能源、新材料、生物医药等新兴领域，届时工业机器人将真正成为能够站在人类身旁，与人类共事的“同事”。

2）主要动向

（1）多国出台相关政策支持机器人产业发展

美国于 2020 年 9 月发布第四版机器人路线图，即从互联网到机器人，提出架构与设计实现、移动性、抓取和操作、感知、规划和控制、学习和适应、人机交互、多机器人协作等八个重点研究领域。日本政府于 2018 年 6 月在“人工智能技术战略会议”上出台了推动人工智能普及的计划，将重点推动研发智能机器人，旨在解决劳动力成本和生产效率的相关问题；2019 年日本将与机器人相关的预算增加至 3.51 亿美元，旨在将其建成全球机器人创新中心。德国于 2018 年出台《高科技战略 2025》，提出与机器人相关的“创新共建”项目将于 2020 年启动，一直延续到 2026 年，德国联邦教育和研究部每年将提供约 8400 万美元的资金支持。韩国于 2019 年发布《第三次智能机器人行动计划（2019—2023 年）》，提出推动工业机器人核心零部件及软件自主供应；2020 年发布《2020 智能机器人行动计划》，指出韩国政府 2020 年将投资 1271 亿韩元，为制造业和服务业提供

1500台先进的机器人；政府将支持关键机器人部件和软件的本地化。

（2）机器人强国注重前沿技术攻关

为在新一轮国际竞争中抢占制高点，机器人强国积极部署前沿技术攻关，并取得若干突破。如，2018年美国科尔摩根发布RGM机器人关节模组，其在拳头大小的空间内，高度集成了无框力矩电机、低压直流驱动器、专用谐波减速机、制动器、双反馈系统及热传感器等六大功能模块。2018年日本东京大学利用大鼠肌肉细胞和树脂材料做出小型“生物合成机器人”，对其施以电刺激，它能够像人的手指一样活动。2019年美国卡内基梅隆大学利用无创的脑机接口技术成功开发出全球首个无须在大脑内植入芯片，通过思想即可控制的机械臂。该技术利用新颖的传感和机器学习技术，显著改善了基于脑电图的神经解码，实现了对机械臂的高分辨率控制。2020年美国宾夕法尼亚大学开发出一款目前世界上体积最小的机器人，其尺寸小于0.1毫米，人类肉眼根本无法辨别。

（3）国际合作日趋密切

伴随全球分工的不断深入，机器人产业国际合作日趋紧密。2019年全球领先的半导体供应商意法半导体ST与瑞士高精密电机和驱动系统供应商Maxon Motor联合开发机器人自动化精密电机控制解决方案，该方案将加快新一代机器人的开发，提升机器人产品灵活性、可靠性和易用性。2019年日本东京大学、早稻田大学、大阪大学等高校与北京大学正式启动“中日先进制造与机器人国际交流合作项目”，加深两国在先进制造与机器人教育领域的合作。2019年韩国机器人产业振兴院、中国检验认证集团韩国有限公司和上海电器科学研究所有限公司签署合作协议，积极推进在机器人产品认证、检测领域的交流与合作。

3. 年度热点事件

1）国外热点事件

2020年5月31日至8月31日，2020年机器人与自动化国际会议（IEEE International Conference on Robotics and Automation，简称ICRA）成功举行。受疫情影响，本次会议转为线上会议。这是全世界机器人领域的顶级学术会议，会议主要为机器人等行业专家、学者、企业提供沟通交流平台。

2020年6月29日，美国正式开始对香港实施出口管制，暂停对香港出口美国国防和军民两用技术，并限制香港获得机器人、AI等高科技技术及产品。

2020年12月15日，第16届机器人与自动化创新创业奖（IERA）公布了2020年的获奖名单，获奖者为Photoneo公司的高分辨率动态3D相机MotionCam-3D，它可以捕捉高速移动的物体，能够为机器人提供世界上最高分辨率和精确度的“眼睛”。机器人凭借这双“眼睛”，可以在食品加工、垃圾分类、物流分类等多个领域大展身手。凭借精确的机器视觉，机器人还可以分析具有高分辨率图像的物体，这在质量控制中非常重要。

2021年5月31日至6月4日，2021年机器人与自动化会议（ICRA2021）在西安隆重举行。会议汇聚了全球顶尖高校、科研机构及创新企业的人才出席，以展示最前沿和炫酷的机器人产业及研究成果。本届会议主办方包括国际电气与电子工程师学会（IEEE）、西安交通大学、哈尔滨工业大学、香港中文大学、多伦多大学、南方科技大学等。

2）国内热点事件

2020年6月10日，工信部发布符合《工业机器人行业规范条件》的企业名单（第三批）。宁夏巨能机器人股份有限公司、青岛科捷机器人有限公司、中国电器科学研究院股份有限公司、西安航天精密机电研究所、机械工业第九设计研究院有限公司、一汽模具制造有限公司、厦门航天思尔特机器人系统股份公司、长沙长泰机器人有限公司、安徽瑞祥工业有限公司等入选。

2020年11月22日至24日，2020中国机器人产业发展大会在青岛举行。大会由中国机器人产业联盟、青岛市工业和信息化局共同主办，青岛高新技术产业开发区管理委员会承办，并由中国机械工业联合会（CMIF）、国际机器人联合会（IFR）等共同支持。大会以“应对新挑战、拥抱新技术、抓住新机遇”为主题，设置了发展大会、企业家峰会、主旨报告等板块，旨在共同分享合作机遇、探讨合作路径、聚焦机器人行业发展的主要问题，持续推动跨领域合作，构建中国机器人产业生态圈。

2020 年 12 月 15 日，首届 IFR 先进机器人学与机构学国际学术论坛（IFARM—2020）在中国科学院沈阳自动化研究所举行。本届论坛由国际机器人联合会和先进机器人学与机构学国际联合研究中心发起主办，沈阳自动化所和国家机器人创新中心承办。8 位海内外专家学者做了主题报告，与会人员围绕后疫情时代下先进机器人学与机构学研发工作展开学术交流，以促进在相关领域的国际科技交流与合作。

2021 年 7 月 14 日至 16 日，第七届机器人峰会暨智能经济人才峰会在浙江宁波余姚举行。峰会以“机器智联、赋能万物、合作共赢”为主题，在持续推进“机器人+”赋能百行百业的基础上，强化了“合作”的理念，进一步突出峰会集聚产业链条，构建产业生态圈的愿景。本届峰会的活动内容分为行业交流、引才引智、产业对接、专题活动、展览展示、机器人大赛等六大板块。

2021 年 8 月 13 日，国家自然科学基金委员会发布“共融机器人基础理论与关键技术研究”重大研究计划 2021 年度项目指南。本研究计划面向智能制造、医疗康复等领域对共融机器人的需求，重点开展共融机器人结构、感知与控制的基础理论与关键技术研究，为我国机器人技术和产业取得源头创新成果提供科学支撑。

2021 年 9 月 10 日至 13 日，2021 年世界机器人大会在北京亦创国际会展中心举行。大会主题为“共享新成果，共注新动能”。本届大会全面展示了机器人领域新技术、新产品、新模式、新业态，并围绕机器人研究、应用领域及智能社会创新发展开展高水平交流活动，为构建开放包容、互学互鉴的全球机器人生态体系贡献力量。世界机器人博览会及世界机器人大赛将同期举办。

4. 重点企业分析

1）国外重点企业

（1）ABB

ABB 是全球知名的电网、电气产品、工业自动化和机器人及运动控制领域的企业，总部位于瑞士苏黎世，集团业务遍布全球 100 多个国家和地区。ABB 也是工业机器人领域的世界领先厂商，研发、生产机器人有 40 多年历史，拥有全球 20 多万套机器人的安装经验，在瑞典、挪威和中国等地设有机器人研发、制造和销售基地。1974 年 ABB 发明了全球首台电动微处理工业机器人，2002 年成为全球首家机器人销售总量超过 10 万台的公司。ABB 在工业机器人、高低压电网产品等领域具有很高的市场占有率，其核心优势在控制系统。2020 年，ABB 实现营收 261 亿美元，其中机器人与离散自动化业务收入占其主营业务收入的比重约为 11%。

（2）发那科（FANUC）

日本发那科（FANUC）成立于 1956 年，是世界知名数控系统科研、设计、制造、销售企业。发那科依靠数控系统及伺服系统、机器人和机床三大业务板块紧密结合，形成统一平台进行控制与集成。发那科已开发出 260 多个系列机器人产品，广泛应用于装配、搬运、焊接、铸造、喷涂、码垛等不同生产环节，可以提供负载量从 0.5 千克至 1350 千克的标准工业 6 轴机器人，客户遍及汽车及零部件、家电、食品饮料等行业。目前，发那科机器人全球装机量已超过 60 万台。2020 年发那科实现营收 5083 亿日元，其中工业机器人收入占主营业务收入比重为 39.8%。

（3）安川（Yaskawa）

安川电机（Yaskawa）成立于 1915 年，经过上百年的发展，已成长为一家在机器人、驱动控制、运动控制及系统工程领域拥有强大品牌影响力的国际企业，安川的 AC 伺服和变频器市场份额稳居世界第一。1977 年，安川电机研发出日本首台命名为“莫托曼 1 号”

的全自动工业机器人，随后又研发出了焊接、搬运、装配、喷涂等多种类型的工业机器人。该公司生产的机器人在树脂橡胶、汽车制造、电子电气、机械加工等行业都有十分广泛的应用。安川电机具有较强的伺服系统和运动操控器产品，并且其技术水平在日系品牌中名列前茅。2020 年安川实现营收 3897 亿日元，其中工业机器人收入占主营业务收入比重为 35.8%。

（4）库卡（KUKA）

库卡（KUKA）公司最初创立于 1898 年的奥格斯堡。1973 年，KUKA 研发出 FAMULUS——世界上首台拥有六个机电驱动轴的工业机器人。多年来库卡专注于工业机器人及系统集成方面的研发与生产，成长为全球工业机器人“四大家族”之一。2014 年，库卡收购瑞仕格（swisslog），业务板块拓展至物流机器人与医疗机器人领域。库卡机器人广泛应用在仪器、汽车、航天、消费产品、物流、食品、制药、医学、铸造、塑料等行业，主要应用于材料处理、机床装料、装配、包装、堆垛、焊接、表面修整等领域。2020 年，库卡实现营业收入 25.7 亿欧元。

（5）纳博特斯克（Nabtesco）

日本纳博特斯克株式会社（Nabtesco）是 2003 年由 1944 年成立的帝人精机和 1956 年成立的纳博克两家日本公司合并组成。纳博特斯克的 RV 减速器前身是帝人精机的主流产品，经过改进后符合机器人制造行业的要求，从而为现代工业机器人的关节应用进行配套。目前，日本纳博特斯克有精密设备、运输设备、飞机和液压设备与工业设备四大业务部门，其生产的精密设备具有高扭矩、高刚性、高耐过载冲击荷载能力，兼有高精密和超低的回程间隙，产品和技术应用于工业机器人、交通运输设备、工程机械、新能源等。自 1985 年至今，日本纳博特斯克已成为世界上最大的精密摆线针轮减速机制造商，全球市场占有率约 60%，保持世界第一。2020 年纳博特斯克实现营收 2794 亿日元。

（6）哈默纳科（Harmonic Driver Systems）

日本哈默纳科（Harmonic Driver Systems）公司设立于 1970 年

10月，是全球最大的谐波减速机生产商，分为减速器、行星齿轮、机电一体化三个业务部门。哈默纳科生产的谐波减速机具有轻量、小型、传动效率高、减速范围广、精度高等特点，广泛应用于机器人、半导体设备、面板设备、打印设备、光纤设备、测量设备等领域。哈默纳科经历数次宏观经济及行业危机，凭借应用领域横向拓宽、海外版图扩张、技术迭代，实现了长期的业绩增长。2020年哈默纳科实现营收370亿日元。

2）国内重点企业

（1）新松机器人自动化股份有限公司

新松机器人自动化股份有限公司（以下简称“新松”）成立于2000年，隶属中国科学院，是一家以机器人技术为核心的高科技上市公司，是中国机器人产业前10名的核心牵头企业，也是国家机器人产业化基地。该公司现拥有研发创新团队，形成了以自主核心技术、核心零部件、核心产品及行业系统解决方案为一体的完整全产业链。新松公司成功研制了具有完全自主知识产权的工业机器人、移动机器人、特种机器人、服务机器人四大系列百类产品，面向智能装备、智能物流、智能工厂、智能交通，形成八大产业方向。新松公司的工业机器人在国内诸多领域已实现批量应用。其中，移动机器人综合竞争实力突出；洁净（真空）机器人打破国外技术封锁，填补中国在该领域的空白。2020年，新松实现营业收入26.6亿元，其中工业机器人业务实现营业收入11.6亿元，在公司总体营业收入的比重为43.8%。

（2）埃夫特智能装备股份有限公司

埃夫特智能装备股份有限公司（以下简称“埃夫特”）是国内产销规模较大的工业机器人厂商之一。埃夫特自2007年8月成立以来，依托“自主创新”和“海外并购”双轮驱动，继成功收购意大利喷涂机器人企业CMA、意大利金属加工和表面处理领域系统集成商EVOLUT和投资意大利运动控制领域机器人核心部件生产商ROBOX之后，又成功收购业内领先的意大利汽车装备和机器人系统集成商 W.F.C 集团。通过兼并引进和吸收国际工业自动化领域的先进技术和经验，埃夫特已经形成从机器人核心零部件到机器人整机再到机器人高端系统集成领域的全产业链协同发展格局。

近年来，埃夫特在工业机器人研制、机器人的人工智能、机器人集成应用等领域取得了很大发展。在工业机器人研制方面，埃夫特自主研制了 ER 系列通用机器人和 CMA 系列喷涂机器人。在机器人的人工智能领域，埃夫特自主研发了基于工艺云的智能机器人系统，可实现在喷涂、打磨、焊接等领域的自主编程，已有部分产品投入实现销售并投入实际应用，相关产品已经具备部分智能自动编程功能，能根据工业品形状，自动生成机器人程序。工业机器人集成领域，埃夫特收购国际知名的汽车自动化解决方案公司 O.L.C.I.，成为一家能够在 3C 和汽车制造行业等领域为客户提供全方位的机器人系统，专业的自动化装备研制、系统集成解决方案的供应商。2020 年，埃夫特实现营业收入 11.34 亿元。

（3）南京埃斯顿自动化股份有限公司

南京埃斯顿自动化股份有限公司（以下简称“埃斯顿”）成立于 1993 年，2015 年在深圳证券交易所上市。埃斯顿作为中国运动控制领域具有影响力的企业之一，自动化核心部件产品线已完成从交流伺服系统到运动控制系统解决方案的战略转型，业务模式正在实现从单轴—单机—单元的全面升华；工业机器人产品线在该公司自主核心部件的支撑下得到超高速发展，奠定其国产机器人行业龙头的地位，通过推进机器人产品线“ALL Made By Estun”的战略，形成核心部件—工业机器人—机器人智能系统工程的全产业链竞争力，构建了从技术、成本到服务的全方位竞争优势。目前，埃斯顿的工业机器人已批量应用于国内知名汽车、家电、新能源、3C 电子厂商，并开始出口东南亚和欧洲，特别是折弯机器人及其工作单元处于国际领先水平。2020 年，埃斯顿实现营业收入 25.1 亿元，同比增长 58.7%；实现净利润 1.28 亿元，同比增长 104%。其中，工业机器人及智能制造系统实现营业收入 16.8 亿元，同比增幅达 95.3%，占公司全部收入的 66.9%；自动化核心部件及运动控制系统实现营业收入

8.3亿元，同比增长15.2%，占比为33.1%。

（4）遨博（北京）智能科技有限公司

遨博（北京）智能科技有限公司（以下简称“遨博”）成立于2015年，是我国首家从事模块化轻型协作机器人研发、生产和销售的国家高新技术企业。作为协作机器人整体解决方案提供商，遨博开发了具有核心知识产权的协作机器人产品，实现核心部件国产化，打破了国外的长期垄断。

遨博自从2015年推出国内第一款协作机器人产品后，现已形成面向工业和服务的两大系列协作机器人产品。公司的主打产品AUBO i5是国内推出的第一款协作机器人产品，实现了从操作系统、控制系统到关键部件的整机国产化。目前AUBO-i系列产品均已通过中国CR、欧盟CE、北美UL、韩国KC以及ISO13849（PL=d）认证，产品具有高安全性、模块化、开放性、易操作等特点，并具有优越的性价比和竞争力，已在华为、富士康、宝马、大众等国内外知名企业实现批量应用。此外，遨博还针对服务领域需求研制出C系列协作机器人，产品已在新零售、理疗康复、餐饮等服务领域实现应用。遨博销售和技术支持网络覆盖中国、欧洲、北美、东南亚等国家和地区。

（5）苏州绿的谐波传动科技有限公司

苏州绿的谐波传动科技有限公司（以下简称“苏州绿的”）是一家专业从事精密谐波传动装置的研发、设计和生产的高新技术企业，拥有自己的研发中心。该公司从2003年开始从事机器人用精密谐波减速器研发，每年用于谐波传动的研发经费超过2000万元。苏州绿的针对国内机器人产业发展需求，在谐波减速器设计、材料、制造、测试、实验评价技术等方面开展技术攻关，成功突破了传统谐波齿形啮合设计理论，开发出全系列高精度谐波减速器，得到国内外机器人生产企业的一致好评。2020年苏州绿的谐波减速器销量达到11万台，产品已进入ABB供应体系，并成功跻身UR协作机器人、富士康、科尔摩根等国际主流客户供应链体系，不仅大大降低了我国机器人企业的采购成本，并在全球范围内打破了日本哈默纳科的独家垄断。

（6）浙江环动机器人关节科技有限公司

浙江环动机器人关节科技有限公司（以下简称“环动科技”）是浙江双环传动机械股份有限公司于 2020 年 5 月新成立的全资子公司，专门从事机器人关节高精密减速器、高精密液压零部件的研制及产业化，齿轮及其传动系统设计制造、测试分析和故障诊断、强度寿命等领域研究及提供技术服务。作为新兴技术型驱动型企业，依托母公司国家高新技术企业双环传动 40 余年在齿轮传动领域精耕细作所积累的经验，环动科技致力于攻克我国在精密传动领域的“卡脖子”核心技术，打破技术垄断，加速国产替代。

环动科技围绕精密减速机设计、制造、装配、检测等关键环节，申报专利 20 余项，发表多篇论文，参与制定国家标准 2 项，制定企业标准 20 余项。为我国工业机器人高精密减速机国产替代、加速国产机器人国产市场占有率的提升，进而为提升我国智能制造装备水平做出贡献。目前，环动科技已自主研发了型谱齐全的 40 余种型号的高精密减速机，各项性能指标均达到国际先进水平，与国内外多家知名机器人厂商建立了良好的长期战略合作关系。

5. 存在的问题与措施建议

1）存在的问题

虽然我国工业机器人产业发展取得诸多成绩，但依然存在高端供应不足、产业基础薄弱等问题，在全球工业机器人市场竞争中，整体仍处在价值链中低端。

（1）高端产品有待发展

我国工业机器人产业整体仍处于技术追赶阶段，国内企业在技术成熟度、产品性能及品牌认可度等方面与 ABB、库卡、发那科、安川等国际巨头相比仍存在较大差距。虽然近几年我国工业机器人的供给能力有了很大提高，并占据了坐标机器人、并联机器人的大部分市场，但在多关节机器人、SCARA 机器人等产品方面还远远落后于国际先进水平。中国机器人产业联盟数据显示，2020 年自主品牌的多关节机器人和 SCARA 机器人消费量分别占国内市场相应类型机器人总消费量的 22.7%和 17.7%，也就是说国内市场所消费的多关节机器人和 SCARA 机器人总量中均有约八成为外资品牌。在高速、高精、重载机器人等方面，我国还存在部分空白。另外，从机器人应用领域来看，我国自主品牌机器人主要应用在搬运、上下料等技术门槛较低的领域，而装配、焊接、洁净室等领域被外资品牌所占据。

（2）关键零部件尚存差距

高精密减速器、伺服电机及驱动器、控制器、传感器等关键零部件与国外先进水平还存在差距。如，RV 减速器产品系列尚不完整，批量生产能力和产品一致性还存在不足；谐波减速器在产品一致性、噪音、振动、温升方面仍落后于国外产品，润滑油/脂等配套产品及加工设备仍依赖进口，热处理等加工工艺水平仍需进一步提升；伺服电机在最高转速、过载能力、功率密度等方面与国际先进水平尚存差距；控制器在控制算法及工艺水平等方面仍需进一步积累沉淀；传感器产品种类较少，整体技术含量比较低。

（3）工业软件发展滞后

如果把机器人的硬件比作人类的躯体，那么软件则相当于灵魂。机器人软件操控着机器人的机械结构，去执行任务。我国机器人实时操作系统、离线编程系统，以及动力学仿真、有限元建模、电子设计自动化（EDA）等工业设计软件发展相对滞后，尚不能满足市场需求。

（4）标准检测体系仍需完善

目前我国机器人行业标准检测认证体系已经初步建立，现有机器人相关国家标准 154 项，已发放中国机器人认证（CR）证书 200 余张。但总体来看，行业标准检测认证体系尚不健全，机器人产品及其配套材料、零部件等标准还存在缺失，相关试验验证方法及手段不能满足产业发展需求。

2）措施建议

（1）协同攻关，补短强弱

针对当前产业存在的问题与不足，支持机器人行业重点企业联合上下游企业、用户企业及相关高等院校及科研院所开展协同攻关，补短强弱，不断提升高精密减速器、伺服电机及驱动器、控制器等关键零部件的批量生产能力、性能及可靠性，以及加工设备及工艺、核心元器件等配套能力，夯实产业发展基础。

（2）加强检测试验能力建设，提升质量和可靠性

增强国家机器人检测与评定中心等机构的能力建设，重点加强机器人相关产品可靠性技术及试验方法研究，开展可靠性评估标准、检测评定方法标准的研究和制修订工作，以及相关评定模型、检测方法及设备的研发工作，不断提升产品质量及可靠性。同时，支持具备实力的机器人企业加强试验检测能力建设，完善内部检测制度，对比国内外产品差距，加速产品升级换代，提升产品质量及可靠性。

（3）加深加快推广应用，构建良性生态圈

当前国内企业已在部分高端产品、软件等方面取得突破，但尚未得到市场的有效验证，阻碍产品国产化进程。依托国家科技计划和相关工程等，加深加快国产产品的推广应用，通过增加用户群体数量，快速获取需求和行业经验，加速技术迭代，真正形成良性生态圈。

（4）加速布局高端领域，提升产业技术水平

当前新一轮科技革命和产业变革加速演进，新一代信息技术、生物技术、新能源、新材料等与机器人技术深度融合，机器人产业迎来升级换代、跨越发展的窗口期。我国应加快布局高性能关键零部件，以及更加智能的机器人整机产品，提升产业整体技术水平。

执笔人：贾彦彦、陈丹

审稿人：郝玉成

编写单位：机械工业信息中心

七、海洋工程装备及高技术船舶

1. 主要产品和技术进展

1）基础零部件与元器件

海洋工程装备及高技术船舶基础零部件与元器件主要包括机械基础部件、电子元器件、仪器仪表元器件等。海洋工程装备及高技术船舶基础零部件与元器件是国家实施海洋强国战略中装备技术发展的重要基础和支撑。目前，我国在海洋工程装备及高技术船舶基础零部件与元器件领域还处于跟随状态，总体水平偏低，高端产品供给能力不足，产品技术性能和可靠性较差。我国海洋资源探测、开采装备与国外存在明显差距，部分零部件与元器件国内尚属空白。目前，2000米水深可燃冰开发吸力桩泵机组及水下安装控制装置、水下采油树的关键部件及元器件等依赖进口；海洋工程装备及高技术船舶动力方面，我国已经形成了较为完善的设计、建造、试验及服务体系，但关键零部件、元器件及材料受制于人的问题突出，与国外同类产品技术性能存在较大差距。另外，在绿色智能动力产品开发方面，存在受制于国外专利的情况。

2）基础材料

海洋工程装备及高技术船舶用材料是战略性、基础性产业，是船舶及海工装备发展的重要基石。船舶及海工装备工作环境复杂恶劣，船体及船用甲板机械对材料的防腐、防污、防滑、减重等方面有较高的要求，船用机电设备如船舶主机、辅机等长期运行在高温、高压工况，对设备零件的刚度、强度、耐腐蚀性、导热性具有较高的要求。同时随着船舶工业的高速发展，船舶材料逐渐向高性能、多功能、低成本化、智能化、复合化、整体化等方向发展。我国船舶领域一些高端材料品种尚需依赖进口。在现代船舶发展过程中，日韩、美国和欧盟等国，均将材料技术发展视作船舶发展的基础和先导，对材料技术发展给予了高度重视，不仅在不同的发展时期从船舶材料技术发展的顶层研究，制定了发展战略规划，投入大量人力、财力持续开展基础材料技术、新兴材料技术的研发和前沿技术的探索，而且非常注重试验验证平台（包括试验潜艇）的建设。以新日铁、神钢等公司为代表的日本企业在超级双相不锈钢船舶脱硫洗涤塔材料、海洋工程用Q690大厚板配套焊接材料、高性能海工钢等材料领域处于领先地位，韩国HANKUK公司、浦项钢铁等企业则是在玻璃纤维铝箔复合材料、高锰钢、超大型集装箱船用大厚度高止裂钢板等领域占据主要市场，美国林肯焊材、奥钢联伯乐公司生产的海洋工程及高性能船舶用特种钢板配套高效焊接材料具有较多的应用业绩。

3）基础工艺

海洋工程装备及高技术船舶基础工艺主要涉及建造、舾装及涂装三大工艺环节：建造方面，船舶高精度激光焊接装备、搅拌摩擦焊接工艺装备等依赖进口，或由于技术差距无法实现工程应用；舾装方面，液货围护系统所用工艺装备等尚未实现自主；涂装方面，目前国内相关单位开展了科研项目研究，初步研制了分段涂装装备并进行了应用，但涂装效率和质量与国外差距较大。在钢材处理、板材成形、分段物流、管件加工、质量检测等工艺环节涉及的装备和工具仍存在一定技术差距，需要开展性能提升和推广应用工作。

4）工业基础软件

船舶工业软件是船舶研发设计、工艺设计过程中流程、技术、经验的程序化封装，是船舶工业的“软装备”，具有鲜明的行业特色。我国自主开发的船舶工业软件基本覆盖船舶全寿期各阶段，但总体性能存在差距，商业化应用较少。自主软件各阶段都有局部集成，但是缺乏一体化集成，各类软件之间大量的接口缺乏统一数据标准。现阶段我国造船企业以及设计院所都依赖于国外商用船舶工业软件，这些软件价格高昂，每年还要交付大量的维护升级费用。国外设计软件主要有法国达索公司推出的三维 CAD/CAE/CAM/PDM 集成软件 3DE、美国 PTC 公司的 CADDS5 等，结构分析软件有美国的 MSC. PATRAN/NASTRAN、ANSYS/MECHANICAL 和法国达索系统公司的 ABAQUS、芬兰的 NAPA 软件等。

5）产业技术基础

海洋工程装备及高技术船舶产业技术基础主要包括标准、计量、检验检测、试验验证、认证、知识产权、产业信息、成果转化等类别。当前，在我国产业技术基础公共服务平台建设背景下，标准引领产业技术创新，计量支撑产业技术创新，检验检测推动产业技术创新，认证认可激发产业技术创新，我国海洋工程装备及高技术船舶领域产业技术基础得到长远发展。但与日韩等造船强国相比，我国在产业技术基础领域仍存在薄弱环节，部分技术基础尚未掌握。

计量方面，我国的 LNG 产业链装备舱容量计量或检测技术基本空白，而国外瑞士、日本、韩国等具备开展 LNG 舱容量计量或检测的能力，为各国提供了大量计量或检测服务。标准方面，我国在船舶与海上平台数字孪生技术应用研究尚处于起步阶段，急需制定模型、仿真、分析、物联网、数字线程等关键技术应用规范与标准体系。此外，在检验检测与试验验证方面，我国在船用发动机燃烧状态光学诊断系统、海洋平台及船舶全生命周期安全监测及评估分析平台、船舶和海洋装备可靠性验证评估平台领域与国外差距较大。

2. 竞争趋势和主要动向

1）竞争趋势

（1）元器件向微型化、智能化、集成化和网络化方发展

随着海洋科学技术和相关信息、计算机、微机电、微电子、数据通信等技术发展，以及海洋探测及开发任务不断发展，海洋资源开发利用和海洋科学研究方面的关键元器件作为最基础核心单元出

现了革命性变革。新原理与新方法的研究与应用不断加快，海洋工程装备及高技术船舶元器件对高灵敏度、高精度、高响应速度、高信噪比、高可靠性、高耐受环境能力及微小体积和重量的要求不断提高，未来发展势必突破传统思路，不断涌入新的原理与方法，如传感器列阵、等离子体共振技术等。关键元器件的体积和质量不断减小，功耗降低，从而灵活适应海洋工程装备各种场景。从单一功能转变为高度集成，包括自补偿、自校准、远程设定等。

（2）高强度、轻质化、易焊接材料成研发重点

船舶与海洋工程装备高性能结构材料向高强度、易焊接船用钢方向发展，新型高品质焊接材料在舰船建造中应用越来越广泛，船用钢研发向基于高效试验技术及智能设计方法的模式转变。船用先进树脂基复合材料向轻质化、安全性、环保型、结构功能一体化等多因素耦合方向发展。材料基因组及超材料概念不断涌起，特种功能材料快速迭代发展，腐蚀防护技术、先进连接技术、精密成型技术、表面工程技术向高强、高效及全生命周期发展。

（3）基础工艺装备向智能化、绿色化发展

随着社会经济的不断发展和进步，智能化、绿色化与数字化的生产制造工艺技术已经被广泛应用于各行各业，也是海洋工程装备及高技术船舶工艺装备的发展重点。人工智能技术被广泛应用到产品的设计以及建造工艺流程，智能化的生产方式已经逐渐代替了人工制造方式，智能化的制造方式可以代替体力劳动和脑力劳动，真正实现无人化制造。绿色船舶制造工艺具体来讲，就是尽量使用绿色环保材料，并最大程度提高原材料的利用率，将能源消耗降到最低，在船舶制造中不能产生污染环境的行为。

（4）船舶工业软件已进入技术变革的新时代

随着云计算、数字孪生、人工智能等新技术的兴起，也为船舶工业软件带来了不断创新和重构。船舶工业软件正在由单一、孤岛式的产品向一体化和集成化转变，如英国 AVEVA 开发的 AVEVA Marine 软件采用的数字船舶开发方法使所有者/运营商能够在其海洋资产中构建真正的 3D 数字孪生兄弟，使多学科团队能够实时协作，

提高工程效率、数据成熟度和减小项目难度。同时，船舶工业软件开发更加注重船舶制造数字化、网络化、智能化的发展趋势，沪东中华刚刚推出的 HDSPD6.0 就实现了船舶产品性能、工艺合理性和制作可行性分析，并为制造提供了完整的设计交付图表和数据，有力支撑了船舶智能制造新发展。

2）主要动向

（1）新型动力系统配套部件层出不穷

随着国际排放法规日益严苛，船舶清洁燃料动力市场逐步增长，配套厂商紧抓机遇，开启清洁燃料配套部件研发。近日，现代重工集团环保氨燃料供应系统概念设计获得韩国船级社（KR）颁发的原则性认可（AIP）证书，这也是韩国造船业界首次获得这一认证。日本三家船用发动机制造商—川崎重工、洋马动力技术和日本发动机公司（J-Eng）将联合成立一家合资公司 HyEng 株式会社，主要业务包括氢燃料发动机供气系统等部件研发。

（2）多国制定新材料发展规划

2011 年，美国根据《确保美国在先进制造业的领先地位》报告建议，开始实施“材料基因组计划（MGI）”，寻求计算、实验和数据的无缝集成，推动新材料的成功发现和更快速地部署，2012 年实施“下一代材料计划”，2018 年发布《美国先进制造领先战略》。俄罗斯成立了先进材料科学中心，推动智能材料研发。德国 2013 年颁布了《关于实施工业 4.0 战略 2020》的十个未来项目，日本、韩国、巴西、印度等国家采取重点赶超策略。各国在新材料和制造技术领域均制定了顶层发展规划。

（3）半自动、全自动智能化工艺装备助力高效交付

2021 年，伴随海上运力发展的需要，世界范围内船舶订单日益增加。高质高效生产制造工艺成为各大船舶制造企业面临的重要课题。半自动、全自动的焊接、涂装等设备在造船等制造行业不断推广普及，将促进我国船舶工业进一步向前发展。天津金宸科技发展有限公司集成开发了一种双丝气电立焊设备，在造船业已得到广泛

应用。设备特有的 Stick out 功能，自动检测熔敷金属的液位高度变化，使跟着轨道爬升的装备始终与液位保持一定高度，在保证焊接质量的同时可以缩短建造周期。

（4）基础强化计划成为主要造船企业攻关重点

2021 年 9 月，日本联合造船、川崎重工、大岛造船和三浦造船公布了产业基础强化计划。具体来看，日本联合造船将开发 LNG、氨动力新船型，研发符合国际标准的环保船型；通过与今治造船、日本造船合作，开展海上风电业务以及共同完成批量订单；加大设备投资，重建生产管理体系，提高建造效率和成本竞争力。川崎重工计划建立包括销售、采购、设计、生产等各个阶段数据的数据库，并对生产模式进行改造，优化建造流程，缩短建造时间。大岛造船将购置生产设备，提高生产力；开拓海上风电等新业务领域；开发风力推进船、LNG 动力船等环保船型。三浦造船将开发适用于内贸船舶的节能环保技术，以满足未来市场需求；将 CAD 设计软件从 2D 更新为 3D，加强设计能力；增加生产设备投资，提高生产力。

3. 年度热点事件

1）韩国船级社推出最新版船体结构分析软件

2021 年 4 月，韩国船级社（KR）推出了船体结构分析软件 SeaTrust-HullScan 的最新版本。SeaTrust-HullScan 是一款满足协调版共同结构规范（CSR-H）并适用于油船、散货船、集装箱船、LNG 船、FPSO 等船型分析和评估的船体结构软件，在设计和建造船舶时，可以为设计者和船厂提供准确应用 CSR 以及所有后续修正案的船舶设计支持程序，也是韩国船级社的代表性技术软件，在拥有世界最高技术能力的韩国三大造船企业以及研究院所等广泛使用，得到了全球海事业界的一致好评。

2）西门子收购 FORAN 软件拓展船舶设计与工程能力

2021 年 7 月，西门子数字化工业软件与西班牙跨国公司 SENER

签订协议，收购其 FORAN 软件业务。收购后的 FORAN 将加入西门子的 Xcelerator 解决方案组合，提供覆盖船舶生命周期的集成式软件和服务，涵盖从概念设计到生产、再到运营和优化服务生命周期管理的各个阶段。SENER 在工程技术领域占据领先地位，FORAN 是 SENER 旗下针对船舶与海洋结构进行设计、建造和工程的 CAD/CAE/CAM 软件。FORAN 产品、团队及其客户群体的加入，将为西门子带来丰富的行业经验与全面的专业知识，覆盖各种复杂的商业海洋项目、国防标准和监管合规领域。

3）韩国成功开发船用 LNG 储罐高锰钢焊接技术

2021 年 7 月 22 日，韩国机械研究院（KIMM）与大宇造船合作，成功开发出了船用 LNG 储罐用低温高锰钢激光—电弧复合焊接技术，满足造船业所要求的 30 毫米厚度的 LNG 高锰钢燃料储罐制作所需的焊接部位性能条件。与单一的电弧焊接不同，以此技术焊接高锰钢材料，焊接部组织内部不会发生锰石析出，超低温冲击性能稳定，有利于 LNG 储罐的制作。该技术不仅可以缩短 10%的 LNG 储罐制作时间，而且制作的储罐强度比现有技术制作的更高，是一种可以提高韩国造船业竞争力的新焊接技术。

4）上海海事大学和宝钢共建深远海洋装备材料工程技术研究中心

2021 年 3 月 26 日，上海海事大学—宝钢股份有限公司共建“上海深远海洋装备材料工程技术研究中心”（以下简称“工程中心”）暨“海洋极端钢铁材料制备与蚀损控制”联合实验室续约签约。工程中心成立于 2019 年，自成立以来，工程中心通过与宝钢股份有限公司的密切合作，在极地破冰船特种钢材与焊料的开发、生产和检测等方面，取得了积极的研究成果。通过本次签约，将继续深化学校与企业的科技合作，凝聚优势合力，推进国家深远海洋装备材料的研发。

5）沪东中华推出自主研发新一代船舶三维 CAD 软件

2021 年 9 月 16 日，沪东中华发布了全新的三维设计平台 HDSPD6.0，打破了国外软件在船舶三维 CAD 软件领域的垄断，极大提升船舶工业自主研发能力。沪东中华先后经过 20 余年研发和探索，从 HDSPD1.0 发展至今的 6.0。相较于以往版本，HDSPD6.0 可进行全三维建模，扩展了总体设计模块和原理设计模块，适应厂所设计协同，并针对管理、制造的数据传递大幅提高数据集成性。

6）黄埔文冲攻克 45° 气电立焊焊接工艺应用技术

2021 年 7 月，黄埔文冲成功攻克 45° 气电立焊焊接工艺，并通过工艺评定试验获得 CCS 中国船级社认可。此项焊接工艺是黄埔文冲继攻克 60° 气电立焊工艺技术推广应用后的又一次成功的工艺攻关，从技术可行性评估到模拟试验，无论是理论上还是生产实际应用上都进行了充分的考量，为焊接质量和可操作性创造了充分的可行条件。该项高效焊接技术将在 85K 散货船总组搭载上推广应用。

7）上海船舶工艺研究所研制成功船用肋板自由边智能打磨装备

2021 年 9 月，由上海船舶工艺研究所自主研制的船用肋板自由边智能打磨装备成功试件打磨，其智能化程度、打磨效率均达到国内领先水平。该装备主要用于肋板自由边的智能打磨，突破了复杂工件打磨力恒定、多类型肋板机器视觉识别与定位等关键核心技术，具备肋板打磨轨迹智能生成打磨工艺智能匹配打磨路径智能跟踪等功能，真正实现了替代人工作业的目标且成本较国外同类型装备节省了 40%以上。

8）上海船用柴油机研究所自主研制发动机燃气阀组单元通过 WinGD 认证

2021 年 9 月，由上海船用柴油机研究所自主研制的燃气阀组单元（GVU）产品正式通过了 WinGD 公司关于供应商的认证流程，并获得认可证书。燃气阀组单元是调节控制气体发动机燃气进气压力的重要设备，还具备泄漏自检、紧急切断、气体排空和惰性气体吹扫等功能。上海船用柴油机研究所自主研制的燃气阀组单元具有响应迅速、持续可调、精准度佳、可靠性高等优点，完全能满足大功率中速天然气发动机和双燃料发动机的配机需要。

9）中船动力低速机两项关键核心部件通过整机配机试验

2020年12月25日，由重庆红江机械有限责任公司研制的轴瓦、常州中车柴油机零部件有限公司研制的活塞环先后在中船动力研究院自主研制的低速双燃料原理样机上成功完成了配机试验，一次性顺利通过全工况全负荷系列试验，性能指标满足试验目标要求。本次试验是这两型关重件在自主研制船用低速双燃料机上的首次应用，是继增压器、电控系统、油雾探测器、燃油系统等关重件配机试验之后最重要的关重件配机试验任务，是“整机带动关重件全面发展”的典型应用。

4. 重点企业分析

1）沪东中华造船集团有限公司

近年来，沪东中华主动承担起船舶工业软件国产化、系列化、数字化“先行者”的角色和担当，积极探寻国产化软件研发、船企数字化变革的新思路、新方法。经过20余年的研发，打破了国外软件在船舶三维CAD软件领域的垄断，极大提升了我国船舶工业自主研发能力，而且赋能企业实现了智能制造转型升级，为造船及海洋工程设计与制造提供了创新性的解决方案，引领中国船舶工业全面跨入新的数字化设计时代。

此外，沪东中华SPDM系统是沪东中华造船（集团）有限公司自主研发的造船企业设计管理软件系统。该系统覆盖了造船设计管理的全过程，包括设计计划编制、设计工作完成反馈、设计审签过程控制、设计数据管理、设计数据发放等。可以实现设计过程的完整控制和数据的有效及时准确发放和设计图纸、数据的统一更改和发送。

2）韩国浦项钢铁公司

韩国浦项钢铁公司成立于 1968 年，是韩国最大的钢铁公司，也是世界最大钢铁公司之一。其钢铁业务研发体系规模庞大，形成了技术管理委员会、技术战略委员会、浦项工科大学、浦项产业技术研究院、浦项技术研究所、全球研发中心、海外研究机构及其合作研发机构的“泛浦项领域产学研协同合作体系”。早在 2018 年，浦项钢铁公司瞄准机会开始抢占脱硫设备用高合金不锈钢市场，成功自主研发脱硫设备用高合金不锈钢 S31254。自 2020 年 1 月 1 日起，国际海事组织（IMO）即将实施“IMO 2020 限硫令”，洗涤器这类脱硫设备的市场需求迅速增长，浦项钢铁公司也一举成为船舶脱硫设备用高合金不锈钢市场的重要供应商。同时，考虑到用户在高合金不锈钢应用方面的欠缺，浦项钢铁同时还提供配套的焊接解决方案，进一步扩大了市场销量。除现有船舶脱硫设备以外，浦项钢铁通过与现代重工业集团开展合作，在船用高锰钢、高性能海工钢、超大型集装箱船用大厚度高止裂钢板、超低温钢等领域占据国际领先地位。

5. 存在的问题与措施建议

1）存在的问题

我国海洋工程装备及高技术船舶领域大而不强的局面尚未得到根本扭转，产业基础能力相对较弱。核心基础元器件、零部件设计制造能力不强，在豪华邮轮、LNG 船、油气开采装备中，核心基础元器件零部件依赖进口的现象依然十分突出，如双燃料发动机的燃料供给与喷射系统、智能控制废气再循环系统等，以及水下采油树的连接器、计量阀、传感器等。关键基础材料相对缺失，我国在超级双相不锈钢船舶脱硫洗涤塔材料领域与日本特种钢材领域的新日铁公司有较大差距，尚不具备高性能海工钢、超大型集装箱船用大厚度高止裂钢板等特种钢材的生产能力。先进基础工艺掌握不够，我国在船舶节能减排的关键配套技术领域尚未开展系统性研究，高效节能、减振降噪、节能减排、新材料等方向的科研力量并未形成合力。产业技术基础水平不高，尚未掌握超低温液化气体船舶综合计量技术、船舶与海上平台数字孪生技术应用等。

2）措施建议

（1）加强规划和产业政策引导

围绕海洋工程装备及高技术船舶行业“十四五”发展规划进一步明确工业基础领域发展的重点和方向，制定发布《海洋工程装备及高技术船舶领域产业基础发展目录》并适时更新。研究支持船舶工业产业基础发展的产业政策，落实完善现行有关促进科技进步、自主创新以及促进高新技术企业发展的税收优惠政策，支持船舶工业企业发展，优化海洋工程装备及高技术船舶领域产业布局。

（2）发挥科研院校的科技支撑和智力保障作用

支持海洋工程装备及高技术船舶领域科研院校强化基础研究和应用研究，定期发布重点产品和技术发展路线图，牵头开展共性关键技术研究，为突破关键基础材料、核心基础零部件等的工程化、产业化瓶颈提供坚实的科技支撑。鼓励科研院校创新体制机制，加快推进科技成果使用、处置和收益管理改革，深化校企合作，加速科研成果转移转化。引导科研院所强化职业教育和技能培训，面向企业需求培育一批高层次、急需紧缺专业技术人才和技术技能人才，为夯实工业基础提供智力保障。

（3）培育优势企业，夯实海工装备及高技术船舶产业体系基础

结合我国海工装备及高技术船舶产业的研制生产和能力基础，分类型扶持一批优势企业作为承接关键产业基础攻关任务的主体。鼓励企业聚焦制造业基础零部件、基础材料、基础工艺、基础软件、技术基础加大投资布局，着力突破关键技术，实现工程化、产业化，补齐产业发展基础短板。推动企业瞄准未来产业变革方向，持续扩

大有效投资，加快重大技术创新成果产业化步伐，培育新技术、新产品、新业态、新模式，增强全产业链核心竞争力。

（4）完善产业基础创新体系

整合完善现有海工装备及高技术船舶领域国家重点实验室、国家工程中心、制造业创新中心等创新机构的能力，按照产业需求开展原创技术、共性技术、应用技术联合攻关。加强原创性技术的研发能力建设，围绕产业核心竞争力、基础领域产品自主创新能力、重大共性关键技术和产品，加强基础研究与应用研究的衔接；优化整合科技资源，加大共性技术能力供给，注重共性技术攻关成果在企业的推广应用，构建技术服务新模式，孵化产业基础新理论；鼓励企业建立以专利为导向的新型知识产权体系，保持优势产业地位、扶持弱势产业发展，提高企业在国际市场上的知识产权竞争与合作能力。

执笔人：李彦庆、王传荣、曾晓光、曹林、魏志威、王立健
审稿人：张相木
编写单位：中国船舶工业行业协会、中国船舶工业综合技术经济研究院

八、农业机械装备

1. 主要产品和技术进展

近年来，我国农机装备产业基础技术及产品研发和产业化取得了重要进展，部分实现了进口替代，培育了若干专精特新中小企业，进一步完善了农机装备产业体系，助力产业自主可控发展和保障产业链供应链稳定，能够基本满足现阶段农机装备产业发展需求。以动力系统、转向驱动桥、电液悬挂系统等为代表的拖拉机关键零部

件国产化支撑了220马力级以下拖拉机、丘陵山地拖拉机、园艺拖拉机等高效智能拖拉机的自主化发展，市场占有率达到80%以上；动植物和环境、工况及作业质量等农业机械专用传感器取得突破，技术水平国际先进，其中，耕深监测传感器实现规模化产业化和全面自主化，籽粒破碎率、产量、播种监测传感器实现推广应用，畜禽运动、采食等监测传感器实现应用，促进了农机装备高效化、智能化发展。基于北斗系统的农机导航终端实现了产业化，年销量超过2万台，基本替代了国外GPS导航产品，促进了农机装备网联化发展。高性能农机专用材料研发和应用推进了农机可靠性和寿命提升；智能制造加速与新一代人工智能技术融合发展，提升了农机装备制造业水平，推进农机装备制造业转型升级。

1）拖拉机动力系统国产化迅速

（1）以啮合套及同步器换挡为主的机械换挡传动技术日趋成熟，功率覆盖25～260马力

国内大中功率拖拉机传动系统基本上淘汰了滑动齿轮换挡，以啮合套换挡为主，部分机型采用同步器换挡，变速杆侧置，以梭式挡取代倒挡。中马力拖拉机多为8+8/12+12挡，啮合套换向；大马力拖拉机多为12+12、16+8及16+16挡，同步器梭式换向，换向杆置于方向盘左侧。

（2）拖拉机动力换挡关键技术实现突破，成功研制了系列动力换挡传动系并实现产业化，功率覆盖80～220马力

一是Hi-Lo（高低档）动力换挡及动力换向开始批量应用。中国一拖、潍柴雷沃等厂家已批量推出Hi-Lo动力换挡和动力换向产品。浙江海天机械、中联重科、东风农机、山东时风，山东五征、潍坊鲁中、河北凯特等多家企业展出或小批量推出动力换挡和动力换向产品。动力换挡和动力换向产品自2021年起正式进入国家农机购置补贴目录，比同功率机械换挡产品多补3000～4000元。二是多速动力换挡技术实现突破，开始小批量应用。中国一拖，潍柴雷沃等主机企业，海天机械、杭齿前进等部件企业已开发出多速动力换挡产

品。中国一拖研制的 220 马力自动动力换挡传动系是目前国内技术最先进产品，采用模块化设计理念研发了动力换挡、电液区段换挡、动力 Hi-Lo 换挡、动力换向、同步器换向等核心结构模块，具有 32 个前进挡，24 个倒退挡（32F+24R），前进挡可根据拖拉机负载大小自动换挡，带爬行挡时有 48 个前进挡，41 个倒退挡（48F+41R）速度范围 0.3～50 公里/小时。该传动系挡位数多，传动效率高，适用于田间的作业速度范围宽，重负荷牵引能力（犁耕作业）同机械换挡相比作业效率高 25%。三是动力换挡传动系电子控制技术实现突破。中国一拖研制的 220 马力拖拉机分布式电子控制系统，基于 CAN 总线将发动机（ECU）、传动系（TCU）、整车控制（VCU）、电控悬挂（EHR）跟仪表及灯光控制系统等连接在一起，互相传送信息，使得液压输出、提升悬挂、动力输出（PTO）、四轮驱动（4WD）等系统操纵方便舒适，并可进行单独或联动控制，作业模式通过触屏进行选择。该系统具有多种控制功能：自动换挡功能，拖拉机根据负载大小自动升降挡位，保证发动机工作点始终处于油耗较低区域，降低了拖拉机的燃油消耗；地头管理功能，到地头进行换向时能够记录两组各 30 个操作动作并自动操作，提高作业效率，减轻驾驶员劳动强度；自动故障诊断及报警功能，提醒驾驶员进行保养或维修；机具挂接的机外控制功能，通过挡泥板上的按钮微动调节挂接系统的位置及 PTO 的启停，方便机具挂接。

（3）拖拉机无级变速关键技术实现重要进展，成功研制了系列液压机械双流传动（HM-CVT）无级变速传动系

突破了液压机械无级变速传动技术，通过理论研究和分析无级变速复式差动行星机构特性，融合多段自动同步动力换段技术、电液操控技术、先进传感和信息通信技术及智能控制技术。中国一拖研制了一种多区段自动无级变速传动系，该传动系包括多路输入和多路输出的差动行星机构、一体式泵马达调速液压元件、电液操控的换段机构、传动系换段控制阀块、无级变速智能调速控制系统、无级变速模式切换控制系统、转矩可检测的 PTO 装置等；通过一体式泵马达，实现传动系段内无级变速，通过电液操控的换段机构实

现段间同步切换，实现拖拉机的连续升速、减速和换向，并可根据不同作业需要实现不同作业模式的切换；车速可实现 25～40km/h 范围内连续无级变化。国内相关技术及整机产品开发还包括：中国一拖东方红 LW4004 重型无级变速拖拉机、潍柴雷沃 240 马力 CVT 产品、常州东风农机 DF1204 无级变速拖拉机等。同时，国内相关企业实现了液压机械无级变速综合控制技术突破，中国一拖研究突破了复式差动行星传动机构与定轴变速技术、电控自动换挡技术、双离合器控制技术、电液操控技术、同步器自动控制技术、先进传感和 CAN 总线信息通信技术、TCU 智能控制技术等液压机械无级变速综合控制关键技术，研制了综合控制系统；综合控制系统具备手动、道路运输、定速和 PTO 作业四种控制模式，能够实现起步、寸进、动力中断、动力换挡、动力换向、速度匹配、最高速度限制、自动调整、自动标定、故障诊断、功能序列记忆、自动换挡等功能，保证拖拉机在各种复杂作业条件下具有良好的动力性及经济性；研制的多功能扶手操控装置及智能显示终端，集成了手油门、PTO 控制、提升器控制、液压输出控制、换挡控制等功能，并能够进行打滑率、自动换段、悬挂提升高度和液压输出流量定时等参数设置，实现拖拉机智能化的传动系控制、整机操控、作业规划及网络化监控。

（4）动力换挡传动系试验检测技术实现突破

针对国内动力换挡拖拉机及核心部件的测试标定技术和设备缺失难题，中国一拖等国内企业提出了传动系、湿式离合器、液压元件等部件及整机试验测试方法，研制了具有完全自主知识产权的拖拉机动力换挡传动系试验台及性能检测系统，构建了动力换挡传动系及关键部件试验及标定技术体系，形成了相关行业标准。中国一拖研制的国内首套大功率拖拉机动力换挡传动系试验台，可满足动力换挡元件性能验证与评估、同步器可靠性试验，以及挡位切换、前进后退自动换向、差速、前驱、动力输出接合分离等系列试验及性能检测需要；研制的动力换挡拖拉机传动系检测系统可实现拖拉机动力换挡传动系前期故障的早期诊断，同时该系统具有传动系箱体内的油液清洗、检测、加载、数据采集、数据保存、数据比对及检测报告的自动完成等功能，为提高传动系的工艺装配质量及整机性能提供了保障。

2）农机装备专用传感器从实验室走向市场应用

机器作业参数传感器是智能农机装备的核心基础部件之一。近年来，围绕农机装备智能化发展需求，中国农机院、国家农业信息化工程技术研究中心等科研院所、高校重点围绕耕整机械、施肥播种机械、收获机械等农机装备的作业深度、播施量以及谷物损失等参数检测，通过技术创新、应用测试等创制了多品类的农机作业核心传感器，耕深检测传感器等，并实现了产业化应用。

（1）深松监测、秸秆覆盖监测等耕整作业质量传感器实现产业应用

作业深度是评价深松或深翻作业质量的关键指标，相关单位研究了基于超声波探测融合机具姿态实时探测的作业深度检测技术，建立机具机架姿态与作业深度模型，研制了耕整作业深度传感器，实现耕深监测精度±2cm；在此基础上，开发了北斗深松/深翻作业监管设备。自 2016 年起，已在吉林、内蒙古、新疆等地应用推广近 10 万台套深松/深翻作业监管设备。围绕秸秆覆盖率监测中远端监控传输设备的需求，开发基于机器视觉与深度学习的免耕作业秸秆覆盖率检测传感器，秸秆识别误差降至 3.76%；集成北斗保护性耕作监测设备，自 2019 年起，成果已在吉林等省范围内推广应用 1.9 万台套，作业监测面积达到 3500 万亩。

（2）播种施肥作业传感器突破支撑了种肥精量施用

创制了颗粒肥料流量检测传感器以及面向不同类型播种机的播种质量检测传感器。研发了基于微电容探测的颗粒肥料流量检测技术、建立了典型作业肥料流量与微电容响应关系模型，研制了颗粒肥料流量传感器，实现施肥量的精准测量；研发了基于阵列红外光电的玉米播种机漏播检测技术，设计了适配主流玉米播种机导种管的播种检测传感器，并研制了玉米播种质量监测系统，可实现播种量、漏播量以及管路堵漏的状态报警。研究了基于阵列压电的气流输送播种机

漏播检测技术，设计了气流输送播种机漏播传感器，实现高速气流输送条件下的播种检测。部分传感器如玉米播种机播种传感器已开始应用于免耕播种机作业监测，并在吉林、内蒙古等地得到推广应用。

（3）收获作业质量传感器实现了试验应用

近几年，针对联合收获机的实时监控与应用需求，在整机工况参数监测、作物含水率实时检测、产量动态计量、谷物籽粒损失监测、谷物含杂破碎率识别、割台地面仿形检测、收获边界自动识别与异常工况检测等方面的传感器关键技术实现了突破。突破了基于容积法的进回油差型油耗检测仪，累积油耗测量误差≤3%；设计了霍尔/光电接近开关式的转速监测装置，关键部件的转速测量误差≤2%；研制了基于环形变压器非接触的负载轴扭矩测量装置，关键部件的扭矩测量误差≤3%；获得了联合收获机整机关键部件（发动机、割台、脱粒滚筒、清选风机）的动态功率分配信息，功率检测误差≤5%，为联合收获机的整机优化设计提供了重要的数据支持。突破了基于高频透射式/反射式微波原理的作物水分在线测量技术，研制了车载快速采样机构和微波水分检测系统，为粮食收获环节的产量检测提供了实时水分补偿数据。突破了基于称质量式、压电冲量式谷物质量流量在线传感技术，融合了小波滤波消振算法、动态水分补偿算法和摆动姿态自动校正算法，研制了产量传感器，实现了 GPS 轨迹下的高精度产量分布自动计量。突破了基于压电传感的收获损失在线监测技术，建立了高信噪比增强的损失籽粒信号特征辨识与降噪方法，研制了阵列单元分布的谷物清选损失在线监测装置，获得了田间作业环境下的损失籽粒实时空间分布信息。突破了基于机器视觉的玉米籽粒破碎率与含杂率快速检测技术，设计了谷物图像快速采集机构，建立了改进 LeNet CNN 的玉米籽粒分类模型，实现了机械化收获后谷物杂质、破碎籽粒和完整籽粒的自动快速识别。融合仿形角度传感信息和割台油缸位移传感信息，实现割台高度的实时检测，并采用 PID 控制算法控制割台高度，实现了微地貌仿形和割台高度智能调控。突破了基于涡流效应的青饲机金属喂入探测与预警技术，研制了青饲机金属检测传感器与异常喂入报警系统，金属喂入预警准确率大于 90%。

3）高性能材料在农机装备应用提升农机质量水平

农机装备材料主要包括农机结构材料、农机具材料、橡塑材料和基础元器件材料。其中，结构材料主要用于加工耕作机械（耕整地、种植、田间管理）的框架结构材料（矩形钢管等型材）、收获加工机械和各种农机具的外壳（覆盖件）以及各种农机具的结构件，大部分采用 35、45、16Mn 和 Q235A 钢薄板；农机具材料主要用于加工与土壤接触的易损件（包括机引犁犁铧、犁镜，机引耙圆盘耙片，深松机铲刀，旋耕机刀片等）材料，采用 65Mn 钢，加热至 800～830℃，油淬，经低温回火后，硬度约为 HRC 48～55，也用于加工切割作物茎杆的易损件（包括收割机刀片，青饲料切碎刀等）材料，采用 T9 钢（或 65Mn 钢），高频（或盐浴）加热油淬，经低温回火后，刃口处硬度约为 HRC 52～56，心部未淬火，故具有良好的整体强韧性；橡塑材料主要用于制造植物植保机械、畜禽饲养设备、农田灌溉机械和其他农业机械的零部件；基础元器件材料主要用于加工液压元器件和机械元器件。

近年来，我国在入土切割作业部件材料、湿式离合器摩擦材、特种橡胶密封材料等高性能农机专用材料研发和应用方面也取得了重要进展，硼钢、超细晶粒钢、稀土钢、非调钢等一系列高性能材料在农机装备中实现了应用，提高了农机装备关键零部件性能和使用寿命，促进了整机产品质量提升。

（1）硼钢

硼钢成分简单、合金元素含量少、原材料成本低、强度高（1500MPa），具有很好的热成型性能。近年来，我国硼钢生产和应用有了相当大的进步，在农机领域得到广泛应用，其中被用来取代 65Mn 钢制作圆盘耙片取得了良好的使用效果。圆盘耙片像碟子一样的空间形状，需要用模具对钢板热成型，使用中需要耐土壤磨损，所以需要淬火处理以获得高硬度，硼钢优良的热成型性和适合水淬的特点恰好适合圆盘耙片的制作工艺要求和使用要求，使得其在圆盘耙上的应用非常成功，目前国内高端圆盘耙大都采用硼钢制作，并且已有批量出口。

（2）超细晶粒钢（超级钢）

低成本、高强韧性、长寿命、细晶粒、复相组织、柔性化生产、省能源资源、易回收等是钢材升级换代的方向。目前，我国在超细晶粒钢方面取得了重要突破，碳钢、低合金钢及合金结构钢的强度提高一倍，从200、400、800MPa提高到400、800、1500MPa。超细晶粒钢可用于农机装备的机架和结构零件用钢，进一步促进农业机械的轻量化发展。

（3）稀土钢

稀土钢具有优异的力学性能、耐腐蚀性能、耐磨性能，良好的塑性加工性能和焊接性能。我国具有稀土资源优势，稀土钢的研发起步早，积累了大量经验，在材料稳定性、冶炼技术、连铸技术等方面都取得了突破，包钢集团等国内钢铁企业采用连铸工艺生产出多个稀土钢品种，其中耐磨钢、高强稀土钢在农机装备入土工作部件、切割破碎部件得到了初步应用，未来具有更广的应用前景。

（4）非调钢

非调钢在轴类零件、锻造结构件上有着广泛的应用。目前，我国许多钢厂已经具备开发生产49MnVS3、12Mn2VBS、C70S6等多种类型非调钢材料产品的能力，为非调钢在农机装备中的应用打下了良好的基础。农机的多品种小批量生产特点有利于非调钢技术的推广应用，将改变农机锻件仍然以调质钢生产为主的现状。

（5）表面强化材料

先进表面工程技术在农机装备关键核心部件上已经普遍应用。轴齿类零件、入土件的犁铧、耙片、作物收割机刀片、切碎刀片、锤片、筛网、拨叉、曲轴、采棉指等零部件通过渗碳、碳氮共渗及渗硼，可以提高表面耐磨性。碳化钨、WC硬质颗粒、Ni基材料、金属陶瓷材料、G314铁基合金、Ni+WC合金堆焊喷涂材料的应用，提高深松铲、青饲切碎刀、耙片、粉碎、旋耕刀等耐磨性能。TiN、TiAlN、W-DLC薄膜等材料在采棉摘锭应用，可提高耐磨性能30%。

4）农机制造智能化发展助力行业转型升级。

近年来，智能制造加速与新一代人工智能技术融合发展，提升了农机装备制造业水平，推进农机装备制造业转型升级。基于机器视觉的表面质量检测、基于知识图谱的智能 CAD、基于人工智能的能源分配等可提高设计及生产效率 1 倍，减少人工 70%左右，降低成本 30%；工业大数据也在农机装备行业实现应用，远程运维管理等推进“互联网+”农机装备、“物联网+”农机装备发展，成为智能制造和工业互联网发展的核心；基于大数据的工业智能、工业区块链、协作机器人、云边协同等将带来更多服务型应用场景，并进一步催生新业态、新模式，形成以数据为核心的人机协作模式，促进农机装备自主作业、无人作业技术突破，促进智慧农业、无人农场等从试验走向商业化应用。

（1）农机装备智能制造标准体系逐步完善

近年来，通过实施农机装备智能制造综合标准化与新模式应用项目，制定完善农机装备工艺设计仿真、信息技术集成、远程运维标准、智能工厂通用集成模型及运行管理系统等方面的标准体系，并在中国农机院等建立了标准试验验证平台。

（2）数字化、智能化提升农机装备制造水平

在大马力动力换挡拖拉机、高效能联合收获机械、精准变量复式作业机具等整机产品以及重型节能柴油机、无级变速器、自动定位导航控制系统等关键零部件的设计生产方面取得了长足进步，推动部分整机产品智能化发展。在设计层面，国内大部分规模以上农机装备企业已经进入产品数字化设计阶段，在部分整机产品和关键零部件方面形成了较高水平的数字化设计生产能力。在制造方面，激光加工、3D 打印等技术在农机装备复杂构件的制造中实现了应用，表面工程技术在入土部件、切割部件的耐磨耐蚀耐腐性能提升方面实现了应用。在销售和服务层面，国内农机装备生产企业已经开始建设线上线下相结合的数字化销售与服务系统，逐步形成较为完善的研发、生产、销售和服务体系，推动了农机装备制造智能化发展。

（3）先进制造装备应用推进智能工厂建设

数控机床、数控折弯、程控激光切割、工业机器人（焊接、冲压、涂装）、物流运输系统（AGV、程控行车、自行电葫芦）等已经大量应用于实际生产，部分重点企业实现了核心工艺的自动化生产，如中联农机相继投入了20余条数控生产线，高端数控生产设备总数超过1000台，主要数控机床实现联网，基本实现了实时工况在线监测，数字切割、数控成型、自动焊接、环保涂装、精密检测，并自主开发了MES生产制造执行系统，把人员、设备、物料等制造要素整合到生产管理平台之上，有效提升了生产制造的自动化程度和精益化程度。同时，在传感与控制、人机交互及在线检测方面，国内大型企业也开始初步应用集成，正朝向无人化智能工厂方向发展。中国一拖建立新型轮式拖拉机智能制造工厂，具备新型轮式拖拉机45000台/年的生产能力，创新应用10余种核心智能制造装备，主要包括高速高精密五轴加工中心、六关节型搬运机器人、高效高精数控蜗杆砂轮磨齿机；激光烧结成形装备、无模铸型（微滴喷射成形）快速制造设备；智能测量仪表、RFID电子标签、二维码、视觉识别传感器等采集系统装备、可编程逻辑控制器、数据采集系统（机床网口、串口、PLC、硬件采集卡等）、高性能高可靠嵌入式控制系统、伺服系统、液压与气动系统；可视化柔性装配装备、设备生命周期管理、基于大数据的在线故障诊断与分析系统；高参数自动化立体刀具库、车间物流智能化成套装备（AGV转运车、桁架机械手等）；通过与车间制造执行系统（MES）、产品全生命周期管理（PLM）、企业资源计划（ERP）系统的高效协同集成，解决新型拖拉机的智能制造关键共性技术，提升产品开发、智能化制造水平和产品品质，为行业树立智能制造的应用典范。

2. 竞争趋势和主要动向

1）竞争趋势

一是全球产业发展和竞争进入新阶段。总体上，近年来全球农机产业发展相对平稳，产业规模保持在 1000 亿欧元左右；产业区域格局基本稳定，欧洲、美洲和亚洲分别约占全球农机产业的 35%、30%和 30%；全球贸易中，欧洲、美洲、亚洲分别约占全球的 59%、23%、14%；市场相对集中，欧盟、北美、南美、中国、印度、俄罗斯等国家和地区市场占全球 70%以上；跨国企业主导产业技术及竞争的格局日益增强，美国、日本、德国等国家的跨国农机企业主导全球产业竞争格局稳固，通过领先的技术和强大的资本优势占据产业价值链的高端，推动全产业链发展。产业竞争态势面临深刻变化，全球产业集中度不断提高，产业竞争由技术主导向技术与资本主导转变，关键核心技术制高点竞争凸显，创新体系、创新战略、产业链的竞争日益重要，企业竞争成为产业竞争的主要表现。

二是智能技术是技术竞争新焦点。学科交叉融合正在引发以绿色、智能、泛在为特征的群体性技术突破，推动农机装备向以人工智能技术、生物技术为核心的自主智能方向发展，加速现代农业向高效智能精细生产方式转变。生长过程及环境调控基础技术研究不断深入，推进农业生产作业及管理由群体向个体、广域向局域、定量向变量、结构化环境向开放环境的全生命周期精细生产调控，水、肥、药、光、热等农业生产要素实现精准精量施用。信息感知、混合现实、边缘计算、机器学习等技术发展与应用推进农机装备智能控制从单向、单一目标监控功能向多目标多参数融合、智能决策控制的自主智能方向发展，自动驾驶、远程操控、协同作业等成为更加高效智能发展趋势。

三是产业链供应链竞争日趋激烈。产业链的布局对各国参与国际分工、产业安全等都有重要影响。新一轮科技革命和产业变革、中美竞争、后疫情时代等影响全球农业格局，也正在重塑全球农机装备产业格局，数字化、网络化、智能化转型升级加速，全球产业链供应链竞争日趋激烈。各国都积极引导智能技术、智能制造等方面的进步，强化基础创新、产业自主可控发展，引导生产方法与模式的创新，进而谋求在未来全球产业体系与产业分工体系中成为有竞争力的领导者。约翰迪尔、爱科、凯斯纽荷兰、久保田等跨国企业 90%以上供应商来自欧美企业，关键核心零部件基本自主可控。

四是未来产业是竞争的重点。现代农业从种子、田间生产、产后加工与储运到剩余物综合利用的全生命周期管理的生产新模式，要求农机装备研发、制造和应用要推进生物、农艺、工程技术融合，以及产业链上中下游集成和制造、信息、生物、新材料、新能源等技术集成，实现从耕整、种植、田间管理、收获、产地处理等全链条高度集成与配套，从而更加高效、精细、绿色。互联网、物联网、大数据、新一代移动通信等技术与现代农业、农机装备深度融合，加速农业传感器、农用无人机、农业机器人、智能农业系统等智能农机装备新产业发展。智能农机装备产业发展也催生并加速以植物工厂、垂直农场、无人农场、精准农业等主要业态的智慧农业应用产业。

2）主要动向

（1）动力系统向电动化、绿色化发展

混合动力、全电动、氢燃料等清洁能源动力系统的应用，推进了农机装备绿色化发展和产业链变化的趋势。久保田开发中的小型电动拖拉机 Compact Tractor 采用锂离子电池，充电一小时就能够满足半天的作业需求电量。斯太尔 Konzept 拖拉机是由 CNH Industrial 旗下的高端短线农业品牌斯太尔与合作伙伴 FPT Industrial 于 2019 年底开发，是一款电动型拖拉机，具备独立操作的轮毂电机、混合动力、模块化动力驱动、自动驾驶模式。国内洛阳智能农机装备研究院有限公司也于 2018 年开发了无人驾驶的纯电动拖拉机，由无人驾驶系统、动力电池系统、智能控制系统、中置电机及驱动系统、智能网联系统等五大核心系统构成。约翰迪尔 2017 年推出了纯电动拖拉机 SESAM，配备两块功率分别为 130 千瓦的锂离子电池，可提供 380 马力的标准动力，可持续作业 4 小时或 55 千米，充电时间为 3 小时。纽荷兰在 2006 年发布了一款氢气动力拖拉机 NH_2TM，2012 年发布丙烷动力拖拉机，2013 年发布第一代甲烷动力拖拉机，并在全球多地农场进行试验。芬特公司 2017 年推出了 e100 纯电动拖拉机，标准动力为 50 千瓦（68 马力），动力锂离子电池供电，作业时间能够达到 5 小时，充电 80%的时间为 40 分钟。

（2）农业传感器技术向微型化、智能化和可移动性方向发展

在微型化方面。纳米技术在传感器上实现应用新突破，有助于研制出用于防止食品和饮料受到致命细菌污染或阻止氧气进入容器内的塑料包装；石墨烯制成的纳米片层、铂纳米粒子和葡萄糖氧化酶等可以用于新型生物传感器的研发，便可探测出人体唾液和眼泪中极低的葡萄糖浓度。在智能化方面，采用金属氧化物气敏传感器去检测水果释放出的特殊气味，可分析判断出水果的成熟度。智能微芯片，可置于植物叶片上，当植物需要水时，会向用户手机发送信息需求，采用此法可省水省时省钱，可减少植物生长所需的 10%到 40%的水量。在可移动化方面，生物芯片传感器利用表面等离子共振技术，即通过接收被扫描物体表面反射的激光共振信号来辨别分子层的结构，从而检测被测对象的 DNA 和蛋白质是否受到污染，这种便携式新型装置可进行"即时检验"，大大提高了检测效率。安装在移动运输车上的 RFID 温度传感器，能监测温湿度水平、波动的发生时间，以及它们如何对零售的农产品上的大肠杆菌或其他病原体的产生可能造成的影响，能确保奶制品在运输过程中的新鲜度。

（3）基础工艺智能化推进设计制造的个性化、定制化发展

构建基于网络的农田土壤力学参数、农作物机械物理特性参数、农业机械载荷谱和结构力学参数、工程材料以及整机和通用零部件数字化设计模型等大数据支撑农机装备智能化设计。以用户需求为导向的农机个性化、定制化设计，建立规范化的用户需求模型，完成用户域到功能域、结构域的关系映射，从而高效设计农机产品，以满足多样化、个性化的用户需求。基于 MBD 技术等，以知识重用为驱动的产品建模技术，提高智能化设计与加工制造的协同性。柔性体建模、多学科优化、人机交互、硬件在环仿真、机电液联合仿真等基于土壤—植物—机器系统的多领域协同仿真技术应用推动虚拟装配、虚拟仿真和虚拟试验验证等。智能传感器、智能化工业设备实现数据的高度可视化，形成新工业数据生命周期，打通研发、

制造、服务等多流程以及涉及人员、数据等多个环节，支撑智能工厂发展。

（4）智能农机系统向网联化、物联化发展

未来智能农机系统是集智能农机装备、云端智慧、服务平台为一体的跨区域作业管控系统。其核心是“智能在端、智慧在云、管控在屏”，即现场控制智能化、云端决策智慧化、监控调度移动终端化。“智能在端”是指装备本身的智能化，作业运行的数字化，包括现场智能感知与边缘计算、智能控制与无人驾驶、装备物联与协同作业，现场数据到云端大数据发送以及云端决策指令的接收执行等。“智慧在云”是指决策管理的云端智慧化，包括农机大数据云服务架构的构建、知识库/算法库/模型库的生成、基于数据挖掘/机器学习的运维调度和预测控制策略的自生长以及云对端的闭环控制等。“管控在屏”是指农机调度监控的网络终端化，通过 APP 和电脑客户端实现对分布各地的农机装备进行远程调度管控。

3. 年度热点事件

（1）日本久保田公司投资进入智慧农业领域。2020 年以来，久保田公司相继投资以色列农业技术业务 Tevel Aerobotics Technologies，通过采摘无人飞机提供水果收获服务；投资以色列农业技术业务 SeeTree Systems Ltd.，为果农监测果树的健康；投资美国的 AgTech 初创公司—FarmX，Inc.，提供作物管理、灌溉自动化、产量管理服务。

（2）芬特公司推出新一代大容量精密播种机 Fendt MOMENTUM 和播种机器人。采用由 Precision Planting 公司在 AGCO 集团开发的精密播种技术，借助种子计量装置、电动计量电机和种子管，保证即使在高速下也能精确分割，并将种子精确而均匀地放置在土壤中，精度达到 99.5%，作业速度最高达到 16km/h，从而最大程度提高作业速度和精度，提升产量。传感器可以实时分析和可视化每个行单元的数据，以不断优化种植过程。同时，基于精密播种技术，集成土壤湿度、温度、腐殖质含量和植物残留物的传感器，以及机器人行走系统，开发了新一代播种作业机器人 Fendt Xaver。

（3）CNHI 公司收购 ATI TRACK SYSTEMS 公司和 Dolphin N2 公司。ATI 是用于大马力拖拉机和联合收割机的橡胶履带系统的全球制造商，ATI 的行业领先技术可在崎岖地形提供领先的悬挂和高速运输性能，并最大程度减少湿收条件下的压实并最大限度地提高牵引力。FPT Industrial 收购专门从事创新内燃机技术 Dolphin N2 公司，以提高燃油效率，降低运营成本和 CO_2 排放量。

（4）约翰迪尔发布机器人化的 X 系列联合收割机。X 系列联合收割机结合了专有人工智能、计算机视觉、机器通信和集成传感器的功能，实现了数据连接和自动驾驶能力；配备了智能摄像头，可以实时查看联合收割机的粮箱内部情况，以便监控收割的谷物、甚至单个谷物的状况。可以自动调整作业状态，以适应不断变化的条件，保证在峰值水平上运行。可以远程监控，实现远程管理，最大限度地减少停机时间。与以前的型号相比，每小时可收获效率提高了 70%。

（5）2021 年，潍柴集团完成对雷沃重工的战略重组，潍柴集团正式迈入了农业机械装备制造领域。潍柴集团依托高端非道路全系列发动机、CVT 动力总成和液压动力总成等核心产业资源，为雷沃重工和全行业装上高效可靠的动力“心”，补齐动力总成严重缺失的短板。同时潍柴也将发挥自身在电控、新能源、无人驾驶等新科技领域的优势，与雷沃进行高效协同，为推动农业装备智能化、打造智慧农业建立核心竞争力。

（6）中国一拖集团有限公司发布中国最大马力无人驾驶拖拉机 LF2204。根据未来农业机械发展趋势，中国一拖集团有限公司结合自身产品技术优势，通过自主创新，攻关“精准农艺约束下自动驾驶拖拉机整机作业智能控制技术”“自动驾驶拖拉机精准路径规划行驶控制技术”“自动驾驶拖拉机安全控制技术”等关键技术，并应用在了大马力轮式拖拉机产品平台上。产品平台拥有路径规划、安全控制、机组通讯、远程交互、整车控制、地理环境识别等系统，具备拖拉机机组自动驾驶及作业功能。无人驾驶机组平台、无人驾驶收获机平台等装备要素协同的“主粮生产作业全程无人化解决方案”项目，入选“2021中国智能制造十大科技展”。

4. 重点企业分析

1）国外企业

（1）美国约翰迪尔公司。世界规模最大、综合技术最领先的农业和林业机械产品和服务供应商。该公司生产拖拉机、联合收割机、牧草和饲料收获设备、种植和播种机械、耕整地机械、喷雾机、整地机、割草机、碎草机以及物料搬运设备等产品。年营业收入300亿美元左右，利润20亿美元左右。其典型先进技术产品主要有：eAutoPower变速箱，是第一款只依靠电力和机械驱动的无级变速箱，与传统的电动—液压—机械驱动的无级变速箱相比，具有高可靠性和耐久度，其内部集成的发电机可为外接农具提供高达100kW的功率；新系列旋转刀具，可以提高切割质量、效率和材料分布及适用范围；在玉米方面，自走式饲料收割机能够在狭窄的收获窗口内获得尽可能高的投资回报；智能割晒机和各种刨刀头，可以满足高产油菜品种的收割需求，满足丘陵地区使用需求；低矮和窄轮距的特种拖拉机，适用于果园和葡萄园。

（2）美国凯斯纽荷兰公司。世界第二大农业机械制造公司，产品涵盖拖拉机、联合收割机、采棉机、葡萄收获机、甘蔗收割机及各种牧草机械等，充分满足了不同农业生产需求，为用户提供全面完整的产品线。其拖拉机、联合收割机和牧草机械的销量名列世界前茅。青贮收获机一机多用可匹配不同型号的割台，不同作业环境适应性增强；高地隙拖拉机是目前国内市场上功率最大，可携带多种复式农具的高地隙拖拉机，适合甘蔗中耕、施肥、培土及打药工作，极大地提高了工作效率和收益；轴流滚筒联合收割机，可以收割玉米、小麦、水稻、大豆、油菜等多种作物，一机多用。

（3）美国爱科集团。爱科集团是全球农业机械设备设计、生产、销售领域的先行者，为世界各地的农民提供全套的农业解决方案，包括拖拉机、联合收割机、牧草与秸秆收获设备、播种与耕作设备设备、粮食储藏、油脂生产系统和零部件。IDEAL 联合收割机，是一种狭窄机体的高容量联合收割机，提供自动化联合收割机调整系统和作物流向实时可视化。麦赛福格森小方捆打捆机，是一款中置式、两道绳小方捆打捆机。适用于苜蓿、小麦秸秆、水稻秸秆、玉米秸秆及天然草等多种作物打捆作业。

（4）德国采埃孚股份公司（ZF Friedrichshafen AG）。公司专业提供传动、转向、底盘系统等零配件，动力传动系统和底盘技术具有世界领先地位。在全球 40 个国家设有约 230 个公司驻地，拥有 149,000 名员工，销售额超过 360 亿欧元（其中在中国实现销售收入 62 亿欧元），年研发投入强度 6%以上。采埃孚 1981 年进入中国，2014 年，与中国一拖合资设立了采埃孚一拖（洛阳）车桥有限公司，开展农机驱动桥的研发、生产及销售。

（5）美国精密种植公司（Precision Planting LLC）。美国爱科公司 2017 年收购的孟山都公司（Monsanto Company）子公司 The Climate Corporation 旗下公司。专注于开发智能农机装备技术及产品，改善全球农场的种植、液体肥料施用和收获作业。主要产品包括精密排种器、农业数据服务、液体肥精量控制/施用系统、土壤传感器、智能监控终端及仪表等。目前，国内高性能精密排种器主要进口自该公司。

（6）德国博世公司（Robert Bosch GmbH）。全球领先的汽车与智能交通技术、工业技术、消费品和能源及建筑技术公司，业务涵盖了汽油系统、柴油系统、汽车底盘控制系统、汽车电子驱动、启动机与发电机、电动工具、家用电器、传动与控制技术、热力技术和安防系统等。其柴油机高压共轨系统及尾气后处理系统代表了全球领先水平，占据全球产业制高点。在中国设立的博世汽车柴油系统股份有限公司是专业制造、匹配和销售电控柴油喷射系统及其部件，并提供售后服务等业务的专业企业，为国内农用柴油机提供技术和产品。

2）国内企业

（1）中国一拖集团有限公司。中国一拖集团是中国机械工业集团有限公司子公司，拥有 A+H 上市平台。经过 60 余年的发展，中国一拖已经成为以农业装备为核心，并创新发展特专车辆、制造服务业务的大型装备制造企业，拥有拖拉机、收获机械、机具等农装产品，以及柴油机、传动系、驾驶室等核心零部件构成的完整农业装备产业链体系。农业装备业务具有国内完整的拖拉机产品系列，拥有国际先进、国内领先的具有自主知识产权的产品技术。

（2）潍柴雷沃重工股份有限公司。雷沃重工是中国农业装备品牌的龙头企业之一，也是国内唯一能够为现代农业提供全程机械化整体解决方案的自主品牌。收割机械、拖拉机等业务连续近 20 年保持全国领先。在国内建立了超过 1000 家专业的分销和服务体系，市场与品牌优势显著。其中，轮式谷物收获机械业务全国第一，玉米收获机械业务全国第一，履带式谷物收获机械业务全国第二，拖拉机业务全国第二。

（3）中联农业机械股份有限公司。中联农业机械股份有限公司成立于 2011 年，是中联重科承接农业装备与农业服务产业的控股子公司。作为安徽省现代农业机械产业的集聚发展基地，公司在北美设有农机研发中心，在安徽、湖南、河南、浙江等地建有研发、生产制造基地，拥有完善的研发体系和国内外营销网络，可为农业生产提供全程机械化解决方案，产品涵盖北方旱田作业机械、南方水田作业机械、经济作物机械、收获后处理机械四大系列产品，并积极拓展智能农机、智慧农业、农事服务等现代农业经营模式。

（4）诸城市义和车桥有限公司。主要产品包括拖拉机车桥（前轴、前驱动转向桥）、收获机械（玉米收、小麦收的转向桥、底盘件），具备年产 120 万台套的大型车桥生产能力。公司建有研发中心，拥有 190 名工程技术人员，形成了对各类车桥的结构、性能及产品质量的控制有深入研究的团队。

（5）潍坊谷合传动技术有限公司。是集研发、生产、销售于一体从事农机装备驱动桥及变速箱的专业制造商，已批量推出了 20～260 马力全系列拖拉机前驱动桥、收获机械驱动桥及各类传动箱，能满足国内外中高端客户的不同需求，其中中型拖拉机前驱动桥已稳居国内产销量第一。公司具备较为先进的大马力驱动桥柔性加工制造能力，拥有先进的数控铣齿机、加工中心、滚齿机、磨齿机、剃齿机等加工设备。

（6）安徽全柴动力股份有限公司。国内专业的发动机研发与制造企业,具有年产 60 万台多缸柴油发动机和 5 万吨塑料管材的能力，多缸发动机累计销量超过 650 万台，广泛应用于商用汽车、农机装备、工程机械、发电机组等。自主开发的农机装备系列柴油机，充分考虑农田恶劣工作环境、复杂苛刻工况，针对性设计优化，充分保障了整机高的可靠性、强的动力性、好的经济性、广的适应性，排量从 1.9L 到 6.4L，功率覆盖 30 马力到 240 马力，可广泛应用于拖拉机、小麦机、水稻机、玉米机、甘蔗机、花生机、洒药机、旋耕机、青贮机等农机产品。

（7）一拖（洛阳）柴油机有限公司。属于中国一拖集团全资子公司，成立于 1958 年，专业设计、生产“东方红”品牌多缸系列柴油机，具有年产 20 万台的生产能力。产品涵盖 2L-12L，功率覆盖 18kW-450kW，广泛应用于农业机械、工程机械、发电机组、船舶等领域，累计客户量超过 400 万。2021 年，公司在国内非道路农机配套领域继续保持第一。研发的非道路国四柴油机投放市场 50 多台，跨越 12 个省份，涵盖不同温度、海拔、气候条件，典型整机最长验证时间超过 3000 小时。

（8）无锡林泰克斯新材料科技股份有限公司。无锡林泰克斯新材料科技股份有限公司主营自动变速器用湿式摩擦片及对偶片的研发、制造及销售。林泰克斯的湿式摩擦片技术打破了国外的技术垄断，实现了进口替代，填补了国内空白，目前是国内唯一一家乘用车自动变速器及国外农机公司湿式摩擦片配套企业。

5．存在的问题与措施建议

1）存在的问题

经过长期的发展，我国农机装备形成了从研发、制造、质量监督、流通销售到应用推广的产业体系，以及上中下游、大中小企业、高中低端协同发展的产业格局。但总体上，我国农机装备产业基础技术及产品与国外相比，在稳定性、可靠性、适应性和技术性能指标方面仍旧有较明显差距，存在少部分当前难以满足的问题，但总体上对整体产业链供应链的影响较小。

（1）关键核心技术有待突破

① 农机装备基础和应用基础技术研究薄弱。当前，以土壤动植物机器系统技术为重点的基础与应用基础技术发展在深度、广度、融合上进一步深入，推进农业生产作业及管理由群体向个体、广域向局域、定量向变量的全生命周期精细生产调控。但由于我国长期以引进消化吸收再创新的应用开发为主导，基础研究投入不足，基本原理、基础数据、基本方法不系统，从机理、原理、方法、技术、装置到产品的原创性技术创新少，土壤植物机器互作机理、动植物及环境感知与调控，以及作业部件原理、方法、材料等理论和应用基础研究方面非常不足，土壤质构变迁、动植物生长过程、农机作业等基础数据积累少，严重制约了技术及产品原始创新。

② 信息化、智能化技术多处于跟踪阶段。国外来看，中央处理、总线技术在大型农机装备得到普遍应用；作业导航控制技术系统在拖拉机、插秧机、联合收割机等产品上实现了应用，推进实现了自动操控、机群协同作业；机器视觉辅助作业与控制技术在植保机械、播种机械等实现了应用，推进了精准精量田间作业；产量、土壤及环境条件传感技术应用，推进实现了农业数字化发展。我国农机智能控制技术、农业大数据、物联网等信息化、智能化关键技术研究发展迅速，但总体上与国际领先水平仍存在一定差距，特别是产业化应用方面远落后于主要发达国家。我国农机专用传感器、作业变

量控制等技术与国外相比有较大差距，主要表现在：缺乏基础数据和模型，高速精量播种、水肥药精量施用控制精度不高，农机专用传感器种类不足世界的10%。

③ 关键零部件技术尚未自主可控。我国高端大型农机装备的高效驱动、CVT变速、传感控制等关键核心技术对外技术依存度较高。国内农用低速大扭矩柴油发动机高压共轨技术主要来自德国博世公司，主要短板是：工况逻辑控制、高压泵、喷嘴技术；排放后处理技术我国尚处于起步阶段，特别是标定测试技术主要来自美国。国内农机传动技术以机械换挡为主，适应田间复杂工况的动力换挡、无级变速技术尚需进一步优化。高性能农机液压系统中泵、阀、马达的压力、传动效率和控制技术与国外有较大差距，目前主要依赖进口美国、日本和德国的产品。大转角全悬浮转向驱动桥、轻量水田全密封驱动桥技术国内不掌握，国际上欧美和日本技术领先。

④ 重大装备产品整体技术和质量水平差距明显。经过近十几年快速发展，我国农机装备产品水平不断提升，基本满足了现阶段农业生产的需求。但高效、大型、多功能、自动与信息化智能装备技术目前还没有完全掌握，以致我国农机装备在作业效率效果、损失控制、水肥种药施用控制等方面与国际先进水平差距还很大，我国每公顷耕地动力投入是美国的5.7倍、韩国的1.2倍，拖拉机、联合收割机等主要农机产品可靠性指标仅为国外的50%左右，作业效率也只相当于国外60%～70%。国外凭借技术、品牌优势，占据我国高端农机市场。并且，具有我国特色的作物、特殊农业生产区域条件和模式因缺乏国际借鉴，所需作业装备技术长期难以实现重大突破。

（2）高性能关键零部件依赖国外产品

① 拖拉机传动系关键部件。虽然我国大中型拖拉机拥有国内最完整的17～400马力拖拉机产品系列及农用柴油机、核心零部件生产制造能力。大中轮拖拉机产品机械换挡拖拉机基本实现自主化，国内供应链占比95%左右。在动力换挡拖拉机方面，传动系除部分企业自制外，大部分产品来自国外企业，国内供应链占比40%左右。无级变速拖拉机中，小型履带、园艺拖拉机应用的HST系统主要来

自日韩企业，大型拖拉机只有中国一拖、潍柴雷沃研制成功。220马力及以上前驱动桥主要来自意大利卡拉罗传动技术有限公司。湿式离合器摩擦片主要来自奥地利米巴公司（MIBA）、美国卡莱公司（CARLISLE）、美国雷贝斯托传动产品公司（Raybestos）等公司；弹簧及波形弹簧主要来自德国宝华压缩机集（BAUER）及德国奥特林豪斯公司（Ortlinghaus）；活塞密封圈、旋转密封环等密封元件。该类密封元件主要来自德国科德宝集团（Freudenberg Group）及美国杜邦公司（DuPont）。单锥及双锥同步器主要来自意大利奥瑞康公司。

② 机电液元器件。比例减压阀、比例溢流阀、双级优先阀、大排量变量泵、马达等液压控制元件主要来自美国伊顿公司（EATON）、丹麦丹佛斯公司（Danfoss）、美国派克公司（Parker），供货比例在90%。一体式泵马达、负载敏感变量泵、负载敏感多路阀等液压元件主要来自德国力士乐公司（Rexroth），国内尚无替代产品。传动系TCU 主控芯片、比例阀驱动芯片，主要来自德国英飞凌科技公司（Infineon），国内尚无商业化替代产品。转速传感器、角度传感器及力传感器等传感元件主要来自美国霍尼韦尔公司（HONEYWELL）、德国力士乐公司（Rexroth）。

③ 耕种收作业部件。大型联合收获机重载底盘等主要进口自斯洛伐克等国外企业。大型青饲机割台进口自德国冠军（Kemper）公司。喷雾控制系统（包括喷头、传感器、阀块）来自美国特杰特、德国蕾西纳、意大利 GEO 等公司。打捆机打结器由外资企业舒马赫（青岛）农业机械有限公司进口自德国拉斯伯（Rasspe）公司。精密排种器主要进口自美国精密种植公司（Precision planting Inc.）、西班牙贝洛塔公司（BELLOTA）；播种单元（开沟圆盘、限深轮、镇压轮等）主要来自西班牙贝洛塔公司。大型液压翻转犁体进口自德国雷肯公司。

（3）农机装备设计与制造技术急需提升

① 设计理念及手段有待提升。国外倡导以人为本，产品设计以“好用”为标准，充分考虑用户操作方便舒适、产品可靠、环境

友好等因素；国内设计以“可用”为标准，主要注重满足产品功能性需求。国内农机装备设计大多处于经验设计或模仿设计阶段，只有部分骨干企业虽然使用的开发软件与国外类似，但由于基础数据缺乏，设计（尤其是虚拟设计和验证）要求的边界条件不科学，造成设计结果偏差较大。设计开发时没有充分考虑产品可加工性，工艺验证不充分，工艺参数不合理。另外，国内缺乏模拟（台架）试验验证手段，大都只能在田间进行试验验证，由于大多数农机产品具有季节性使用的特点，造成新产品试验验证周期长，不少企业在验证不充分、产品不成熟的情况下将产品推向市场，造成产品的性能和可靠性差。即使有部分验证在台架上进行，也因缺乏基础数据和台架模拟试验规范（参数）不够科学而影响了试验验证结果的准确性。

② 制造技术及能力有待提升。目前，除骨干企业拖拉机、收获机的制造水平相对较高外，大部分农机制造仍旧以传统制造技术为主，自动化、柔性化水平低，多数企业生产装备水平比较落后，在冲压、焊接、涂装和总装中采用先进设备、先进工艺，能形成柔性制造流水线的不多；制造的标准化、流程化和自动化程度不高。少数企业开始采用智能制造，但只是在部分车间、部分工艺等进行试点示范，整个生产过程未能成为智能有机整体。对基础工艺的研究，关键制造工艺跟随或仿照国外；核心制造设备对外依存度高，精密制造装备及生产线大多依赖进口。生产过程在线检测和整机下线检测缺乏先进手段（传感器及检测平台）和科学的检验规范，关键检测设备和试验验证平台主要依赖进口。

（4）农机装备材料技术基础薄弱

① 农机装备材料性能不高。农机装备具有作业环境复杂、应用季节性强、短时操作强度大等特点，对材料的轻量化、耐磨性、耐蚀性、一致性等要求较高。但由于长期以来对农机材料特性、工艺技术、需求等研究和关注不够，研究和产业应用积累较少，没有形成农机材料工艺技术体系。总体上，我国农机装备材料技术和应用性能与国外相比有较大差距，与国外相比，犁重量多 20%，圆盘耙

重量多30%，农用拖车重量多50%；机架俄罗斯采用500MPa级、美国采用700MPa级高强钢，而国内普遍采用Q235或Q345；国内农机选材不合理及生产热处理设备陈旧，零件氧化脱碳严重，导致耐磨性和寿命不足国外同类产品的1/3；耐蚀性不足，俄罗斯采用耐大气腐蚀10XH钢制造农机具顶板和盖板等薄板件、美国采用Corten钢制作农机车厢和喷粉器的风扇等部件，而我国仍采用非耐蚀钢；国外轴类传动零件普遍采用非调制钢制造，不产生热处理变形；而国内的轴类、拨叉等传动件普遍采用调制钢制造，热处理变形较大。脱棉指、脱棉盘、收割机弹簧过渡板、重载变速齿轮钢等关键材料依赖进口。

② 先进材料工艺技术应用滞后。与国外先进农机相比，除了钢材的差距，国内农机在先进材料工艺技术应用方面也有显著的差距。New Holland、CLAAS及John Deer等公司生产的青储机及饲草料收获机械就是采用熔覆技术在割刀刀片刃部形成WC硬质合金层。国外知名的Busatis切割器刀片公司则采用高强特殊合金钢做基体，刃口处烧结WC涂层，从而形成自磨刃割刀。美科在甘蔗铡刀上复合碳化物材料，寿命提高2.5倍。法国KUHN生产复合锻造耐磨犁壁和铲尖；MASCHIO公司生产长寿命碳化钨强化深松铲；英国的SPALDINGS公司，利用钨极氩弧熔覆方法，在深松铲尖的表面和刃口堆焊WC硬质颗粒；美国EUROSHARE公司，利用Ni基焊条弧熔覆的方法，在铲尖堆焊耐磨层，形成自磨锐犁铲。因受我国农机生产制造成本制约，以及零部件企业大多为中小企业，表面强化、激光加工等先进工艺材料技术应用较少，如国内的茎秆类植物切割与切碎刀具主要采用低碳钢（20、20Cr），碳氮共渗后淬火处理、中碳钢（45钢、40Cr钢）渗硼处理、65Mn或T8钢调质预处理后淬火等3种工艺制造，使用寿命仅为国外刀片的1/3～1/4。

2）措施建议

（1）推进农机装备关键部件材料创新应用

针对我国农机装备材料基础研究薄弱、基础数据缺乏、原理方法原创性不足等问题，以耕整机具入土工作部件、收获机切割切碎部件、采棉机采棉指、打捆机打结器、柔性采收部件等为重点，阐明农机关键部件与作业对象、工况环境的互作机理，以及结构、材料、作业功能性能失效机理及过程；要加强减损、耐磨、延寿、增效等轻量化、性能强化工艺方法和技术创新，加强高性能结构材料、绿色增材制造材料、微合金化稀土钢、高性能铸铁、高性能橡塑材料与关键部件的多环境因素耦合设计、性能仿真、测试验证与评价技术创新，发展高耐磨/耐蚀材料、高强结构钢材料、高效自磨锐切割刀具材料，构建农机关键部件材料成分、性能、结构、功能等数据库，同时，要加强新型金属结构材料、新型非金属材料和新型复合材料，以及功能性、智能化、仿生等复合材料在农机装备领域的推广应用，提升我国农机装备材料的整体应用与制备水平。

（2）推进农机装备设计及制造智能化

随着先进制造技术创新发展及应用，农机装备制造从机械化、电气化、自动化，正向信息化、智能化发展，并与人工智能深度融合，以网络式、协同化、无人化等生产制造新模式呈现，推动农机制造方式的变革和效率的提升。着力打造行业研发、设计、制造、维护及标准制修订等数据平台，为实现智能制造奠定基础；构建装备数字化设计平台，加强突破装备关键部件及整机数字化建模、虚拟设计、动态仿真验证及关键零部件标准化、系列化、通用化技术创新，推进小批量、定制化设计及生产制造；加快重大关键零部件高性能材料应用、制造工艺、试验验证及再制造等技术创新，突破大功率驱动桥、大载重量静液压底盘、大喂入量脱粒滚筒部件、高性能打结器等关键零部件设计及制造技术，实现关键零部件自主可控；集成数字化设计、制造工艺规划、制造过程控制等技术，加强典型农机装备整机智能设计、可靠性、质量检测、试验验证等技术创新，形成农机装备智能设计模型库、工具包及专用软件，以及制造及质量检测、试验验证等系统，缩短新产品设计开发与制造周期，推进整机智能制造发展。

（3）发展农机装备高性能零部件和元器件

围绕农机装备高端、智能、绿色的发展需求，针对大型农机装备依赖进口的局面，推进动力换挡/无级变速传动系等农机装备智能动力攻关，突破动力换挡及无级变速传动系结构、大负载湿式离合器、大排量液压变量泵及马达、重载前驱动桥、电控系统软硬件等短板，发展动力换挡/无级变速传动系、节能柴油发动机、电动及油电混动等新型农机动力系统，推进农机装备绿色节能发展；发展精密排种器、打结器、高效采棉头及打包装置、低损高效割台、机器人作业部件等高性能零部件，提升农机装备作业性能水平；推进设计及材料创新应用，发展农机装备用泵、阀、马达等液压元件，以及湿式离合器活塞密封圈、旋转密封环等密封元件；发展转速传感器、角度传感器、位移传感器、力传感器等传感元件及功能材料，发展动植物信息、土壤信息、工况环境、作业质量传感器，推进农机装备智能化发展。

（4）发展农机装备智能控制及智慧农业系统

随着互联网、物联网、大数据、云计算、人工智能、机器人等技术发展，推进了新一代智能农机装备技术发展，加强动植物和微生物生理、生态、生长、环境信息感知、数据挖掘、智能决策技术创新，推进种、水、肥、药、光、热等精准精量调控及养殖精细饲喂，构建动植物生长模型及全生命周期智能调控技术体系；加强复杂工况高精度导航定位、总线控制及标准、自动驾驶、作业智能调控、边缘协同等技术创新，推进5G及新一代信息通信技术在农机装备应用研究，发展农机装备智能控制系统；加强人机物协同、智能云控等技术创新，开发智能自主作业系统、机器人作业技术及系统，发展耕种管收及服务作业机器人；加强智能装备、智能生产、智能服务与农业大数据的集成创新应用，建立“实时感知、智能控制、精准作业、智慧服务”的新一代智能农机装备技术、产品、服务体系，发展智能农机装备、智慧农业、工厂化农业等新产业新业态新模式，推进农业智能无人生产。

（5）夯实农机装备产业技术基础

围绕高水平科技自立自强，着力构建新时期农机装备产业技术创新体系，依托农机装备产业技术创新战略联盟、创新联合体等产学研用合作机制，打造国家重点实验室、国家工程研究中心、国家制造业创新中心、国家技术创新中心、国家产业创新中心为核心，面向基础和应用基础、共性关键、战略前沿等的全面创新体系，打造一批具有一流研发能力和水平的国家战略科技力量，构建适应国情、立足产业、协同高效、支撑发展的产学研用深度融合的产业创新体系，提升全链条创新能力。围绕夯实产业科技基础，开展典型区域农机化与土壤、环境、生产等影响长期监测与评估，构建农业机械化、智能化生产系统基础数据平台；构建企业、产品、标准、专利等产业数据库，推进农机装备设计资源数字化，建立产业研发、设计及服务平台；着力全产业链技术标准体系，形成适合我国农情和产业发展阶段的机械化、智能化作业，以及农机零部件及产品等全面的技术标准体系，不断提升产业链现代化水平。

（6）完善农机装备全链条支持政策体系

以国家级创新平台等战略科技力量为核心，实践关键核心技术攻关新型举国体制，实现项目、基地、人才、资金一体化配置，中央财政投入引导，鼓励多方投入，稳定支持开展农机装备产业基础协同创新，鼓励和支持重大产业技术创新和成果转化。优化形成以创新为导向的中央预算内投资，加大对产业基础能力建设的投资力度；优化农机购置补贴政策，支持购买和使用采用国产的零部件的农机装备。优化税收及金融政策，支持企业开展产业基础技术产品自主研发活动。设立引导基金，支持中小农机装备整机企业调整产业结构，向专精特新零部件企业转型。不断完善支持和限制进出口目录，完善技术清单管理，构建自主可控的科技与产业安全政策体系。

执笔人：吴海华、方宪法、周海燕

审稿人：江慧丰

编写单位：中国农业机械化科学研究院集团有限公司

九、集成电路及专用设备

1. 主要产品和技术进展

1）基础零部件与元器件

基础零部件是集成电路设备不可或缺的组成部分，主要分为三大类：第一种以材料为主，如陶瓷、碳化硅、三氧化二铝等；第二种是机电类，如高真空阀门、液体泵等；第三种主要以光学为主，如激光器、传感器等。当前基础零部件美国产品占比约为 60% ~ 70%，国产化比例约 10%。国产零部件主要跟结构类部件相关，以腔体、石英件、陶瓷件为主。

集成电路领域元器件主要包括通用计算芯片（CPU/GPU/FPGA）、存储器等，目前国际上高端通用计算芯片均采用 7/5 nm 及以下工艺，而我国目前仅能量产 14nm 工艺，缺乏 7nm 及以下更先进工艺支撑，且受限于生态系统和 IP 等问题，国内集成电路元器件产品供应链十分脆弱，对外依存度高，严重制约我国高端芯片产业发展。

（1）CPU（Central Processing Unit，中央处理器）

CPU 主要有两种指令集架构，一种是 CISC（Complex Instruction Set Computer，复杂指令集架构），主要为 x86 架构，代表公司有美国的英特尔、AMD 以及国内的天津海关、上海兆芯；另一种是 RISC（Reduced Instruction Set Computer，精简指令集架构），主要有 ARM、MIPS、Power 和 RISC-V 等几种，代表公司有英国的 ARM 公司、国内的天津飞腾、华为鲲鹏、中科龙芯以及申威科技等。近年来，国产 CPU 产品性能逐步提升，逐渐打开公开竞争市场，与国际水平的差距正逐渐缩小。

（2）GPU（Graphic Processing Unit，图形处理器）

与 CPU 相比，GPU 拥有更多的算数单元，其核心优势在于解决数据并行计算问题。GPU 有着较高的资本和技术壁垒，寡头垄断市场且集中度不断提升。PC 时代，Intel 借 CPU 捆绑销售了大量集成 GPU，占据 PC GPU 市场份额第一。随着独立 GPU 份额不断扩大，NVIDIA 和 AMD 逐渐崛起。移动互联网浪潮的兴起，让移动 GPU 市场崛起了 ARM 、Imagination 等公司。我国 GPU 发展起步相对较晚，目前国内相关研发企业和机构主要包括景嘉微、中船重工 709 所及 716 所、西邮微电子、中科曙光以及部分创业公司，研发水平与国际一线厂商差距悬殊。

（3）FPGA（Field Programmable Gate Array，现场可编程门阵列）

FPGA 芯片集成了大量的基本门电路以及存储器，灵活性介于 CPU、GPU 和 ASIC 之间，在硬件固定之前，允许使用者灵活使用软件进行编程。当前，全球 FPGA 市场被赛灵思、英特尔、莱迪思等巨头垄断。其中，赛灵思的市场份额超过 40%。国内 FPGA 厂商主要包括高云半导体、上海安路科技、上海复旦微电子、紫光同创等，目前已突破千万门级 FPGA 芯片综合、布局算法、布线算法、时序分析等技术，形成了完整自主的工具链；突破千万门级 FPGA 芯片架构、高速串行总线接口等，实现自主知识产权的国产 FPGA 芯片，与国际技术代差已缩小到 2 代左右。

（4）存储器芯片

全球存储器芯片产品基本被三星、美光、海力士、东芝四家厂商瓜分。我国是全球最大的存储器芯片消费国，存储器芯片的进口金额超过进口集成电路价值的 25%。目前中国的存储器厂商主要是合肥长鑫和长江存储。合肥长鑫是中国首家实现 DRAM 产品自主研发、量产与销售的企业。填补了国内基于 IDM 模式 DRAM 产品的空白，19nm 已经量产，技术与国际先进水平缩短至 2-3 代。长江存储是中国首家实现 3D NAND 产品自主研发、量产与销售的企业，填补了国内基于 IDM 模式 3D NAND 产品的空白，已研发完成 128 层 3D NAND 存储器芯片，技术与国际先进水平缩短至 1-2 代。

2）基础材料

集成电路最主要的基础材料包括硅晶圆、光刻胶等。硅晶圆是半导体制造中的第一大耗材，占比高达37%，行业垄断趋势严重。最大的五家硅片厂商分别为日本信越公司（Shin-Estu）、日本SUMCO公司、中国台湾环球晶圆（Globalwafers）德国世创电子材料公司（Siltronic）、韩国SK Siltron公司，5家公司占有全球硅片市场95%以上的份额，尤其是日本公司所生产的硅片占全球市场份额的50%以上。国内企业目前在8英寸领域已经有成熟产品出货，在12英寸领域技术相对落后，仅上海硅产业集团旗下的上海新昇有正式出货，其余仍处于建设期和试验阶段。

光刻胶是一种对光敏感的混合液体，可通过光化学反应，经曝光、显影等光刻工序将所需要的微细图形从光罩转移到待加工基片上。国际上光刻胶供应商主要有日本合成橡胶（JSR）、东京应化（TOK）、信越化学、住友化学、富士材料、美国陶氏、韩国东进、中国台湾永光等。其中日本光刻胶企业在技术和生产规模上占据绝对优势，5家日本光刻胶公司的全球市场占有量超过70%，其产品覆盖i-line、KrF、ArF干式、ArF浸没式、EUV光刻胶以及光刻胶涂层等。国内光刻胶企业主要有北京科华、南大光电、苏州瑞红、江苏艾森等，目前，北京科华、南大光电等材料企业的KrF光刻胶等产品开始批量供货，工艺覆盖率持续提升。

3）基础工艺

集成电路制造过程中，从前道到后道会经过上千道工序，其中的基础工艺包括光刻、刻蚀、薄膜沉积、热处理、离子注入、CMP等。28nm是最后一代可利用传统的单次曝光光刻工艺来实现低成本量产的，20nm以下技术开始使用EUV光刻机或使用多重图形化技术方法实现成更小图形尺寸。在尺寸缩小趋势下，半导体结构由2D向3D转化，会用到更多的“光刻+薄膜+刻蚀”工艺组合，会出现更多的HAR（高深宽比）结构，刻蚀工艺难度不断提高。

4）工业基础软件

电子设计自动化工具（EDA）是集成电路产业的基础支撑软件工具。2020 年全球 EDA 的市场规模约为 72.3 亿美元，虽然仅为整个半导体产业市场规模的 1.64%，但却是不可或缺的重要领域，贯穿到制造、设计、封装等各个环节。当前，Cadence、Synopsys、Siemens（前身为 Mentor Graphics）三家 EDA 公司拥有完整全流程产品，年营收超过 10 亿美元，占据全球市场份额 70%以上；ANSYS、KEYSIGHT、ZUKEN、Altium、PDF Solutions、华大九天、Silvaco 等公司拥有特定领域的全流程产品，年营收 5000 万～40000 万美元之间，占据全球市场份额 15%左右；而包括国微集团、概伦电子、东方晶源、芯华章、芯和半导体等在内的公司主要产品以点工具为主，年营收 3000 万美元以下。从国内情况来看，国产 EDA 工具尚未形成全流程链条，在数字设计领域缺失高层设计综合、逻辑综合以及物理布局布线等关键点工具，在模拟设计领域对先进工艺的支撑存在较大差距，在制造和封测领域缺乏有力支撑。

随着集成电路集成度和复杂性不断提升，业界也在不断探索更加高效、灵活的 EDA 新技术。如面向基于敏捷开发方法学的“快速实现电路”（Circuit Realization At Faster Timescales，CRAFT），目标是让设计者用程序语言描述芯片功能，后续工作全部交由计算机来完成，实现敏捷开发，大幅提高集成电路设计的效率，这是 EDA 技术未来发展的重要方向之一。

5）产业技术基础

集成电路及专用设备涵盖面广，不仅融合了数学、物理、化学、材料科学与工程、计算机科学与技术、软件工程、电子信息、管理工程和工业工程等相关学科的理论原理，涉及器件、工艺、电路设计、测试和可靠性等方方面面的基础能力，构建出复合、系统、开放、交融的技术基础体系，同时还具备鲜明的工程特点，尤其是集成电路制造领域，通过不断的工艺参数调控优化，控制制造过程；

通过合理成本管控，保持摩尔定律继续发展。

2. 竞争趋势和主要动向

1）竞争趋势

当前，集成电路技术正在步入“后摩尔时代”，产品特征尺寸已逼近物理极限。集成电路尺寸微缩的方式从原来单一的性能驱动走向性能功耗驱动，微缩集成目标变化从原来的平面单芯片集成为主，走向三维等效微缩、功能化的系统集成；技术迭代的方式由之前的系统电路、器件工艺分层设计、分别优化，走向系统工艺的跨层次协同设计；新封装、新材料、新架构成为驱动后摩尔时代集成电路发展的强大动力；新冠疫情、VR、元宇宙等的应用场景牵引5G、物联网、人工智能芯片的技术创新，给底层芯片技术带来革新机遇。

战略格局层面，近年来，亚太地区正在逐渐压缩欧美日在全球半导体产业中的市场份额，其中，中国已经成为全球第一大半导体出口市场和第三大半导体设备出口市场。在愈演愈烈的贸易摩擦背景下，美国通过对外管控、鼓动多边制裁、对内刺激研发与投资、加强并购扩张等多种手段全面制裁中国集成电路产业发展，重塑产业格局的企图非常明显。欧日韩等各国和地区也都将集成电路列为国家和地区创新战略的重中之重，力求在全球版图中牢固地位，争取更多发展空间和话语权。

2）主要动向

美欧日韩等国和地区为维护其在集成电路领域的优势地位，纷纷推出各类集成电路技术与产业发展计划，对内刺激研发和创新，投入金额频创新高。例如，2021年6月，美国参议院通过《2021美国创新与竞争法案》，计划5年内投入1900亿美元，并提供520亿美元加速美国半导体生产与研究；2020年12月，欧盟17国发布《欧洲处理器和半导体科技计划联合声明》（A European initiative on processors and semiconductor technologies），宣布将在未来两三年内投入 1450 亿欧元（约合人民币 1.2 万亿元），推动欧盟各国联合研究及投资先进处理器与其他半导体技术，并要在 2nm 先进工艺上进行追赶；2021 年 3 月，欧盟又正式发布“2030 年数字罗盘”（2030 Digital Compass）规划，明确 2030 年前欧洲生产的先进芯片价值量占全球市场的 20%（2020 年为 10%）；2021 年 5 月，韩国政府提出“K 半导体战略”，除扩大半导体设施投资和研发经费的税额扣除率外，还将新设总规模达 1 万亿韩元以上的“半导体设备投资特别资金”；2021 年 6 月，日本政府发布半导体数字产业战略，在前期投入 2.2 万亿日元政府基金，并计划通过与台积电等联合开发尖端半导体制造技术，提升先进逻辑芯片设计和制造能力，持续增强日本在半导体设备、材料等领域优势，以达到加强产业韧性的目标。

与此同时，美国逐步采取限制技术合作、干扰合法投资、鼓动多边制裁、列入实体清单等方式对中国集成电路产业进行打压和遏制。例如，2021 年 3 月，美国国家安全委员会 NSCAI 提议联合盟国（日本、荷兰和英国）对高端半导体制造设备实施针对性的出口管制并得到盟国的公开支持。美国对中国集成电路的遏制政策，其短期目的是打击中国的芯片国产替代计划，将中国的集成电路产业压制在价值链低端；长期目的是阻碍中国科技的自立自强，让中国继续走在美国制定的技术体系框架之内，完全消除中国在 5G、人工智能、新能源等战略新兴技术上与美国并驾齐驱甚至超越美国的可能性；根本目的是维护美国在全球的科技、经济和军事的霸权体系。

3. 年度热点事件

1）全球半导体产能紧张，芯片缺货影响多行业

由于贸易摩擦、疫情蔓延、消费类电子需求迅猛增长等原因，2021 年全球集成电路供应链体系受到影响，出现全球范围内的晶圆代工产能不足问题，终端芯片缺货严重，汽车、智能手机等行业出货量受到较大影响。

2）三星计划投资 170 亿美元在美建造先进晶圆厂

2021 年 2 月，三星提出计划在德州首府奥斯汀投资 170 亿美元建设一个新的芯片工厂，与台积电在先进制程上进行竞争，以争夺更多美国客户的订单。

3）美国将七家中国超算中心列入“实体清单”

2021 年 4 月，美国商务部将七个中国超级计算实体添加到“实体清单”中，包括天津飞腾信息技术、申威（上海高性能集成电路设计中心）、Sunway Microelectronics、国家超级计算济南中心、国家超级计算深圳中心、国家超级计算无锡中心以及国家超级计算郑州中心。

4）清华大学成立集成电路学院

2021 年 4 月，清华大学正式成立集成电路学院。这是清华大学面向国家重大战略需求，聚焦国家关键领域，推动清华大学集成电路学科发展，加快培养集成电路紧缺高层次人才的重要举措。

5）中芯国际国产装备应用工程取得重要进展

为提升集成电路制造装备材料供应链的安全可靠性，中芯国际十余年来积极验证与采购首台套、首批次国产设备与材料，相关验证平台已涵盖 65/55nm、40nm、28nm、14nm 等多个工艺节点。2021 年 6 月，率先实现在一个技术节点上非美可控的成套装备和技术工艺解决方案。

4. 重点企业分析

1）阿斯麦尔（ASML）

ASML 是全球领先的光刻机及相关服务提供商，其中深紫外（DUV）光刻机的市场占有率在 90%以上，而极紫外（EUV）光刻机更是处于100%绝对垄断地位。ASML负责整机集成，其光刻机最核心的三个子系统激光光源、光学子系统及工件台，分别由美国的Cymer、德国的ZEISS及荷兰的PHILIPS提供。2021年上半年，ASML销售126台DUV设备和16台EUV设备，整个DUV光刻机产品线（ArFi+ArF+KrF）的销售额占比达到60%，EUV光刻机目前的出货主力为NXE 3400B和3400C，第一台NXE 3600D已交付出货。

2）台积电

台积电作为全球最大的芯片代工厂，2020年市场占有率超过50%，遥遥领先于其他厂商，且在7nm以下先进制程落地方面进展迅速。根据台积电2021年第二季度的报告，7nm工艺营收达到总体代工营收的31%，而5nm工艺营收也达到了18%，先进制程（包含7nm及更先进制程）的营收达到该季度晶圆销售金额的49%。台积电3nm工艺预计将于2022年下半年量产，相较于5nm技术，速度将增快15%，功耗将降低30%，逻辑密度将增加70%。

3）北方华创

北方华创是国内集成电路高端工艺装备的先进企业，主要产品涵盖刻蚀设备（Etch）、物理气相沉积设备（PVD）和化学气相沉积设备（CVD）等。其中，14nm硅刻蚀机已经应用于上海ICRD，28nm/40nm/65nm硅刻蚀机在中芯国际、上海华力、长江存储等稳定量产；28nm硬掩膜PVD在中芯国际成为国产设备的第一台28nm基线关键工艺设备，并通过高通产品认证；已完成国内首台应用与14nm的ALD设备的研发，并已成功进入上海ICRD；28nm清洗机累计流片量突破160万片大关；氧化炉设备在中芯国际、武汉新芯、上海华力、长江存储等国内40nm/65nm主流芯片厂实现量产。

4）华卓精科

华卓精科是以光刻机双工件台为核心，是国内领先的纳米级超精密测控企业，致力于在实现超精密机械与测控技术成果产业化。

华卓精科与清华大学组成联合攻关团队开展平面电机双工件台样机研制及产品化工作，在此基础上，面向EUV光刻机真空需求突破磁悬浮平面电机技术，完成磁悬浮平面电机工件台实验装置研发，开发出具有自主知识产权的磁浮平面电机干式/浸没式双工件台产品，实现了国产光刻机工件台由单台气浮直线电机到双台磁悬浮电机的跨越式发展。

5．存在的问题与措施建议

1）存在的问题

基础研究支撑不够。集成电路涵盖基础学科到工程技术的冗长生态链，原创性的基础理论创新孕育了许多集成电路技术的重大突破。当前我国集成电路被“卡脖子”的重要原因之一在于基础研究产出对产业创新发展的支撑能力有限。

总体投入不足。集成电路产业发展需要持续的、大规模研发投入，当前国内在集成电路领域的总体研发投入仍然不高，且存在投资分散的问题。尤其在集成电路制造领域，头部企业研发投入比例基本在15%左右，从绝对值来看，Intel、台积电、三星半导体每年的投入都在100亿美元上下，而我国单个企业的投资强度远远达不到这一水平。

产业人才短缺。人才是集成电路产业发展的第一资源，也是制约我国集成电路产业发展的关键瓶颈。集成电路人才既要有知识也要有技能，既要会创新也要能创业，对实战和跨界的能力要求高。当前我国集成电路人才在供给总量上仍显不足，且存在结构性失衡，尤其是高层次创新人才严重短缺。

2）措施建议

发挥政府的制度化优势，用好新型举国体制，设立跨部门的集成电路产业发展领导机构，做好顶层设计，抓住“卡脖子”关键问题，央地联动，共同攻坚，切实解决集成电路产业“短板”问题。

培育健康的集成电路生态环境，鼓励面向市场终端的系统解决方案研发，推动设计、装备、材料等上下游企业的紧密耦合，完善首台套、首批次政策，支持“五基”推广示范应用。

强化前瞻性基础研究。对影响核心的基础零部件提前部署、重点攻关，加强新材料、新器件、新结构、新原理的前沿研究，鼓励探索产业技术无人区和定义未来的前瞻性研究，支持“10 年坐冷板凳”的基础性研究，营造不追求急功近利的结果、不以论文论英雄的宽松氛围。

发挥应用型技术研究机构作为技术转移的载体作用。针对国内科研和产业对接困难的实际问题，建设一批 IMEC 类型的技术研究机构，作为连接高校和企业的中介，着力扩大基础研究成果的转化渠道和转化进程，推动基础研究成果在产业技术中的应用。

发挥市场化机制优势，在坚持自主创新的同时坚持更高水平的开放，在开放合作中形成更强创新力、更高附加值的产业链，建设先进、开放、领先的下一代产业体系。

加强集成电路人才队伍建设和集成电路学科建设。推动集成电路科学与工程一级学科建设，培养更多集成电路产业需要的高层次创新人才，更好地支撑产业发展。

执笔人：钟潇，吴华强

审稿人：肖华

编写单位：清华大学

第四篇

地方篇——宁波市

一、发展概况

1. 发展规模

2020 年，宁波市工业基础产业（关键基础零部件、关键核心电子元器件、关键基础材料）拥有规上企业 1401 家，实现工业产值 3090.6 亿元，占全市规上工业总产值的 17.3%。优质企业带动“五基”产品高速发展，多项重点产品在技术先进性、技术独特性、产业链完整性等方面实现进步，打破国外垄断，在全球和国内市场获得高占有率，发展稳步向好。

“十三五”期间，宁波市科学规划定位，聚焦发展、特色发展，推动产业聚集，形成独具特色的产业群体，创造不可复制的核心竞争力和特色产业亮点，争取拉动龙头化、技术创新化、产业集群化、产业链完整化，培育出一大批基础产业优秀重点产品。轴承、液压件及泵阀、电机、模具、密封件、粉末冶金件、传动件、气动元件、紧固件和铸锻件等十大关键领域优势突出，重要元器件技术壁垒不断突破，龙头企业核心作用凸显（见表 4-1）。

表 4-1 产业基础主要指标和标志性技术和产品情况表

序号	名 称	数 量	备注
1	关键基础件（元器件）产业	实现营业收入 956.5 亿元，同比增长 4.4%； 实现利润 87.0 亿元，同比增长 11.56%； 研发费用达 33.1 亿元，同比增长 7.6%	2020 年规上企业数据
2	重点产业产值	绿色石化：3142.1 元； 汽车产业：2555.7 亿元； 高端装备：4576.6 亿元； 新材料：2174.6 亿元； 电子信息：2615.3 亿元； 软件与新兴服务：1000 亿元； 智能家电 1038 亿元； 时尚纺织服装：1135.9 亿元； 生物医药：206.1 亿元； 文体用品：872.45 亿元； 节能环保：676.8 亿元	2020 年规上企业数据
3	重点产业增加值	绿色石化：674.8 亿元； 汽车产业：676.7 亿元； 高端装备：1063.7 亿元； 新材料：357.1 亿元； 电子信息：549.7 亿元； 智能家电 203.1 亿元； 时尚纺织服装：247.3 亿元； 节能环保：162.85 亿元	2020 年规上企业数据
4	研发投入	385.7 亿元	2020 年规上企业数据
5	主导产业链	化工新材料产业链：成品油、石油沥青、ABS、PTA、MDI、聚丙烯树脂、聚苯乙烯等主要石化产品规模位居国内领先地位； 节能与新能源汽车产业链：具备从材料、零部件到整车的完整产业链，零部件涵盖汽车动力、底盘、车身、电子电气全部四大类，吉利和大众的本地配套率超过 40%； 特色工艺集成电路产业链：已具备一定的产业完整度，涵盖了芯片设计、芯片制造代工、封装测试以及行业应用等环节； 光学电子产业链：在光学零组件、光电产品和光学仪器、光学膜等领域拥有较高优势； 机器人产业链：初步具备了伺服电机、减速器、控制器、机器人本体、系统集成的研发生产能力；	

续表

序号	名　称	数　量	备注
5	主导产业链	智能成型装备产业链：拥有海天塑机、弘讯科技等国家级单项冠军企业，是全国最大的注塑机生产基地； 高端模具产业链：产品门类齐全，压铸模、铸造模、塑料膜、粉末冶金模具有较高的国内市场占有率； 稀土磁性材料产业链：基本形成了稀土金属加工、熔炼、制粉、成型、烧结、机加工及电镀等完备的磁材制造体系； 智能家电产业链：具有从前端设计、终端制造、后端销售以服务的完整产业链条； 时尚服装产业链：包括创意设计、智能制造设备、后端营销服务等较为完整的产业链	
6	国家级专精特新“小巨人”企业	182 家	
7	单项冠军培育企业	233 家	

1）核心零部件

2020 年，宁波市在关键基础零部件领域共有规上企业 1020 家，产值共计 952.6 亿元，在高端模具、气动件、液压件、密封件、紧固件、精密轴承、金属铸造及锻件、伺服电机、泵阀等领域基础雄厚。臻至模具是国内首批发动机缸体国产化压铸模具制造商之一，成功研发的总重量为 80T 的国内最大汽车结构件压铸模具，是首次出口到国外的最大压铸模具；华成阀门研发的无铅青铜阀门锻造技术顺利实现产业化，填补国内空白，公司工程技术中心被认定为浙江省高新技术企业研究中心；宁波万安生产制造的充液连管阀采用针式阀杆的结构，利用锥面对阀座进行密封，同时利用锥面尖头对充液管进行钻孔，核心技术国际领先；赛克思液压科技股份有限公司生产的高压大排量液压柱塞成功实现进口替代；东联密封件生产的高纯度、高性能 99.5%氧化铝陶瓷密封环产销量全国第一，是国家级重点新产品，公司研发的氧化铝陶瓷盘被应用到科学实践十号卫星和天宫二号空间实验室；东方电缆首次攻克 800 米深水脐带缆技术并实现产业化，研发生产了世界已投运最高电压柔性直流陆地电缆（±535kV）、XLPE 海底电缆（500kV），在深海脐带缆市场占有绝对份额。

宁波市大力推动企业进行研发投入，区域创新动力持续增强，一大批关键技术、重点产品取得突破，有望实现进口替代。天生密封件正在开发的核级仪表卡套接头正处在工程化阶段，研发成功后将填补国内空白，其主打产品核电站压力容器 C 型密封环一直位居全国第一、世界第二的行业地位；慈兴轴承正在开发的工业机器人减速机轴承填补国内空白，正处于产业化阶段，新能源汽车高速轴承实现批量生产；宁波中科毕普拉斯新材料科技有限公司的新型非晶纳米晶合金铁芯在高速电主轴上的应用研发获得突破，成功试制出转速大于 90000r/min 的超高速高效电机，效率高出同型号硅钢电机 10%以上。

2）电子元器件

2020 年宁波市关键核心电子元器件领域共有规上企业 235 家，实现产值 450.9 亿元，在集成电路、传感器、光通信、光电显示、光伏器件、继电器等领域拥有一批优势产品。金海电子掌握紧凑型的安装设计，技术先进性达国际领先水平，生产制造 HF140FF、HF140FF-G、HF14FW（继电器）一系列优势产品；中芯宁波成功研发 600V 高压 BCD 芯片，打破美国、日本长期的垄断；比亚迪半导体研发 IGBT4.0 技术，实现进口替代，广泛应用于新能源汽车等领域；舜宇集团是全球领先的将光、机、电、算技术综合应用于产品开发和大规模生产的光学企业，车载镜头的市场占有率连续多年位居全球首位，手机镜头、手机摄像模组市场占有率位居全球前二。

在电子元器件领域，同样拥有一批具备研发实力的企业正在突破关键核心技术。基合半导体在自容触控芯片细分市场，已在传音、中兴、小米、TCL 等品牌全面铺开，手机端市场占有率达到 60%，正在研制的基合 AMOLED 柔性屏触控驱动芯片未来可打破垄断、实现进口替代，部分技术处于国际领先水平；宁波环球广电科技有限公司研发设计的800G高速光模块/6T高速光模块为国际领先水平；宁波迪亚生物科技有限公司研发的核酸即时诊断芯片已进入产业化阶段，是对病原体检测、遗传病防控等方面涉及的基因序列进行现场快速核酸检测的即时诊断芯片，技术水平国际领先。

3）关键基础材料

2020年，宁波关键基础材料领域共有规上企业257家，实现产值1974.7亿元，在稀土磁性材料、高端金属材料、化工新材料、功能膜材料、石墨烯材料等领域优势突出，企业在材料领域研发实力再创新高。博德高科成功突破超高表面质量镀层丝开发技术，填补国际空白，可生产高端精密切割丝这一优势产品；宁波万华是全球最大的聚氨酯生产企业，已开发120余款高端家电材料、80余款车用改性材料，其生产的多亚甲基多苯基多异氰酸酯、二苯基甲烷二异氰酸酯等产品用于长征五号B运载火箭；韵升集团是我国少数掌握稀土永磁材料全套装备的制造企业，其生产的硬盘驱动器（HDD）、音圈电机（VCM）市场占有率超过70%。

基础材料的技术突破，对提升产业链、供应链的自主性和可控性起到关键作用。宁波多家企业积极投入研发，正在突破多项国际、国内领先的关键材料领域基础工艺。拓铁机械正在突破大型厚断面耐高液压球墨铸铁件的生产技术；宁波江北激智新材料有限公司曾获省级科技进步二等奖1次、宁波市科技进步一等奖2次，正在突破的高色域环保型量子点膜技术已进入工程化阶段，可填补国内空白；宁波金鸡强磁股份有限公司致力于钕铁硼辐射取向环形磁钢的产业化，可填补国内空白。

4）基础软件和关键应用软件

在基础软件和关键应用软件领域，宁波拥有蓝卓、和利时、弘讯、文谷等优秀企业，在工业互联网操作系统、可编程逻辑控制器（PLC）、注塑机控制软件、自动化控制系统、制造执行系统（MES）等方面拥有一批优势产品。蓝卓率先发布了中国首个拥有自主知识产权的工业操作系统 supOS，并入选国家跨行业跨领域工业互联网平台，发展成为国内领先的优秀工业互联网平台服务和方案解决供应商；和利时研发推出国内首款内生安全可信 PLC，系统填补了可信计算在工业控制器领域的技术空白，达到国际领先技术水平；弘讯科技开发的高精度、自适应塑机控制系统达到国际领先水平。宁波 5G+工业互联网成效显著，试点应用成果丰硕，梳理形成 60 余个“5G+工业互联网”年度试点项目，围绕纺织服装、汽车汽配、高端装备、家用电器、新材料等重点行业，有侧重地推进试点工程建设。

在软件和信息服务、汽车、生物医药等领域，宁波多家企业正在进行基础软件技术突破。国利网安入选“宁波市支撑数字化改革的软件企业”推荐名单，正在进行的基于人工智能技术的勒索病毒防御系统研发为全球原创研发，已步入工程化阶段；宁波探谱汽车技术有限公司研制的新能源汽车热泵空调系统，技术水平国际领先；浙江德尔达医疗科技有限公司致力突破人工智能辅助复杂器官三维重建技术。

5）标准和基础检测检验平台

多家企业正在进行关键技术突破。宁波江丰生物信息技术有限公司正在突破的混合照明模式傅里叶叠层成像技术为全球原创研发，未来用于生产制造大视场超高速超分辨血细胞扫描仪；宁波均胜群英汽车系统股份有限公司致力于新能源汽车双核智能充电管理系统的研发，可填补国内空白；球冠电缆正在突破交联聚乙烯相关的阻燃 A 类电力电缆制备技术，用于制造定电压 110kV 交联聚乙烯绝缘皱纹铝套终端产品，技术国际领先。

2. 技术进展

1）伺服电动机

随着注塑机向高速、精密、环保、高效等方向发展，对伺服电机的效率、精度、响应时间、功率密度、转速等指标提出了更高的要求。尤其是高端全电动注塑机的快速发展更是对伺服电机的性能提出了更加苛刻的要求。

宁波安信数控承担工信部工业强基专项“高效节能注塑机用高响应高精度高速系列伺服电动机”，开发了适合市场需求的高系统效率、高动态响应、高控制精度和高可靠性的伺服电机，提升了企业技术创新实力及核心竞争力，为下一步进军国际市场，挑战同类国际高端产品奠定了扎实的基础。高效节能注塑机用高响应高精度高速系列伺服电动机在产品系列上，形成18、25、30三大系列高响应高精度高速中大型伺服电机，功率范围覆盖7.5kW～110kW，额定转速范围覆盖1000rpm～3000rpm，转矩10Nm～1000Nm，应用于伺服节能注塑机和全电动注塑机的预塑化、开合模、注射、顶出、模厚调节等注塑机各大机构。共申请/授权专利 22 项，其中发明专利 6 项、授权 4 项、实用新型 16 项、授权 16 项。伺服驱动的液压节能伺服注塑机和全电动注塑机，与传统液压注塑机相比，显著降低了液压系统节流调速造成的无功能耗和液压油生热，节能率达 20%～80%，节约循环水 80%～100%。相对普通异步电机伺服+定量泵方案，根据所加原料的不同和产品的不同，节电率变化较大，范围为20%～80%，平均节电约 52%，相对于普通异步电机伺服+变量泵，节能在20%～40%，平均节电约30%。

2）摆线针轮精密减速器

摆线针轮精密减速器是工业机器人关节主要减速器，是其核心关键部件之一，过去长期依赖进口，制约我国工业机器人产业的发展，目前取得了长足进步，但与国外先进企业产品还有不小的差距，需要各企业、科研院所、辅助配套生产企业、国家各相关部委共同努力，在产业政策、基础共性研究、高精度生产设备、精密工装、高端刀具、试验检测仪器、零件标准等方面重点用力，尽快实现国产化，摆线针轮精密减速器性能、寿命、生产成本、产品拓展、生产规模等跟上国际先进水平，具备国际市场竞争力。

宁波中大力德承接工信部“机器人精密摆线针轮减速器”项目，

在现有综合能力基础上，对机器人精密摆线针轮减速器进行设计、制造、装配、检测和产业化应用。通过搭建数字化正向设计平台系统，搭建关键零件测试设备和整机测试设备的摆线针轮减速器检测检验平台，研发高强度耐磨材料技术（球墨铸铁）、加工工艺优化技术、专用润滑及密封技术、高精度装配技术、可靠性及寿命检测技术以及新型传动机理的探索，发展适合机器人应用的高效率、低重量、长期免维护的系列化精密摆线针轮减速器。为国内以及国外机器人提供高精度、高质量的精密摆线针轮减速器，技术性能指标达到国际水平，打破国外公司的垄断。目前，企业综合实力位居全国微型齿轮减速电机行业龙头，至今已有 100 余项新产品列入宁波市工业新产品试产计划；8 项新产品通过宁波市新产品鉴定，居国内同类产品领先水平。开发的“WDG-8001 自动门用无刷直流减速电机”和“CP400-100-000 小型齿轮减速电机”分别获得中国齿轮行业科技进步成果一、二等奖，“永磁无刷电机行星齿轮减速机构”列入国家火炬计划，“VRSF-78VR20-2004 行星减速器”列入国家重点新产品计划，“ZD-220BX-81-RVE 摆线针轮 RV 减速器”获装备制造业重点领域省内首台（套）产品荣誉，“机器人精密摆线针轮减速器”中标国家 2017 年工业强基工程。2018 年和 2019 年，分别承担宁波市科技创新 2025《机器人系列化高精度 RV 减速器产品性能优化》及《机器人用高性能谐波减速器》项目。

随着宁波中大力德减速器技术水平的提高、市场竞争力的提升，国外产品持续降价，为国产机器人产业的发展提供了有力支撑，随着国产机器人产量的提升，价格的下降，性价比越来越高，使用的行业、领域越来越多，有利于国内工业机器人、高精度装备制造业、航空航天、轮船、包装机等行业的发展，带来国产机器人应用的大飞跃，从而为实现真正意义上“机器换人”国家战略提供坚实基础。

中大力德主导制定了行业标准《JB/T13757-2020 摆线针轮精密传动减速器》及国家标准《精密减速器回差测试与评价》，便于市场选用更加规范、便捷、通用，便于摆线针轮精密传动减速器的设计、制造更加统一、合理，便于用户与制造厂家形成一致的验收、检验标准，为减速器产品的产业结构调整、产品的升级换代起到了很好的支撑作用。目前国内外高端市场基本被国外产品垄断，项目产品标准实施后，可以引导国内企业向符合国际市场的方向组织研发并实施生产，增加产品的竞争力，从而逐渐打破国外产品在高端市场的垄断。

3）工业机器人轴承

目前，各国均将机器人产业作为占领技术和市场制高点的重研发与产业化领域。我国将机器人产业纳入战略新兴产业发展的重点领域，提出要大力推进自动控制系统、工业机器人、关键零部件等装置的研发和产业化。轴承在工业机器人所有关键核心零部件中，与国外同类产品差距最大，成为制约国产机器人发展的瓶颈。因此，发展适合工业机器人应用的高效率、轻量化、长期免维护的工业机器人轴承及产业，对于推进制造强国战略，从自动化向智能化生产演进具有重要意义。

宁波慈兴轴承有限公司（以下简称“慈兴轴承”）是国内微小型球轴承发展的重要基地，是专业生产中高端汽车轴承、电机轴承、电动工具轴承、家电轴承、机器人轴承的企业。企业积极承接工信部“年产300万套工业机器人轴承产业化生产线技改项目”，对工业机器人用的精密关键轴承进行设计、制造、装配、产业化应用，为国内外工业机器人提供高精度高质量的轴承，推动国产机器人轴承技术性能指标达到国际先进水平，研制具有自主知识产权并达到国际先进水平的工业机器人核心基础部件；完成示范应用或形成产业化。

宁波慈兴轴承项目的实施成功打破国内高精度工业机器人生产量少的瓶颈。研制的精密轴承系列产品，在重庆长安工业集团有限责任公司负责自主开发的弧焊机器人、搬运机器人、涂装机器人和点焊机器人等工业机器人，以及其他国产工业机器人上成功实现与精密谐波减速器和RV减速器集成应用示范，经济效益巨大。

慈兴轴承公司负责起草制定了国家标准“GB/T34884—2017 滚

动轴承工业机器人谐波齿轮减速器用柔性轴承”、浙江制造标准“T/ZZB 0513—2018 工业机器人谐波齿轮减速器用柔性轴承”，制定了工业机器人谐波减速器用柔性轴承产品企业标准“Q/CW A017—2018 谐波减速器用柔性轴承产品技术要求”“Q/CW D020—2018 柔性轴承产品振动测试评价规范”“Q/CW D021—2018 柔性轴承产品性能检测评价规范”“Q/CW D022—2018 柔性轴承产品耐久性试验评价规范”，编写了该系列产品的中英文样本，进一步推进研制生产的标准化、国产化。

4）车身及底盘结构件高真空挤压压铸模具

近些年来，我国制造业发展势头迅猛，在某些高端制造业和高端产品行业（如中高档轿车、大规模集成电路、精密电子产品、高档机电产品和军工产品）也取得了一定的进步，但整体而言，中国制造业仍处于世界制造业产业链的中下游，相比于国外先进企业和行业的产品水准，仍存在较大的差距，其中主要原因之一便是产品模具质量和精度不过关。国内模具行业历经几十年的发展，其生产工艺和产品技术含量取得了较大发展和提升，但在高端产品和高技术领域，仍落后于国外的先进技术，致使目前仍然需要从国外进口大量的精密模具，造成大量外汇储备外流，国外产品在某些特定应用领域形成垄断，同时也阻止了国内模具技术的发展。

宁波合力模具科技股份有限公司（简称“合力模具”）始终坚持以开发、设计制造轻量化成型模具为己任，致力于汽车发动机缸体、缸盖、车架、底盘结构件、高铁及轨道交通部件的铝镁合金压铸模具及产品的开发与制造，现已打造成一个集大型压铸模具、低压铸造模具、重力铸造模具、各种造型线、冷热（壳）芯盒模具、热成型冲压模具研发、设计、制造为一体的国家高新技术企业、中国压铸模具重点骨干企业，是工信部认定的“全国压铸模具单项冠军示范企业”，在业内具有较大的影响力。

合力模具在原来掌握的压铸模具和重力制造模具等产品制造工艺基础之上，根据车身及底盘结构件压铸模具和挤压模具等新产品的应用环境和实际需求，利用公司现有厂房和设备，购置主要生产及辅助配套设备进行技术改造转型升级，优化了产品生产工艺，以提升公司车身及底盘结构件压铸模具和挤压件模具的生产能力，最终实现结构件的高真空压铸挤压模具的工业化研发与制作，实现这些模具的全部国产化、部分模具出口，达到世界先进技术水平。项目提升了公司结构件压铸模具产能，巩固公司的行业地位，并由此来带动国内整个压铸、挤压模具行业共同发展，提升我国在该项目模具的整体综合能力。

5）新型平板显示用高纯靶材

国内平板显示器目前市场大，且发展速度快，对靶材的需求也呈同步增长态势。我国平板显示产业正处于爆发阶段，以京东方、华星光电、龙腾光电、天马等为代表企业纷纷投入巨资，打造生产基地。目前，中国已经成为全球最大的平板显示器消费市场，新型平板显示用高纯靶材市场广阔。以平板显示器和半导体芯片为代表的主要应用市场的生产商迫切希望打破长期以来溅射靶材由美国、日本跨国公司垄断的局面，这为国内溅射靶材生产厂商提供了强劲的发展动力

金属溅射靶材作为以信息技术为代表的现代工业的基础，是一种极其重要的关键材料，长期被美国和日本六家企业所垄断。国家为了改变这种被动局面，科技部的 02 科技重大专项、工信部的彩电专项和工业强基、发改委的稀土专项等专门成立了重大科研和产业化项目，都有针对性地把溅射靶材的研发及产业化列为重点项目，从国家战略高度扶植溅射靶材产业发展壮大。

宁波江丰电子材料股份有限公司（简称“江丰电子”）专业从事集成电路、平板显示器和太阳能用超高纯材料及溅射靶材研发、生产和销售，先后承担了国家 02 重大专项、863 计划、稀土专项、彩电专项、工业强基等国家级科研及产业化项目，连续参加了国家“十一五”“十二五”科技创新成就展，已成为国内技术最先进、材料最齐全、工艺最完整、设备能力最强、产能最大的超高纯度金属材料

及溅射靶材生产基地。江丰电子研发的超大规模集成电路用溅射靶材填补了国内空白，结束了我国依赖进口的历史，成功地用于我国芯片制造最尖端的 28 纳米技术并实现量产。还打破了美日企业的垄断，产品打入国际市场，在国际最尖端的 16 纳米技术达到量产，技术水平达到国际领先水平，是国内的溅射靶材领域的龙头企业。江丰电子研发的 G6、G8.5 代线用溅射靶材打破了美国、日本的垄断，实现在京东方、华星光电、韩国 LG 等的应用。公司承接工信部新型平板显示用高纯靶材项目，开发了 Mo 靶材粉末冶金烧结成形工艺，发明了超高纯 Al 靶材晶粒尺寸及织构控制技术，大长宽比超高纯靶材精密机械加工工艺创新，发明了大面积异种金属的焊接方法，建立了分析检测及净化清洗包装技术，还研发制造了大批核心装备，生产线国产设备率超过 90%。促进了我国超高纯铝、钼靶材坯料等溅射靶材原材料制备的核心技术提升，打破少数几家跨国企业垄断高纯溅射靶材原材料供应的现状。通过向上游产业链拓展，有利于完善公司靶材产业链的布局，实现靶材原材料的自给，进而提升公司的盈利能力及抗风险能力，并进一步扩大公司在国内外溅射靶材领域的话语权和行业主导地位，完善产品规划，并提高生产及管理效率，推动企业健康、有序、迅速发展。

6）轨道交通用动力型超级电容器

超级电容器是 21 世纪出现的新型储能器件，利用多孔材料高比表面积特性和电解液离子极化形成的双电层来存储电能，其特性兼备了普通电容器的高功率特性和电池的高能量特性的优点，从而填补了具有上述两高特性的储能器件的空白。自 21 世纪初美国 Maxwell、日本 NEC 和松下公司推出成熟的市场产品后，市场应用迅猛发展，目前产品除已成功应用于混合动力汽车、风力发电、太阳能发电、军工、智能电网、工业 UPS 等领域外，在其他领域也在积极拓展，如电力、石油、船舶、航空航天、轨道交通等。其中尤以轨道交通应用领域已进入工程化应用阶段，如在储能式轻轨车辆应用上作为主动力源使用。城轨交通装备应用超级电容器的目的是实现能量的高效利用和循环利用，达到绿色节能的双重目标。当然，城轨交通装备的自身特点也需要超级电容器具有大容量、大功率、长寿命等动力型的特性，因此研制适合城轨交通装备的动力型超级电容器极为重要。

宁波中车新能源科技有限公司（简称“宁波中车新能源”）是专业从事超级电容器复合材料、超级电容器电极、超级电容器单体、储能电源模组、系统集成等的研发、制造、销售及服务的国家高新技术企业，致力于为全球客户提供新型超级电容驱动与能量回馈方案及装备。宁波中车新能源积极推动工信部“轨道交通用动力型超级电容器”开展工作，完成了超级电容研发制造基地建设，购置了相关生产和检测设备，研究了储能新材料、储能新体系、器件（模组、系统）新结构、新工艺、新型制造装备、新型系统测试装备等，解决了高比能、高功率超级电容器的制造技术瓶颈，拥有了超级电容自主知识产权，掌握了轨道交通用动力型超级电容产业化生产技术。从而增加储能现代有轨电车的续航能力，减少有轨电车储能系统、地铁制动能量回收装置和内燃机低温启动系统的质量和体积；轨道交通用动力型超级电容器达到国际领先水平，且实现了 150 万支/年产业化能力，达到了“亚太第一、世界第二”的目标。

宁波中车新能源突破国际上超级电容器的核心技术垄断，掌握了超级电容器新材料、新体系、新工艺、新装备的关键技术，获得了相关技术的自主知识产权，推动了我国超级电容器及其相关领域的技术进步，筑造了国际核心竞争力。引入化学储能，创新了物理与化学协同储能效应的超级电容器新体系，开发了高比能电池电容，指明了超级电容器技术的发展新方向。开发了石墨烯基多孔炭储能材料，首次实现了石墨烯在超级电容领域的规模化应用，推动了我国石墨烯产业的发展。首创了以项目产品为主动力源的储能式有轨电车，比有网运行节电 30%左右；与传统公交车相比，超级电容储能式现代电车的制动能量回收 20%以上，且无尾气排放，实现了节能减排，带来了我国公共交通车辆牵引技术领域的重大变革，提高了人民的生活环境质量。以项目产品为地铁制动能量回收装置的电源可节能 20%左右，装载该装置的地铁每天每站台运行节电达 600 度/列以上；以项目产品为油田、港机等重型起吊装置的电源节能率达 30%以上；以项目产品为内燃机车启动的电源系统可允许低温（−40℃）条件下的频繁启动，减少了空载待机时间，实现了“熄火待命”，1 小时节约燃油达 16 L 左右。

7）核级静密封件

核电厂区别与民用火电、水电等发电站需要更高的安全性、技术成熟性。因此安装在核电厂中的密封件同样需要具备高安全性、高可靠性以及便于替代的均一性。在核电厂的构筑物、系统和部件（SSC）的设计中密封件均有着广泛的应用，是核电站安全的关键一环。

天生密封件科技有限公司专业致力于核工业、石油、船舶、冶金、化工、机械及航空等相关领域的高端密封垫片、密封板材、密封填料（盘根）等的研发、生产和服务。其承担的工业转型升级强基工程项目“核级静密封件实施方案”为实现我国核电密封件的国产化生产，为核工业建设提供保障。经过多年努力，天生密封件完成核级密封垫片生产设备的改造和升级、建立和完善核级密封产品生产线；建成了核级密封垫片实验平台，包括模拟核电运行的高低温冷热循环试验系统台架、密封性能检测平台。天生密封件紧紧围绕工程化、产业化项目的核心基础零部件——核级静密封关键密封产品开展系统性研究，重点突破了核电站核岛设备与连接管道用高性能石墨密封垫片、石墨/金属缠绕垫片和核反应堆压力容器（RPV）自紧式金属 O 形环和弹簧赋能型金属 C 形环等关键制造技术，通过消化、吸收、全面掌握中国引进国外先进核电技术的基础上，通过再创新开发形成具有中国自主知识产权的高性能核级静密封产品，产品的压缩率、回弹率、松弛率和泄漏率等关键约束性性能指标均达到我国核电密封要求，重点开发推广一批急需的技术装备和产品，完善技术创新体系、制定核电关键密封技术国家标准，提升创新能力，突破一批关键共性密封技术，推动先进成熟技术产业化应用和推广。以顺应国内核电工业快速增长，进一步提高我国大型先进核电技术的自主创新能力和关键密封技术核电设备自主化能力和国产化水平。

此外，由于核级密封件的国产化，迫使国外同类密封产品降价40%～50%，如今建成一座 1400 万千瓦的核电站，较以往可以节约国家投资 4 个亿以上，极大地降低了我国核电建设成本，可以有效地规避依赖国外进口的风险，维修和售后服务也具有更好的保障，进一步加快了我国从核电大国向核电强国的转变。同时，核电静密封产品的国产化使我国大量建设核电站成为可能，间接地减少火电污染物的排放，而且该公司生产的核电密封垫片都是采用环境友好型的可循环材料，极大地减少工业废料对环境的破坏。

中国核电的建设以及中国核电走出国门志在必行，核电将成为中国崛起的重要支柱。这不仅仅是简单的节约资金和“挣钱”，更重要的是从此中国核电的发展不再受美国的牵制，中国从此消除了 18 个月核电停堆的危机，而且中国核潜艇、核航母、海洋核动力平台建设有了自己的密封技术。

8）柴油机可变截面涡轮增压器

涡轮增压器技术是汽车发动机实现节能、减排的重要技术措施。可变截面涡轮增压器在涡轮机中设置可变装置，根据发动机不同工况需求来调节涡轮机的流通截面积以及排气进入涡轮的角度和速度，从而改变了涡轮增压器的转速和压气机出口端的增压压力。当发动机低转速时，导流叶片闭合，限制了流经涡轮机的废气流，从而提升涡轮增压器功率和增压压力；当发动机转速较快时，导流叶柴油机可变截面涡轮增压器片打开，使废气流量最大化，从而避免涡轮增压器超速并保持发动机所需的增压压力。通过调节导流叶片的角度，使得可变截面涡轮增压器在全工况范围内与发动机有良好的匹配。配合发动机的电控技术，可以通过发动机 ECU 实现稳态和瞬态模式下对喷嘴导流叶片位置的精准控制，最终实现对发动机排放物的控制，实现国五及以上更高排放标准，从而降低 NOx 和颗粒物的排放。

宁波威孚天力增压技术股份有限公司是专业开发研究、生产销售涡轮增压器的高新技术企业，产品覆盖 30kW～150kW 的柴油机和汽油机，各项指标均达到欧 III、欧Ⅳ、欧Ⅴ、国Ⅳ排放标准。为上汽集团、一汽锡柴、东风康明斯、东风小康、东风朝柴、长城汽车、安徽江淮汽车、福田汽车、江铃汽车、昆明云内、全柴动力、潍柴扬柴等国内大型内燃机厂及汽车厂批量供货。公司的产品可与国外主流企业美国霍尼韦尔、博格华纳、康明斯、日本三菱、石川岛播磨等公司产品媲美，在国内处于领先地位。

该企业积极承担工信部“柴油机可变截面涡轮增压器”项目，产品柴油机可变截面涡轮增压器在发动机实现高技术参数下，增压器寿命 10 万公里以上，达到国五以上指标，并实现产品工程化。开发气动型喷嘴环叶片、防卡滞易安装的一体化喷嘴环组件、位置可反馈的智能化执行器等关键组件，解决了柴油机可变截面涡轮增压器高温卡滞、易磨损、寿命短等问题。企业自主开发柴油机可变截面涡轮增压器出厂流量标定专用设备，解决了产品生产一致性差的问题。实现柴油机可变截面涡轮增压器国产化，改变外资企业垄断的局面。

目前，宁波威孚天力增压技术股份有限公司产品综合技术性能达到国外同类产品的先进水平，是国内自主品牌中唯一与发动机公司批量配套销售的产品，填补了国产可变截面涡轮增压器销售市场空白，提高了我国发动机增压技术的发展水平。该公司在增压器行业细分市场小缸径柴油机领域在销量上已经成为“单项冠军”，随着可变截面涡轮增压器（VNT）产品的强势推出，公司在增压器行业的影响力也在快速提升。同时，公司也在不断地开发效率更高、可靠性更好的新一代 VNT 产品，提高公司的产品竞争力，用于满足排放的升级，以及适应效率更高的发动机需求。通过在国 V、国 VI 等一系列项目的开发，公司的 VNT 产品已无论是在功率、扭矩等参数上，还是可靠性、稳定性上都可与外资品牌相媲美。

3. 基础领域产业集聚区

宁波市磁性材料、高端模具两大基础领域的产业集群优势明显，属于我国磁性材料产业和汽车产业高质量发展的关键环节。

磁性材料产业集群。稀土资源是我国未来发展高新技术领域与发达国家竞争的“王牌之一”，作为世界上最大的稀土磁材产地，中国磁材产量约占全球 80%，其中宁波磁材产量占中国 40%，已成为我国聚集程度最高且具有重要国际影响力的磁性材料产业高地。2020 年宁波市磁性材料产业完成工业总产值 262.5 亿元，同比增长 20.1%，拥有规模以上磁材企业近百家，在全国磁材企业前 20 强中，宁波占 11 家。集群拥有国家制造业单项冠军企业 7 家、国家专精特新“小巨人”企业 7 家。产业配套齐全，拥有全国唯一的“稀土材料—磁材器件/永磁电机—高端装备”全产业链。

高端模具产业集群。作为中国模具之都，宁波在模具制造方面拥有较大优势，铸造模和压铸模产量均超过全国一半以上，塑料模和粉末冶金模在国内也拥有较高知名度，能够生产中国模具工业协会所列的全部十类模具。

二、典型经验

1. 地方政府高度重视，将产业基础高级化作为制造业发展的重中之重

宁波市 2016 年获批首个中国制造试点示范城市，根据宁波市建设中国制造试点示范城市实施方案，稀土磁性材料、高端金属合金材料、石墨烯、关键基础件、光学电子等产业基础领域作为重点突破的细分行业，并推进实施《工业强基工程》，推进重点

环节突破发展，开展重点产品应用示范，构建产业基础技术服务体系。可以说，宁波市制造业发展的基因中就蕴含了产业基础高级化。

2020 年 7 月宁波市发布《中共宁波市委关于深入实施人才和创新“栽树工程”加快建设高水平创新型城市的决定》，围绕新材料、关键核心基础件打造科创高地，加快顶尖人才、科技领军人才、企业家、高技能人才、青年创新人才聚集，并提出建设全国制造业单项冠军之城，并发布了《宁波市聚焦关键核心技术打造制造业单项冠军之城行动方案》和《宁波市单项冠军和重点产业链关键核心技术攻关行动计划》。

2020 年 11 月，宁波市工业强市建设领导小组办公室发布《宁波市推进产业基础高级化和产业链现代化行动方案》，要求提升产业基础能力，实施工业强基 2.0 计划，巩固提升工业“四基”地位，同时印发了包括稀土磁性材料、高端模具、光学电子在内的产业链培育方案。

在《宁波市制造业高质量发展“十四五”规划》中，再次强调了产业基础高级化的重要意义，明确培育关键基础件产业，着力“补链”，提升产业协同发展水平，聚焦“卡脖子”攻关，持续提升工业基础能力，并设立了产业基础再造工程、单项冠军企业培育工程、制造业创新中心培育工程等推进产业基础高级化。

2. 政府营造的良好政策发展环境，为产业基础领域企业提供技术突破和产业化落地的土壤

产业基础领域产品突破难、应用难，我国缺少必要的技术和试验验证条件，往往高技术人才在发达国家从事研发生产工作。要解决这一问题，就必须要充分发挥地方政府的作用，营造良好的发展环境，吸引海外优秀人才回国创业，并提供财政、金融、担保、知识产权贷款、土地租赁、代建厂房等多样化的综合政策给予支持，并允许科研人员试错失败，提供良好的应用验证场景，才能够培育

出优秀的企业和产品。

宁波市充分发挥前湾区平台优势，积极链接全球的高端资源，加强引智合作，引进产业链关键环节、“卡脖子”技术等项目，政府出台海外优秀人才引进政策，利用特色通道推进高端技术的研发和产业化落地。以汇丰生物为例，宁波市利用省千人计划引进“刘炳宪团队”回国创业，该团队在国外参与富士胶卷在线图像识别系统、佳能光刻机等多项研发工作，是影像领域的核心技术骨干，拥有富士胶卷、英特尔等跨国企业多年技术经验，软硬件研发积累 20 余年，智慧病理行业深耕 10 余年。在政府的支持下，该团队利用掌握的技术实现行业降维打击，研发的智慧病理整体解决方案涵盖病理前处理、数字病理、病理 AI、病理信息化、医检所等产品，覆盖病理全流程，打造智慧病理商业闭环，其“宫颈细胞扫描分析系统”取得病理 AI 第一证，研发投入占比超过 30%，4 个产品进入当时卫生部财政部国产产品目录，单个产品年收入达 1 亿元。

3. 发挥细分产品的集群效应，引导国内领先企业和科研院所在宁波落户生根

宁波是全球重要的稀土磁性材料制造和应用生产基地，产品种类丰富，涵盖了烧结钕铁硼、粘结钕铁硼、热压钕铁硼、钐钴磁体等全系列稀土永磁产品。宁波稀土产业的发展便得益于电子信息等高端制造业的发展，宁波制造的高品质钕铁硼永磁材料在汽车、风电、家电及消费电子等领域应用广泛，具有较强的市场竞争力，高稳定性钐钴永磁也已经在轨道交通、5G 通信等领域规模化发展。且宁波是长江三角洲南翼经济中心，而长三角区域是我国稀土产业下游应用发展最集中的区域，稀土永磁材料、稀土发光材料、稀土抛光材料、稀土催化材料、稀土钕玻璃、稀土光纤等稀土下游应用开发在这一区域蓬勃发展，形成了稀土下游应用的产业，并在全国处于领先地位。

宁波政府以中科院宁波材料所为依托，成立了宁波市磁性材料

产业集群发展促进中心，为产业集群上下游企业、产业集群之间的融合对接提供了有力支撑，在技术攻关、成果转化、产业服务、人才引育、要素聚集等方面提供了有效服务。目前，宁波磁材产业集群已拥有稀土永磁材料与应用技术国家工程实验室、国家磁性材料科技创新服务平台等 10 个国家级创新创业平台，浙江省磁性材料制造业创新中心等 8 个省级创新创业平台以及 2 个国家级工程技术中心。2020 年，宁波韵升的磁性元器件入选国家级“单项冠军”产品。科田磁业的钕铁硼永磁材料入选工信部第五批绿色产品。宁港永磁、松科磁材、菲仕电机等入选国家专精特新“小巨人”企业。科宁达工业入选 2019 年中国电子元件百强企业。宁港永磁、金鸡强磁、合力磁材等 5 家企业列入市级制造业单项冠军培育（示范）企业。引进和孵化镝扬科技、赉晟新材料、中科装备等 6 家创新型企业，布局磁悬浮电机、三维磁控溅射技术、磁材装备、弹性电子材料与器件等先进技术和装备的研发生产。

4. 专注细分市场的细分产品，持续不断完善派生提高市场占有率

在产业基础领域的产品和技术，具有一个典型特点，就是高端产品属于细分领域，价值高、份额高、技术门槛高，一个高端产品的利润率能占到最终产品的一半以上，而且对产业链供应链能够形成绝对的控制力。这种特点就要求企业必须长期专注于一个核心技术产品，不断提高产品的技术门槛，而企业要长期坚持，通过该产品逐步完善派生，占据垄断市场地位，形成专利和技术壁垒。

宁波长阳科技股份有限公司围绕反射膜制备技术的不断完善、新产品的不断衍生、应用领域的不断拓展，专业主攻高性能光学功能膜的开发。公司已累计获 107 项发明专利授权，其中 3 项为国际专利，是国家知识产权优势企业，公司起草参与国家、行业标准制定 6 项，开发新产品 60 余项。公司坚持“十年十膜”与“十年只做膜”，全心贯注、集中精力做好一个冠军产品，再逐步做好十个冠军

产品，做到十个世界第一，占领行业制高点，可以成为真正的有核心竞争力的高壁垒的科技型增长公司。该公司将继续坚持“十年十膜”的战略规划（未来十年，再按照反射膜的发展路径专注且快速的研发出10张填补国内空白的膜），从反射膜单个产品的单项冠军发展成为功能膜全领域的单项冠军，进一步整合已积累的各种技术平台，坚持自主研发，提升创新能力，以满足国内战略新兴产业快速发展对新型薄膜材料的需求。

宁波星箭航天机械有限公司自20世纪80年代开始专注于不锈钢管路元件研发制造。形成了当前可适应不同高压气体介质和强腐蚀、强氧化介质、低温介质的系列阀门产品，包括手动和气动截止阀、节流阀、减压阀、止回阀、安全阀、手动和气动球阀、电磁阀、过滤器、高压气体供配气、气密试验设备、高压、特种介质金属软管和膨胀节等产品，工厂拥有完善的高压、特种流体介质控制系统及其元件的研制、生产、检测和试验能力，2021年该公司获得国家级专精特新“小巨人”企业称号。

5. 上中下游企业联合协同开发和融通应用，解决创新产品的应用难题

受限于历史条件，大多数产业链供应链体系已经建成，形成较强的垄断地位，自主开发的创新产品很难将新产品应用到下游产品中，同时，缺少必要的应用场景使得产品验证困难，无法迭代创新，形成恶性循环。因此，基础领域企业在开展创新技术的工程化产业化过程中，需要掌握下游客户的需求，具有及时响应的能力。

江丰电子与京东方在超高纯靶材方面进行了广泛的技术交流和信息沟通，共同寻求制备性能最优的产品。江丰电子将试制的超高纯铝靶材样品提供给京东方进行试用，经其生产厂评估，产品的COA值、溅射薄膜颗粒、溅射薄膜厚度及均匀化、溅射方块电阻及均匀化等性能指标方面均符合其生产需求。在产品前期便与合肥京东方、深圳华星光电、南京中电熊猫电子、上海中航光电子等国内显

示器领域的大厂商开展技术沟通，在试生产阶段向其提供靶材及其部件测试样品，反馈结果良好，实现批量销售。

通过与下游应用厂商的良好、长期、持续合作，其研发的超大规模集成电路用溅射靶材填补了我国的空白，结束了我国依赖进口的历史，成功地用于我国芯片制造最尖端的 28 纳米技术并实现量产。还打破了美日企业的垄断，产品打入国际市场，在国际最尖端的 16 纳米技术达到量产，技术水平达到国际领先水平，是国内的溅射靶材领域的龙头企业。

6．建立多种技术创新模式，保持高技术产品的市场竞争力

企业的技术创新能力直接决定着企业的市场竞争能力。企业有了较强的技术创新能力，才能够研制开发并生产出满足市场需求的高技术和高质量的产品，不断提高自己的市场竞争力。在基础领域更是如此，必须有高投入、联合研发，才能够实现技术突破，并保持产品长青。

宁波天生密封件有限公司在消化、吸收、全面掌握中国引进国外先进核电技术上，通过创新再开发突破国外技术封锁，研究出零泄漏石墨垫片、高性能缠绕垫片、金属 O 形和 C 形密封环等核级静密封关键密封产品。在研发初期就建立了企业技术创新体系，不断加强技术开发力量，加快开发具有自主知识产权的技术和主导产品，与清华核验院联合开发重大专项高温堆接管密封项目，与上海核工程院联合开发田湾核电蒸汽发生器一次侧、二次侧人孔垫片国产化替代项目，与中国核动力研究院共同研发高温堆密封维修研究项目等。同时开展多种形式的产学研结合，吸引科研机构和大专院校的科研力量进入企业，组织力量对一些重要领域的关键技术难题进行联合攻关，实现技术上的突破与跨越，促进科技成果向现实生产力的转化。以吸引人才，留住人才，充分反映和体现科技人员实现技术创新和技术进步的价值，最大限度地发挥他们的创新潜能和

积极性。技术创新出成绩，通过近年来的持续性技术研发，累计科技项目增加收入12000万元，获得各级科技进步奖10余项，其中省部级科技进步奖6项，开发新产品5个，授权专利10项。制定国家及行业标准3项，其生产的核电装备静密封产品及密封装置极大地降低了我国核电建设成本，可以有效地规避依赖国外进口的风险，打消了美国长期垄断中国核电，迫使美国密封环屡屡降价，以最初的300万元降到140万元。

在磁性材料方面，宁波磁性材料品牌全球驰名，数十家制造企业成为华为、苹果、博世、GE等跨国企业优势供应商。同时宁波政府以中科院宁波材料所为依托，成立了宁波市磁性材料产业集群发展促进中心，为产业集群上下游企业、产业集群之间的融合对接提供了有力支撑，在技术攻关、成果转化、产业服务、人才引育、要素聚集等方面提供了有效服务。2020年宁波市磁性材料产业完成工业总产值262.5亿元，同比增长20.1%，拥有规模以上磁材企业近百家，在全国磁材企业前20强中，宁波占11家。宁港永磁、松科磁材、菲仕电机等入选国家专精特新“小巨人”企业。科宁达工业入选2019年中国电子元件百强企业。宁港永磁、金鸡强磁、合力磁材等5家企业列入市级制造业单项冠军培育（示范）企业。

7. 引入数字化手段和加强质量管控，确保高技术产品高质量

基础产品质量的一致性是保障产品既有供应链体系突破应用的必要条件，100%合格率才能够使得下游整机和主机企业敢用、放心用。

数字化技术是提高基础领域产品质量的重要手段之一，通过数字化技术可以打通产品的“仿真—分析—验证—改进”设计制造链条，缩短产品设计周期，同时也提高了产品研发生产效率。通过导入先进的有限元分析技术，实现了电磁、热、流体、结构、噪音等多物理场的耦合分析和验证，并且在基础产品的仿真分析、生产制造、工艺工装、测试评价、质量控制等多方面进行深入研究，解决

了产品设计生产的潜在风险。

宁波安信数控技术有限公司在开发高效节能注塑机用高响应高精度高速系列伺服电动机过程中，全周期采用数字化软件技术辅助生产设计。其伺服电机的结构设计上采用 UG7.5 软件对电机的零件、部件以及整机进行三维实体建模，最终确定后得到整套结构设计图纸。然后基于 ANSYS Workbench 平台，在 Mechanical 模块中对电机的零部件以及整机在扭矩、温度、重力以及离心力等各种因素影响下综合作用的应力、应变、疲劳与寿命做有限元仿真，评估结构设计的合理性。在保证强度刚度合理的情况下，最小化电机的转子惯量，以获得电机最佳的转矩惯量比，保证其快速响应特性。综合永磁电机转子的电磁应力、离心应力、热应力的性能仿真分析结果，可以看出哪些地方最薄弱，哪些地方还可以再减重，便于在保证电机结构强度和可靠性的前提下进行优化设计。通过轴向分段和磁极优化后的气隙磁密谐波含量都有不同程度降低，将减少谐波的电磁激振力，减少振动噪音。

宁波合力模具科技股份有限公司为了高效保质的开展薄壁件高真空压铸件的模具开发，利用有限元仿真软件进行前期浇注系统的仿真模拟，以期获得潜在失效的风险，从而改进浇注系统设计、模温系统设计、真空系统设计、挤压系统设计等的应用。合理的压铸工艺方案。具体来说，利用数值模拟软件对汽车铝压铸件的压铸过程进行模拟分析，同时，还与实际试生产出的零件相结合，这样能更好地分析及评估压铸方案的可行性。因此，通过建立压铸工艺优化流程来固化提高压铸开发的可靠性，通过充型及凝固过程仿真来指导生产，同时通过后期调试及生产的结构来验证及修正仿真的参数设置，最终将成功的案例进行参数锁定，为后面的开发奠定经验及技术支持。

宁波中大力德智能传动股份有限公司建立精密摆线针轮减速器数字化正向设计平台，主要有 Trochoid V8 摆线齿轮设计、SolidWork 3D 设计、MatLAB 数值分析、Abaqus 仿真分析等，针对摆线传动精密减速器设计进行软件二次开发，建立数模、仿真、摆线齿形设计、选配合套等模块，实现数字化正向设计。通过对多年的数据积累（每台减速器主要零件的关键尺寸数据、性能测试记录、客户使用反馈等）进行分析，反馈修正设计，对客户的特殊机型针对性定制化设计，满足客户需求，基本掌握摆线针轮精密减速器的正向设计技术。

确保产品质量的另外一个关键性条件，就是要研究开发专用的检测仪器，这些设备需要在产品生产制造过程中同步迭代、同步验证，具有行业产品特色。

宁波慈兴轴承有限公司（简称“慈兴轴承”）是国内微小型球轴承发展的重要基地，被世界500强巨头评为“全球优选供应商”，建成国家认可检测实验室。从原材料检验分析到成品应用试验，全方位的试（实）验设备为新产品的开发、已有产品的质量提供了强有力的保障。在实际生产中，检测薄壁轴承、柔性轴承内径时，若使用现有的测量装置将会使轴承套圈发生较大变形，导致检测尺寸与实际尺寸相差很大，且测量重复性差。公司研发了一种新的内径检测仪器、外径检测仪器以克服上述问题。该测量装置实现测量头与被测表面不直接接触，减少测量力对测量结果的影响，同时避免划伤被测件表面，对薄壁零件和软金属零件的测量尤为适用。针对中大型轴承的径向游隙，目前国内自主研发的一些检测仪器，由于受限于工装的精度以及更换型号后的稳定性，对应某一型号只能做单项检测，无法验证或通过理论计算来验证其检测结果的准确性；当更换型号或者调整工装后，检测结果的偏差性较大，重复性差，无法对新产品研发过程中使用结果的进行验证，针对这些问题，公司开发了中大型轴承径向游隙测量仪，相比其他仪器操作控制简单，重复性良好，测量轴承尺寸范围广，通过更换工装可测量外径50mm～400mm球轴承。

宁波威孚天力增压技术股份有限公司为了保证可变截面涡轮增压器一致性，专门开发了柴油机可变截面涡轮增压器出厂流量标定专用设备；新增的螺纹跳动仪测量设备能够有效解决原来螺纹跳动大、效率低的难题，使得加工基准与测量基准都符合设计基准，极大地提高了产品质量；增压器核心体自动修正测试机，该设备具有脉冲测试功能，能够降低乘用车振动和噪声，提高涡轮增压器总成核心体平衡精度，提高产品质量。这些专门检测设备使得其推出的满足国V排放的 JKE44、JKE48、JK50 等系列产品实现市场销售，填补了国产可变截面涡轮增压器空白，处于国内领先水平，也是唯一一家实现可变截面涡轮增压器批量主机供货的自主品牌增压器厂家。

执笔人：朱明皓、薛塬、臧冀原、吴学桥、张志博、王乐天
审稿人：陈炳荣、屈贤明、董景辰
编写单位：北京交通大学、中国工程院战略咨询中心

附录 A

国家产业基础专家委员会简介

国家产业基础专家委员会由国家制造强国建设战略咨询委员会提出，工业和信息化部和中国工程院批准同意设立，作为推动产业基础高级化，实施产业基础再造工程的专业化、战略性决策参谋机构，为党中央国务院及相关政府主管部门的决策提供准确、前瞻、及时的咨询建议。

国家产业基础专家委员会设主任 1 名、副主任 5 名、秘书长 1 名，委员 95 名。

主　　任：陈学东

副 主 任：干勇、尤政、单忠德、张纲、屈贤明

秘 书 长：焦栋

国家产业基础专家委员会下设 6 个专项工作组，由主任/副主任组织开展相关工作。

基础零部件和元器件专项工作组（陈学东）

基础材料专项工作组（干勇）

工业基础软件专项工作组（尤政）

基础制造工艺及装备专项工作组（单忠德）

产业技术基础专项工作组（张纲）

政策专项工作组（屈贤明）

在中国工程院战略咨询中心设秘书处，作为国家产业基础专家委员会的工作执行机构，秘书长负责主持开展日常工作。

秘 书 长：焦栋

副秘书长：杨晓迎、娄延春、范志超、荆涛、谢曼、臧冀原

成　　员：薛塬、郑彬、江慧丰、王洋、邵珠峰、李晶莹、张豪、古依莎娜、陈磊、武鹏、王镇

附录 B

国家产业基础专家委员会委员名单

基础零部件和元器件专项工作组

组　长：

陈学东　中国机械工业集团有限公司副总经理/工程院院士

委　员：

杨华勇　浙江大学机械工程学院院长/高端装备研究院院长/工程院院士

丁荣军　中车株洲电力机车研究所有限公司首席科学家/工程院院士

李　骏　清华大学教授/工程院院士

蔡惟慈　中国机械工业联合会专家委员会副主任/教高

温顺如　中国机械工业联合会主任/教高

韩鸿宾　北京大学教授

邵珠峰　清华大学特别研究员

江慧丰　国机集团科学技术研究院有限公司总经理/研究员
梁　波　国机集团科学技术研究院有限公司副总经理/教高
陈吉红　华中科技大学教授
朱祖超　浙江理工大学教授
曹华军　重庆大学教授
吴华强　清华大学微电子所所长/教授
吴鲁纪　郑州机械研究所副所长/研究员
古　群　中国电子元件行业协会秘书长/高工
张　彤　中国仪器仪表学会秘书长/高工

联系人：

江慧丰　国机集团科学技术研究院有限公司

依托单位：

中国机械工业集团有限公司

基础材料专项工作组

组　长：

干　勇　中国工程院原副院长/工程院院士

委　员：

屠海令　北京有色金属研究总院名誉院长/工程院院士
李仲平　中国工程院副院长/工程院院士
俞建勇　东华大学校长/工程院院士

李　卫　中国钢研科技集团有限公司副总工/工程院院士

聂祚仁　北京工业大学校长/工程院院士

刘正东　中国钢研科技集团有限公司副总工/工程院院士

彭　寿　中国建材集团有限公司总工/工程院院士

张立群　北京化工大学副校长/教授

周少雄　安泰科技股份有限公司首席科学家/教授

张国庆　北京航空材料研究院副总工/研究员

吴　玲　第三代半导体产业技术创新战略联盟理事长/研究员

张劲松　沈阳材料科学国家研究中心副主任/研究员

韩　伟　中国钢研科技集团有限公司副总工/正高级工程师

程兴旺　北京理工大学材料学院院长助理/教授

王云兵　四川大学国家生物材料中心主任/教授

王东哲　重庆材料研究院有限公司总经理/教高

周向阳　中南大学教授

联系人：

谢　曼　钢铁研究总院有限公司

依托单位：

钢铁研究总院有限公司

工业基础软件专项工作组

组　长：

尤　政　华中科技大学校长/工程院院士

委　员：

谭建荣　浙江大学学术委员会副主任/工程院院士
王建民　清华大学软件学院院长/教授
黄志球　南京航空航天大学副校长/教授
钟伟民　华东理工大学信息办主任/研究员
冷文浩　中船重工702所软件工程技术中心主任/研究员
陈立平　华中科技大学科技部企业信息化支撑软件工程技术研究中心主任/教授
朱毅明　和利时科技集团技术总监/教高
隋少春　航空工业成都飞机工业（集团）有限责任公司副总经理/研高
黄永友　中国机电一体化技术应用协会副秘书长/研究员
杨　良　浪潮通用软件有限公司副总裁/高工
田　锋　安世亚太科技股份有限公司高级副总裁/高工
兰小平　中国兵器工业信息中心部长/研究员
陈　凯　中车信息技术有限公司总经理/教高
朱恺真　机械工业第六设计研究院有限公司副总经理/教高
王　晨　清华大学大数据系统软件国家工程实验室总工程师/高工
李金村　北京机械工业自动化研究所有限公司总经理/研究员
吕明理　北京神舟航天软件技术有限公司副总经理/高工

联系人：

邵珠峰　清华大学机械系

依托单位：

清华大学

基础制造工艺及装备专项工作组

组　长：

单忠德　南京航空航天大学校长、党委副书记/工程院院士

委　员：

李德群　华中科技大学教授/工程院院士

林忠钦　上海交通大学校长、党委副书记/工程院院士

王华明　北京航空航天大学教授/工程院院士

侯　晓　中国航天科技集团科技委常委/工程院院士

娄延春　中国机械科学研究总院集团有限公司副总经理/研究员

卢广山　中国航空工业集团有限公司总工程师/研究员

贾永刚　中国航天科工集团第六研究院副院长/研究员

王　军　中国中车集团有限公司副总裁/正高

李骏骋　二重（德阳）重型装备有限公司总经理/正高

张彦敏　中国机械工程学会常务副理事长/研究员

王黎明　中国机床工具工业协会秘书长/教高

李　明　中国科学院西安光学精密机械研究所研究员

许庆彦　清华大学教授

陈　新　广东工业大学原校长/教授

李迎光　南京航空航天大学教授

联系人：

王　洋　南京航空航天大学

依托单位：

南京航空航天大学

机械科学研究总院集团有限公司

产业技术基础专项工作组

组　长：

张　纲　原国务院参事/中国标准化专家委员会副主任

委　员：

张晓刚　国际标准化组织（ISO）前主席

王海舟　中国钢研科技集团有限公司首席科学家/工程院院士

谭久彬　哈尔滨工业大学精密仪器工程研究院院长/工程院院士

庞国芳　中国检验检疫科学研究院首席科学家/工程院院士

郭剑波　中国电力科学研究院教高/工程院院士

奚立峰　上海交通大学副校长

蒋家东　中国航空综合技术研究所总工程师

张　豪　中国航空综合技术研究所航空标准化研究中心副主任

秦汉军　中国电器科学研究院董事长/党委书记

肖　良　中国合格评定国家认可中心副主任

张玉芹　中国电子技术标准化研究院基础产品研究中心主任

彭文忠　工业和信息化部电子第五研究所技术推广处副处长

王益谊　中国标准化研究院理论与战略研究所所长

于连超　中国计量科学研究院战略中心副主任

肖承翔　中国机械科学研究总院中机生产力促进中心主任

肖　然　华为技术有限公司副总裁
郭继平　深圳市计量质量检测研究院技术研发中心副主任

联系人：
张　豪　中国航空综合技术研究所

依托单位：
中国航空综合技术研究所

政策专项工作组

组　长：
屈贤明　中国工程院战略咨询中心制造研究室主任/教高

委　员：
吕　薇　国务院发展研究中心研究员
张　立　中国电子信息产业发展研究院院长/研究员
吴晓华　国家发改委宏观经济研究院副院长/研究员
朱森第　中国机械工业联合会教高
卫华诚　北汽集团原董事长/正高
李北光　国家制造业转型升级基金股份有限公司副总经理
陈炳荣　宁波市原副市长、浙江省智能制造专家委员会副主任
范志超　合肥通用机械研究院有限公司总经理/研究员
徐佳宾　中国人民大学产业经济教授/博导
吴进军　中国机械科学研究总院集团公司科技发展部部长/研究员

杨晓迎　中国工程院战略咨询中心副处长/研究员

朱明皓　北京交通大学中国高端制造业研究中心执行主任/副教授

孙志刚　北京高精尖产业发展基金总经理

联系人：

杨晓迎　中国工程院战略咨询中心

依托单位：

中国工程院战略咨询中心